解密游资

交易系统与操盘核心

屠龙刀◎编著

中国宇航出版社
·北京·

图书在版编目（CIP）数据

解密游资交易系统与操盘核心 / 屠龙刀编著. 北京 : 中国宇航出版社, 2024. 8. -- ISBN 978-7-5159-2412-0

Ⅰ. F830.91

中国国家版本馆CIP数据核字第2024Q8D683号

策划编辑 卢 珊　**封面设计** 王晓武
责任编辑 谭 颖　**责任校对** 吴媛媛

出版发行 中国宇航出版社
社　址 北京市阜成路8号　**邮　编** 100830
（010）68768548
网　址 www.caphbook.com
经　销 新华书店
发行部 （010）68767386　（010）68371900
（010）68767382　（010）88100613（传真）
零售店 读者服务部
（010）68371105
承　印 三河市君旺印务有限公司
版　次 2024年8月第1版　2024年8月第1次印刷
规　格 710×1000　**开　本** 1/16
印　张 12.75　**字　数** 188千字
书　号 ISBN 978-7-5159-2412-0
定　价 49.00元

本书如有印装质量问题，可与发行部联系调换

前　言

游资并不神秘。相对于散户来说，游资的资金体量大，对股价走势的影响力也大。但相对于主力机构和基金机构来说，游资又仅仅相当于较大的散户而已。不可否认的是，游资目前正以其特有的方式参与A股市场，并成为活跃市场的重要力量。笔者通过近些年来对游资的追踪、了解，发现这类资金具有这样几个共同的特征。

第一，在操盘方面，以短线交易为主，绝不恋战。持股周期非常短，从两个交易日到十几个交易日不等。

第二，以抢入涨停板为主要攻击手段。很多国内顶级游资都是龙虎榜的常客，就是一大明证。

第三，以市场热门股票为主要目标。这些游资操作的股票，绝大多数都不是绩优股，很少具备长期投资价值，游资入场也不看好其未来的投资价值，而仅仅是为了在下一个交易日或几个交易日可以卖出更好的价格。同时，由于游资进出的资金量也相对较高，这些股票的换手率必须高，否则无法出货。以上种种要求，决定了游资操作的个股，必然是市场的热门股票。

从系统的视角来看，投资者必须要寻找游资整个操盘的起点和终点，来探讨整个游资交易系统的核心。通常来说，整个游资交易系统可以分为情绪量能监测系统、热点追踪系统、选股系统、操盘逻辑、交易执行系统、资金管理体系以及复盘系统等七个核心部分。在整个游资交易系统中，市场情绪是一条贯彻始终的行情线，游资交易的启动是基于市场情绪的点燃和发酵，而交易的终点同样源于市场情绪的退潮。换句话说，有了市场情绪，就有了赚钱效应，就可以实施交易行为；反之，当市场情绪退潮，游资就会选择退出。当然，无论是进场还是离场，都需要遵守一定的规则和纪律，这就是整个游资交易系统要解决的问题。

当然，这也并不意味着，投资者只要按照游资交易系统进行交易就一定会成功，只是相对来说，赢面可能会大一些，毕竟游资交易本身就是一种超短线交易，是一种高风险交易，没有人能够保证百分百盈利。市场上的这些游资也是大浪淘沙剩下的精英，很多昨天还是明星游资，今天可能就被市场淘汰了。

学习游资的交易系统，就是要不断地通过个人的实践，逐渐确立自己的交易体系，并不断完善和固化交易体系，努力提升交易的胜率。只有这样，才能离成功越来越近。

换句话说，如果严格按照自己的交易体系来操作，就可以将盈亏看得淡一些。不要为一次、两次的交易成功或失败而困扰，要从整体上来观察整个系统的运作情况，努力提升成功率，不断找寻可改进的方向。

总之，追涨也好，低吸也罢，最重要的是坚守自己的交易系统，并不断地完善它。不要被外界因素左右，更不能总是凭着感觉做交易。

目 录

第一章 游资交易系统设计与游资派系

第一节 游资交易系统的核心 / 2

一、情绪量能监测系统 / 3

二、热点追踪系统 / 6

三、选股系统 / 6

四、操盘逻辑 / 11

五、交易执行系统 / 12

六、资金管理体系 / 15

七、复盘系统 / 16

第二节 顶级游资实战派系 / 17

一、赵老哥：要么大龙头，要么新题材 / 17

二、宁波解放南：涨停板敢死队 / 19

三、首板挖掘：风格偏向首板 / 21

四、炒新一族：偏好新股一字板 / 22

五、撬板王：剑走偏锋，直至“跌停板” / 24

第二章 情绪量能监测系统

第一节 市场情绪波动基础 / 27

一、情绪化是 A 股的典型特征 / 27

二、情绪的波动 / 29
三、散户人气聚集 / 30
第二节　市场情绪评估维度 / 32
一、基础评估指标：大盘指数、涨跌家数、成交量 / 33
二、中层评估指标：涨幅榜、领涨板块、龙头股票 / 37
三、深层评估指标：连板股、前期高位股、反包股 / 41
附：游资理解的情绪前排与后排 / 45
第三节　量能评估维度 / 50
一、换手率的基础含义 / 50
二、换手决定高度 / 52

第三章　热点追踪系统

第一节　热点与板块轮动 / 55
一、热点概念与板块 / 55
二、板块与热点的轮动 / 57
三、市场热点的切换 / 60
四、游资对热点的挖掘与炒作 / 61
第二节　市场与热点主次关系 / 63
一、热点的级别 / 63
二、炒作中的妖股与龙头股 / 66
三、不同层次的龙头股 / 69
第三节　市场情绪与热点走强 / 70
一、多维共振，龙头股出世 / 70
二、龙头不倒，行情不灭 / 72
三、市场情绪的拐点 / 75

第四章 选股系统

第一节 事件驱动选股 / 80

一、事件选股的原则 / 80

二、宏观维度 / 87

三、行业维度 / 89

四、个股维度 / 94

第二节 技术面选股 / 97

一、价格形态维度 / 97

二、K 线形态维度 / 99

三、量价形态维度 / 101

第三节 基本面选股 / 102

一、基本面选股维度 / 102

二、负面清单 / 105

第五章 游资经典操盘逻辑

第一节 知名游资经典交易逻辑 / 107

一、乔帮主：题材炒作逻辑 / 109

二、赵老哥：新题材就是印钞机 / 111

三、小鳄鱼：超短，盈亏都是超短 / 113

四、炒股养家：弱水三千只取一瓢 / 115

第二节 游资经典炒作策略 / 117

一、做主升龙头股 / 117

二、做补涨 / 119

三、做切换 / 122

四、龙头股二次启动 / 125

第三节 游资入场逻辑 / 128

一、宁可错过，不可做错 / 128

二、攻在量中，退在量后 / 129
三、龙头，还是龙头 / 130
第四节　游资离场逻辑 / 133
一、留三分予人 / 133
二、有利润则退，有机会则进 / 134
三、等待、择时与轻仓 / 135

第六章　交易执行系统

第一节　市场情绪及热点判断 / 138
一、强势环境选牛股 / 138
二、弱势环境找超跌股 / 140
三、感知市场情绪变化 / 141
四、游资操作股票的一般顺序 / 142
第二节　节奏与控仓交易 / 144
一、乔帮主：预判与跟风的体验 / 144
二、ASKING：低吸与追涨的概率 / 145
三、涅槃重生：达到三分之一就算重仓 / 148
四、炒股养家：掌握好节奏才是关键 / 149
五、瑞鹤仙：没有必涨的形态 / 151
第三节　通过交易获利 / 154
一、寻找并固化交易模式 / 154
二、不动明王：顺势而为，反弹三定律 / 156
三、炒股养家：永不止损 / 158
四、92 科比：不做放巨量的股票 / 160
五、ASKING：尽量避开午盘拉升的股票 / 161
六、赵老哥：首板打板买入 / 163

第七章 资金管理体系

第一节 现金、风险与机会 / 166

一、现金不是风险，股票才是 / 166

二、买入机会，卖出风险 / 167

三、分仓的本质是分散风险 / 170

四、满仓，必须慎之又慎 / 171

第二节 保留再战的能力 / 172

一、炒股养家：决不能把盈利做成亏损 / 172

二、龙飞虎：动态仓位管理 / 174

三、灯心人：建立备用金规划 / 175

第三节 严控回撤，留有余地 / 175

一、仓位是短线操作的核心 / 175

二、五成仓位闯天下 / 177

三、分仓 + 模式，小资金滚动的密码 / 178

四、控制回撤，还是控制回撤 / 179

第八章 复盘系统

第一节 复盘的核心要素 / 181

一、复盘重点关注项目 / 181

二、基础复盘要素 / 183

三、大盘、题材和龙头三维复盘 / 185

第二节 复盘的核心步骤 / 188

一、大局定仓位 / 188

二、热点级别定板块 / 189

三、复盘细化 / 192

第一章
游资交易系统设计与游资派系

所谓的交易体系，无非是用一系列的方法组合，比如开仓规则、控制回撤规则、仓位管理规则等，把投资者内心的肆意挥洒变成机械式的重复。从数学的角度来看，就是路径最优化原则。

交易与赌博最大的区别在于：赌属于随机事件，凭的完全是运气，最终决定的还是概率；交易则是主动权完全掌握在自己手中，关键是你站在哪一边。

从本质上来看，交易是没有门槛的，没有门槛却有可能是最高的门槛，谁都可以从事交易活动，但真正能够从交易中获利的却少之又少。投资者的经历、学习以及在投资过程中遇到的挫折，最终都会成为你交易的一部分，通过沉淀下来，形成独有的操作习惯、操作风格及操作手法。

第一节　游资交易系统的核心

相对于游资的进出策略来说，跟随策略加守正策略，才是散户立于市场的根本保证。不要试图去战胜市场，在市场上，我们都是渺小的，要对市场永存敬畏之心。战术上控制回撤，就有了生存的基本；战略上发挥复利的威力，就能够走得更远，飞得更高。不要梦想着一夜暴富，这种想法只会让你一夜之间崩盘。

所谓的跟随，是根据市场资金进行结构化的配置，不需要领先于市场，当大资金进入一个板块时，分析其是否具有持续性，若能够持续较长时间，则应及时跟随。

守正是一种相对保守的策略，也就是说，所选的品种要有一定的安全性，不需要去赌博，需要的是确定性和大概率。当然，这里的跟随对象，主要还是市场上的那些资金大户，即游资。尽管主力资金的操作也非常有借鉴意义和价值，但其操作手法和持仓特点并不适合普通投资者。从这点上来看，作为普通投资者，要想从短线交易中获利，还是需要对游资的交易系统有所熟悉和了解。

游资交易系统的核心，如图 1–1 所示。

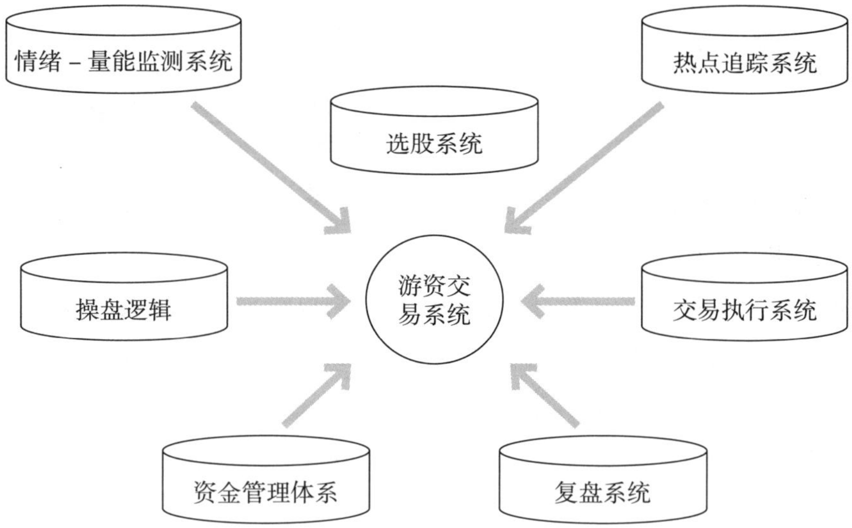

图 1–1　游资交易系统的核心

一、情绪量能监测系统

情绪与量能，是游资交易系统的核心，也是游资最看重的指标。在很多投资者的眼中，游资都是市场上的超级参与者，想拉升股价到涨停板随时都可以做到，其实这是一种误解。游资是否会积极参与个股，是否有强烈地将股价拉升至涨停板的意愿，也要看临场的情绪与量能情况。有些时候，游资甚至会通过先卖出部分手中的筹码来测试市场的情绪和承接力，感觉市场情绪较佳时，再重新加仓买入股票。

下面来看一下亚世光电的案例，如图 1–2 所示。

从图 1–2 中可以看出，亚世光电作为硅基 OLED 技术领域的龙头股，自 2023 年 12 月 20 日开始了强势上攻之路，股价连续拉出 10 个涨停板。

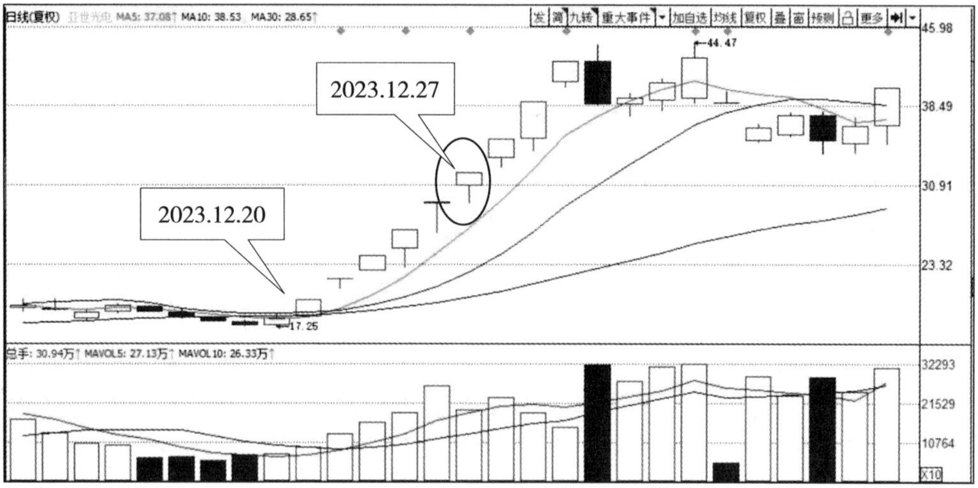

图 1-2　亚世光电（002952）日 K 线走势图

在股价上攻过程中，没有人能够准确预测出涨幅空间到底有多大，游资都是通过临场的情绪与量能情况来判断接下来的操盘计划。比如，在 12 月 27 日，该股高开高走封上了涨停板。对于普通投资者来说，股价走势较强，又很快封上涨停板，拿着股票就可以了。但对于游资来说，他们必须时刻关注市场情绪和量能的变化，如图 1-3 所示。

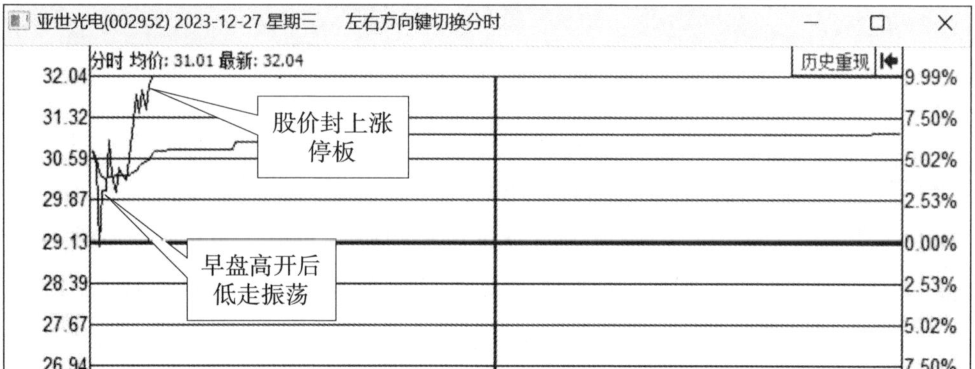

图 1-3　亚世光电（002952）分时走势图

从图 1-3 中可以看出，亚世光电的股价在早盘高开后直接走低。此后，股价在跌破前日收盘价后又被直线拉升而起，经过两波振荡最终封住涨停板。在股价振荡过程中，即使是游资也不可能做到波澜不惊。

再来看一下该股当日的龙虎榜数据，如图 1-4 所示。

亚世光电龙虎榜数据
2023-12-27

日期：2023-12-27 总成交金额：60250.33万元，总成交量：1942.97万股

排序	营业部名称	买入金额/万	占总成交比例	卖出金额/万	占总成交比例	净额/万
买入金额最大的前5名　买入总计 **5586.78** 万元，占总成交比例 **9.27%**						
1	中信证券股份有限公司上海凯滨路证券营业部	1122.26	1.86%	21.01	0.03%	1101.25
2	国联证券股份有限公司盐城解放南路证券营业部	1074.30	1.78%	0.00	0.00%	1074.30
3	光大证券股份有限公司昆明人民中路证券营业部	997.92	1.66%	1649.02	2.74%	-651.10
4	广发证券股份有限公司深圳后海证券营业部	835.82	1.39%	2.83	0.00%	833.00
5	国泰君安证券股份有限公司河源越王大道证券营业部	751.50	1.25%	316.43	0.53%	435.07
卖出金额最大的前5名　卖出总计 **4790.32** 万元，占总成交比例 **7.95%**						
1	光大证券股份有限公司昆明人民中路证券营业部	997.92	1.66%	1649.02	2.74%	-651.10
2	机构专用	415.97	0.69%	819.09	1.36%	-403.11
3	东方财富证券股份有限公司拉萨江苏东路证券营业部	61.64	0.10%	789.33	1.31%	-727.69
4	机构专用	297.60	0.49%	636.48	1.06%	-338.87
5	机构专用	29.76	0.05%	556.14	0.92%	-526.39

买卖净差：**796.46**万元

图 1-4　亚世光电（002952）龙虎榜（2023.12.27）

从图 1-4 中可以看出，在 2023 年 12 月 27 日当天，知名游资光大证券昆明人民中路买入了 997.92 万元，卖出 1649.02 万元。结合该股的股价走势可以看出：这路游资应该是在早盘开盘时段股价大幅振荡走低时卖出的，而当股价重新回封涨停板时，又将股票买了回来。这就相当于玩了一波“低卖高买”的操作。对于普通投资者来说，这是一种不太容易理解的操作，但对于游资来说却是十分有价值的。

在早盘时段，股价高开后出现回落，游资也不确定市场到底有多强的承接力，于是卖出了手中的筹码。若市场情绪较佳，承接力较强，必然能够接住这些抛出的筹码，并出现反抽上行的走势。后来股价反弹向上就证明了市场情绪尚可，于是游资又重新入场买入了之前抛出的筹码，并成功助力股价封回涨停板。其实，有些操作就是对市场情绪与量能的一次测试。只有市场情绪和量能能够支撑股价，游资才会重新入场；反之，若游资早盘抛出筹码后，

发现市场承接力不佳，就不会再入场了。

二、热点追踪系统

自从股市诞生的第一天开始，市场上就有了投机资金，也正因为有了投机资金，才让股市成为一潭活水，不断地有资金流入与流出，不间断出现的热点与赚钱效应，持续吸引更多的资金进入股市，这才让股市得以持续运营下去。

热点追踪系统重点关注以下几类内容，如图 1-5 所示。

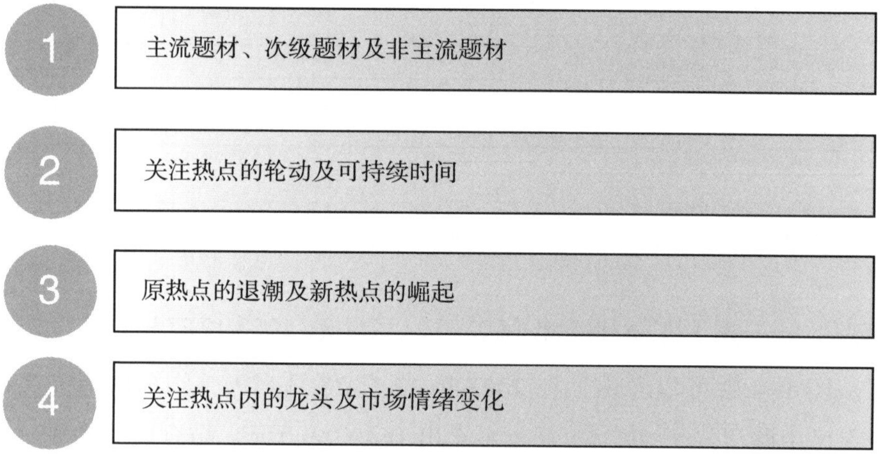

图 1-5　热点追踪系统的核心要素

下面来看一下 2024 年 2 月 19 日大盘热点的轮动情况，如图 1-6 所示。

从图 1-6 中可以看出，2024 年 2 月 19 日的盘中热点以华为、算力、芯片等高科技概念为主。这些热点概念无疑就是最佳的短线交易对象，很多热门股票都可能从这些概念中产生。

三、选股系统

无论何种交易体系或交易模式，选股都是核心中的核心。交易标的选择错误，就会让整个交易系统的效用大打折扣。在游资交易系统中，选股的地位更加突出，甚至可以这样说，游资交易体系本身就是围绕选股展开的。

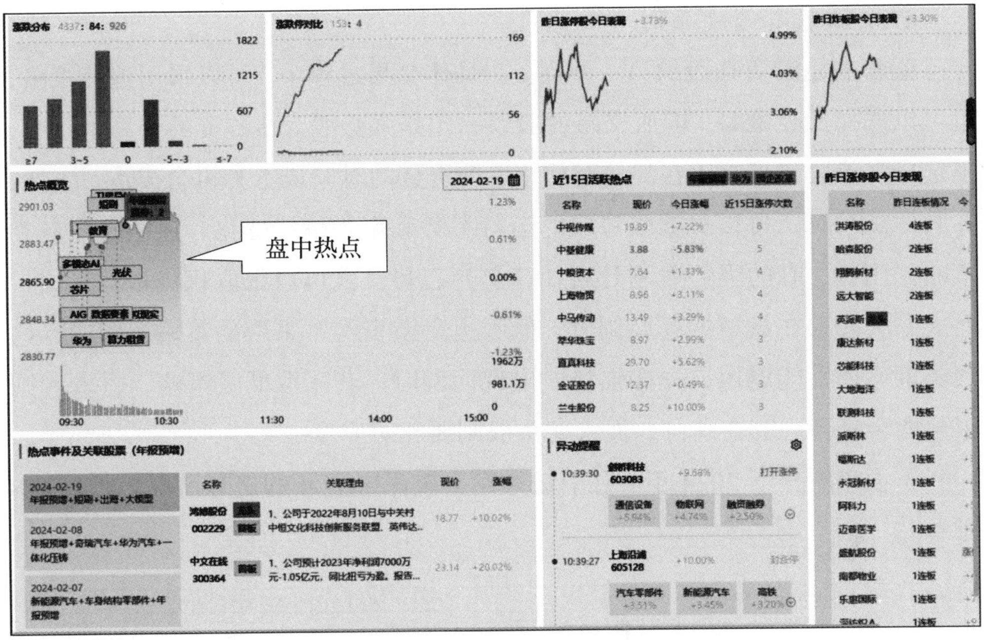

图 1-6　大盘热点走势图（2024.2.19）

游资交易系统中的选股系统，主要任务是完成候选交易标的的圈定，至于最终临场操盘是否交易该股票，还要综合考虑当时的情绪、热点与大盘走势情况。也就是说，游资选股系统主要执行以下几项基本功能，如图 1-7 所示。

图 1-7　选股系统基本功能

1. 确立基本选股原则

强势股是游资选股的第一原则。在具体交易过程中，可以采用追涨策略，也可以选择低吸策略，但所交易的股票一定是强势股。在游资的交易体系中，不选择强势股就等同于在浪费时间、浪费资金的时间成本和机会成本。当然，在具体交易时，可以根据强势股的运行态势和市场情绪变化，适时采取各类策略。比如，有的强势股刚开启加速上升态势，就可以采取积极追涨策略；而大龙头股票在盘整振荡回调时，低吸也是游资经常采取的策略。同时，这两类策略还不能混用，一些强势股出现回调时，若采取低吸策略，投资者则很可能会将自己套在高位，而大龙头股则要相对安全一些。

下面来看一下 2024 年 1 月中旬大龙头股深中华 A 的走势情况，如图 1–8 所示。

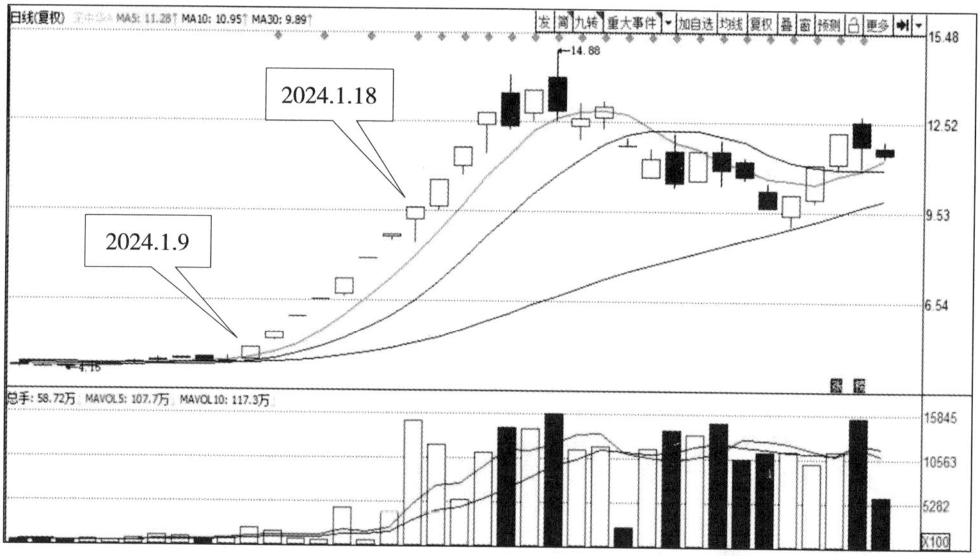

图 1–8　深中华 A（000017）日 K 线走势图

从图 1–8 中可以看出，在 2024 年年初“冰雪 + 零售”为代表的大消费概念热炒过程中，深中华 A 成为继长白山之后的又一只龙头股。该股股价自 2024 年 1 月 9 日拉出第一个涨停板后，一口气连续走出了 11 个涨停板，龙头股风采尽显。特别是在 2024 年 1 月 18 日，该股股价在拉出 7 个涨停板后盘中出现了剧烈的振荡，成交量也同步出现了较大的放量，如图 1-9 所示。

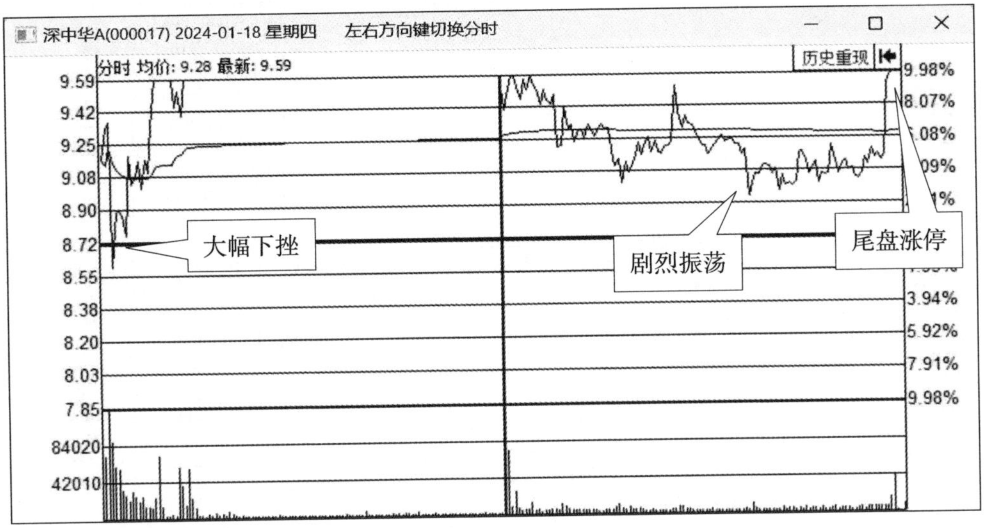

图 1-9　深中华 A（000017）分时走势图（2024.1.18）

图 1-9 为深中华 A 在 2024 年 1 月 18 日的分时走势情况。从图中可以看出，该股股价在当日高开后出现大幅下挫走势，并很快跌破了前日收盘价，给人一种股价将要走弱的感觉。但龙头依旧是龙头，是集市场万千宠爱于一身的股票。此后，大量场外资金入场，股价又被快速拉升而起，很多先前做空卖出的资金开始反手做多，再度入场买入该股。该股股价在午盘后也开板了一段时间，但在尾盘阶段，股价又一次回封了涨停板。

在股价下挫时段，就是低吸入场的最佳时段。

2. 明确基本选股策略

游资的选股策略，主要包括事件驱动选股、技术面选股和基本面选股三个方面。这三个方面并不是通常理解的“非此即彼”的关系，而是一体的，也就是说，在执行选股时，这三个方面都是需要考察的。

游资选股系统，如图 1-10 所示。

3. 执行股票筛选

明确基本选股策略后，接下来的任务就是每日在盘后追踪个股的走势、近期热点情况，筛选符合要求的股票。

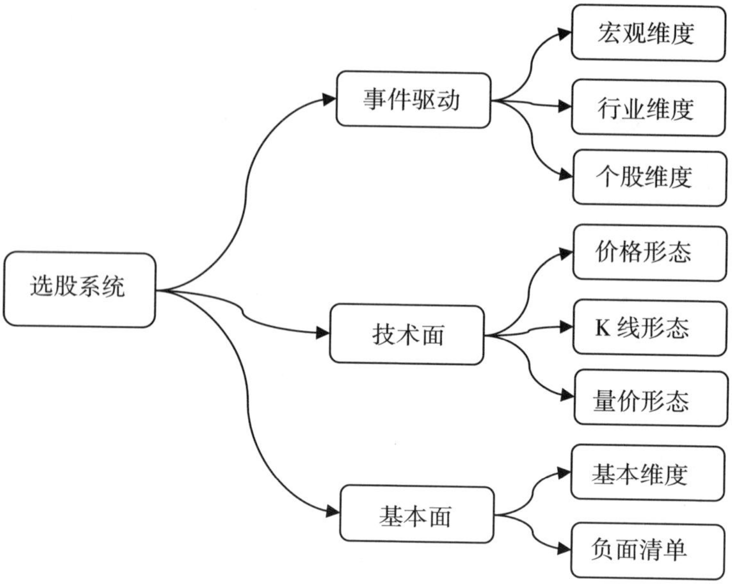

图 1–10　游资选股系统的基本策略

在选股过程中，近期的热点事件、热点概念是其核心。符合当前热点概念的股票，股价走势形态符合技术面选股要求，最后还能够满足基本面选股要求的股票，才能列为候选标的。

4. 剔除明显不合格的候选股票

按照选股系统筛选出候选股票后，还需要根据基本面选股中的负面清单要求，将其中的不合格股票剔除。同时，投资者也可以根据自己的股票盘面分析，剔除非理想投资标的的股票。

5. 建立候选股票池

目前，各类股票交易软件中都有股票池或自选股票功能，可以帮助投资者将候选股票进行分类和追踪。

当然，这些候选标的只是投资者执行具体交易前的一些参考品种。盘中具体交易哪个品种，还需结合大盘走势、热点情况以及市场情绪进行临场决策。

四、操盘逻辑

整个游资交易过程都是建立在一定的底层逻辑基础之上的。从最开始的交易逻辑、炒作策略到入场逻辑与离场逻辑，都有一定的规则与秩序。对于很多游资来说，盈利固然重要，但遵循固有的逻辑更为重要。稳定的操盘逻辑，可以让投资行稳致远。错误的交易方法也许会让某次交易获得较高的收益，但最终还是会付出相应的代价。因而，只有建立在稳定的操盘逻辑基础之上的交易行为，才是投资者长期获利的保证。

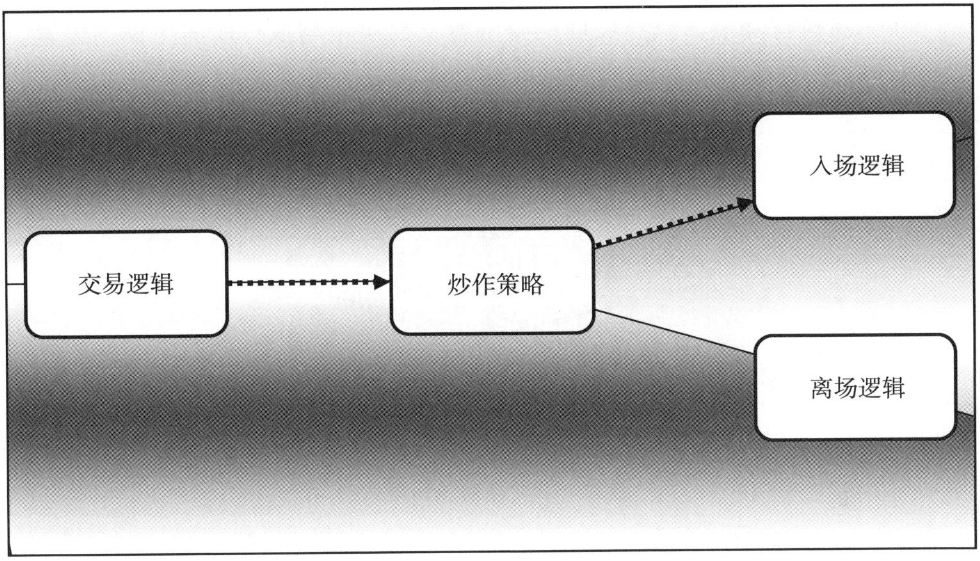

图 1–11　游资基本操盘逻辑

1. 交易逻辑

从某种意义上来说，游资最基础的交易逻辑只有一个，即超短投机。在游资的交易系统中，投机就是最基础、最底层的逻辑。游资交易一只股票的原因只有一个，即这只股票在下一个交易日上涨的概率较大，仅此而已。

2. 炒作策略

在投机这一最底层的交易逻辑之上，不同的游资开始尝试应用不同的交易或炒作策略，比如主升龙头策略、做补涨、做切换、做龙头二次启动等。

3. 入场逻辑

市场情绪、成交量是底层的入场逻辑。只有在成交量与市场情绪高涨过程中进入“阵地”，才能确保自身不会失败，否则宁可错过机会，也要学会等待。

4. 离场逻辑

不求尽收利润，但求有利润即可。在适当的时候退出，再寻找新的“猎物”，这就是游资操盘中最基础的离场逻辑。

五、交易执行系统

在交易执行环节，重点关注的是临盘交易决策与执行所需考虑的因素。一般来说，游资交易执行系统大致包括三项基本内容，如图 1-12 所示。

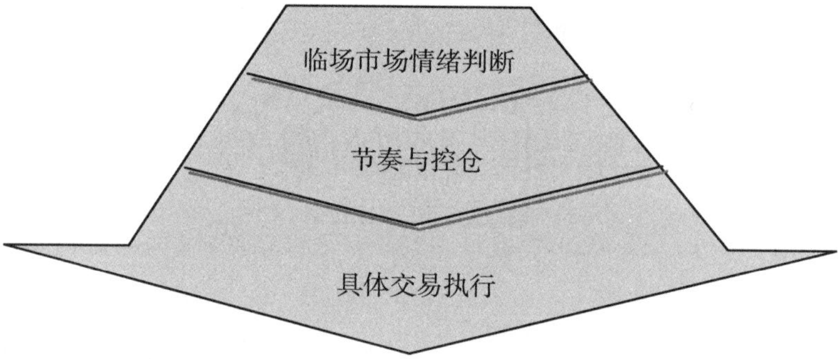

图 1-12　交易执行系统

1. 临场市场情绪判断

尽管在交易前也会对市场情绪进行监测和预判，但在临盘时，也就是在交易下单前，还需对个股的市场情绪和量能情况进行临场的最后判断。事实上，从以往的交易经验来看，这种最后时刻的临场判断可能是成功的游资区别于其他投资者最核心的一项技能。

下面来看一下多模态 AI 概念龙头股维海德的股价走势情况，如图 1-13 所示。

从图 1-13 中可以看出，进入 2024 年 2 月之后，多模态 AI 概念成为市场热炒的重要概念之一。维海德作为多模态 AI 概念股中的大龙头，自 2 月 8

日收出涨停板后，连续拉出多个涨停板，在几个交易日内就实现了股价翻番。在这波炒作浪潮中，游资申港广东分成为重要的参与者。该路游资也不是 2 月 8 日第一时间入场的，而是在第 4 个涨停板临近成形时入场的，如图 1-14 所示。

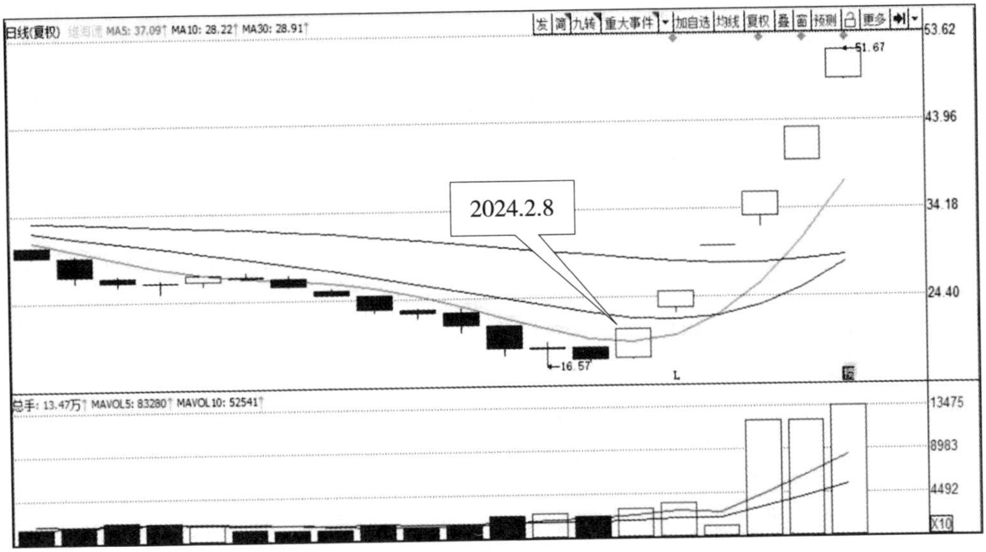

图 1-13　维海德（301318）日 K 线走势图

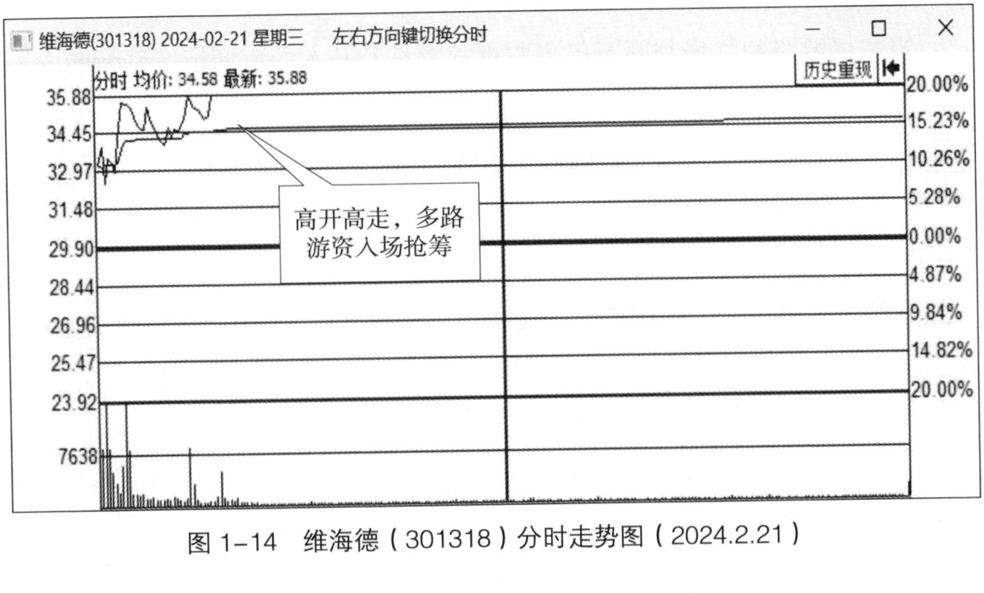

图 1-14　维海德（301318）分时走势图（2024.2.21）

从 2 月 21 日的龙虎榜数据可以看出，申港广东分在该股未封板之前入手了 983 万元的股票，占当日总成交额的 2.4%。由于之前该股已经拉出了 3 个涨停板，加上该股股价最大涨停幅度为 20%，这也就意味着申港广东分入场时，该股股价已经比启动时的价格翻了一倍，风险已经很大了。很多投资者都会望而却步，而这些游资却凭借着良好的市场情绪感知能力，大胆地入场了。

次日（2 月 22 日），该股股价同样是高开高走，并用更短的时间封上了涨停板。游资申港广东分先是将前日买入的股票全部卖出，共计 1181 万元（产生 198 万元的利润），之后在股价即将封上涨停板时，又买入了 686 万元的股票。这一数额说明游资也在进行风险防控，毕竟股价已经进入了很高的高位了。同时游资还愿意入场，仍是凭借着其对市场情绪的掌控。

第三日（2 月 23 日），该股复刻了前两个交易日的走势，仍旧是高开高走，并封上涨停板，只是涨停的时间要晚于前两个交易日。游资申港广东分卖出了手中的全部股票 824 万元（产生 138 万元的利润）。鉴于股价到达极高的位置，加上封板时间大大推迟，游资申港广东分没有再买入股票。至此，完成了对该股的操作。

当然，游资的临场判断不仅需要投资者具备基本的市场情绪判断能力，还需要有很强的盘感。这就像很多成功的表演艺术家所说的“台上一分钟，台下十年功”。交易过程中，临场决策可能不到一分钟，也许几秒钟就完成了，但是投资者在收盘后复盘时的学习和磨炼，是需要付出巨大努力的。

2. 节奏与控仓

在游资申港广东分操作维海德过程中，就体现了一种节奏与控仓的问题。比如，2 月 22 日游资先是卖出了前日买入的全部股票，一方面是为了兑现利润，另一方面也是判断市场的承接力与情绪。当感知市场情绪尚可时，再度入场买入了股票，只是此时买入的份额要低于前一次，这也是一种管控风险、控制仓位的行为。

3. 具体交易执行

在交易执行方面，主要涉及一些交易执行的细节。当然，本书所列的细节只是投资者需要注意的细节中的一小部分，还有更多细节需要投资者在实战中不断地总结和归纳。

六、资金管理体系

资金管理体系的核心精髓在于平衡机会与风险的问题，包括当下的机会与风险、未来的机会与风险等。游资的资金管理体系主要承担以下三项基本功能，如图 1-15 所示。

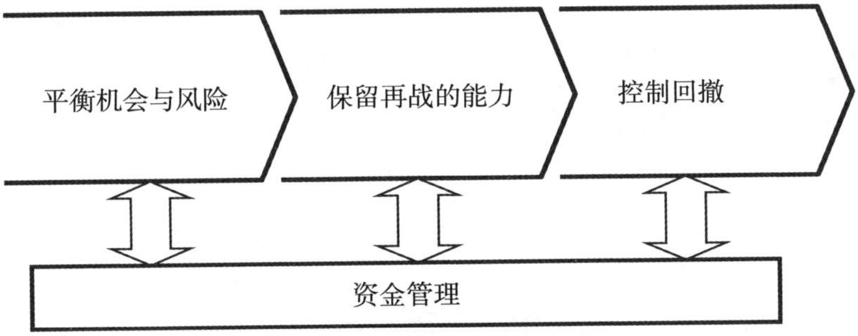

图 1-15　游资资金管理体系

1. 平衡机会与风险

在寻找投机机会的同时降低风险，是游资资金管理的首要事项。市场上从来都不缺少机会，只是面对不同的机会，投资者所要承担的风险完全不同而已。从某种意义上来说，只要买入了股票，就需要承担风险。为了控制风险，就必须合理控制仓位，学会分仓。

2. 保留再战的能力

正如前面所说，市场上从来不缺少机会，就怕真正的好机会出现时，投资者手中已经没有可用的资金了。建立备用金制度，也是很多游资常用的资金管理策略。特别是一些动态的备用金管理规划，可以让投资者在市场上“粮草充足”。

3. 控制回撤

决不能将盈利做成亏损。盈利哪怕只有一点，也要比亏损强。这里的回撤，更多指的还是整体资金的回撤，而非单一股票持仓的回撤。要从整个资金角度来控制回撤，则需做到以下几点。

第一，整个仓位控制，一般控制在五成仓位以下。

第二，合理分仓，单一股票的仓位占比必须进行管控。

第三，单一股票的回撤控制，避免将盈利做成亏损。

七、复盘系统

复盘也是游资整个交易系统中非常重要的一环。收盘后，投资者可以对照大盘和个股走势将当日的热点题材进行梳理，明晰当日盘中热点题材的市场情绪动向，研判热点题材炒作所处的阶段，选好下一个交易日的备选交易品种等。

游资复盘系统中，最核心的三项要素如图 1–16 所示。

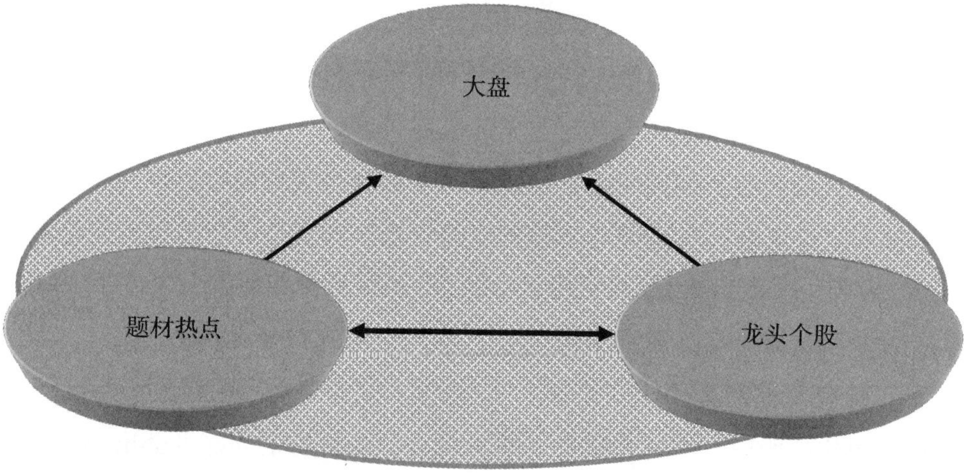

图 1–16　游资复盘三要素

第二节　顶级游资实战派系

从整体上来看，顶级游资的实战交易都是围绕短线投机展开的，强势股、涨停板、龙头股是这些游资操盘时的主要标签。不过，在具体的交易实战过程中，有一些游资还拥有一些特殊的标签。本节介绍几路相对有特色的游资，以供读者参考。

一、赵老哥：要么大龙头，要么新题材

赵老哥，2010 年毕业于浙江某财经学校。2007 年前后，以 10 万元本金入市，至 2008 年年底，资金翻倍至 20 万元（2008 年为 A 股典型的大熊市）。

2009 年年初前后，据传曾出现过资金腰斩的情况，此后闭关悟道。到 2009 年年底，资金量突破 200 万元。

此后赵老哥一路顺风顺水。2015 年，因操作“中国中车”大获成功，资金量突破了 10 亿元大关。“八年一万倍”成为其标签。

1. 核心观点：二板定龙头

第一，有新题材，坚决抛弃老题材。

第二，市场差不怕，量小也不怕，就怕题材多。

第三，大龙头是多点共振的结果。

第四，只做龙头，只做主升，只做惯性。

2. 偏好股票

赵老哥操盘时，偏爱这样几类股票。

第一，市场上的人气股，即成交量大的股票。这类股票也可能是超级大盘股，尽管涨跌波动小一些，但由于流动性极好，有利于资金流入与流出。即使是小幅盈利，整体盈利数字也较为可观。

第二，市场上曾经的人气股，比如回调到位的妖股。赵老哥喜欢二次拉升这类曾经的人气股，这类股票相比其他股票更容易聚集人气。

第三，主线龙头，强势反包龙头。一般多是市场上的超级人气股。

如图 1-17 所示，北玻股份是赵老哥在 2022 年 3 月参与的一只牛股，下面来看一下该股的走势情况。

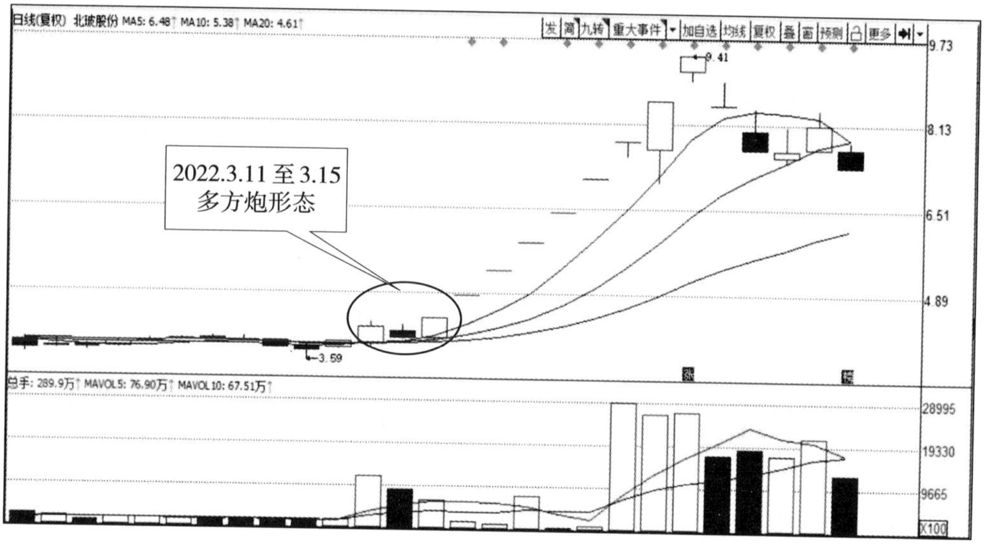

图 1-17　北玻股份（002613）日 K 线走势图

从图 1-17 中可以看出，北玻股份的股价在 3 月初经过一段时间的横向振荡后，在游资拉升前，还出现了经典的洗盘形态（多方炮），此后该股股价一路上升。而且在拉升阶段，股价分时线几乎是直线上升封住涨停板的，基本不给其他投资者进入的机会。很多游资都会采用此种拉升方法，赵老哥更是深谙此道，如图 1-18 所示。

3. 赵老哥常用的营业部

顶级游资赵老哥经常使用的营业部席位包括但不限于以下几个。

第一，银河证券绍兴营业部。

第二，银河证券绍兴解放北路。

第三，浙商证券绍兴分公司。

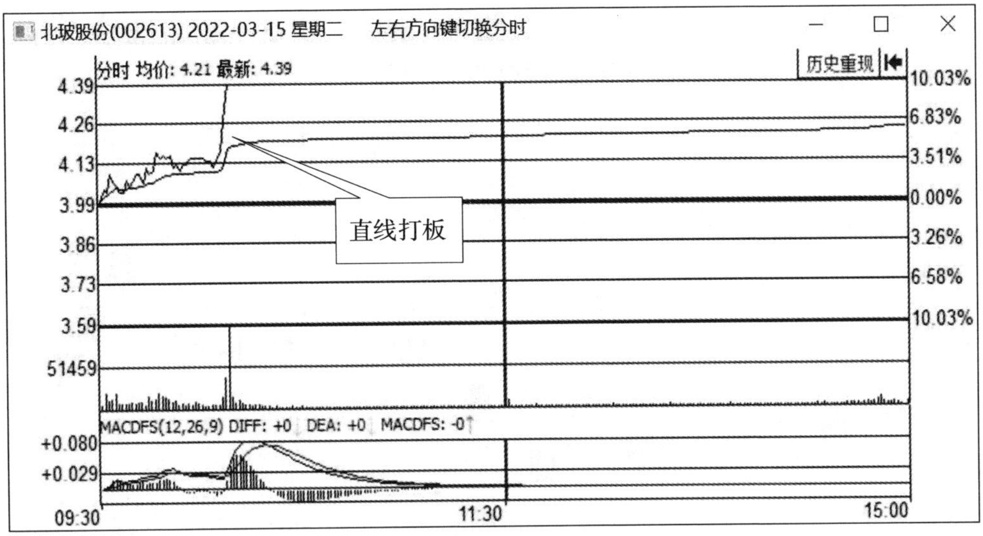

图 1–18　北玻股份（002613）分时走势图（2022.3.15）

第四，浙商证券绍兴解放北路营业部。

第五，中信证券上海淮海中路营业部。

第六，华泰证券浙江分公司。

二、宁波解放南：涨停板敢死队

在游资和 A 股交易历史上，宁波解放南都留下了很深的印记。事实上，目前很多游资的打法，都能见到当年宁波解放南的影子。当年的宁波涨停敢死队，在市场上无人不知，无人不晓。同时宁波解放南也培养和影响了多位游资大佬，其核心打法为：凭借资金大幅拉升股价至涨停板，吸引众多资金和散户跟风，感觉差不多就反手卖出撤退了事，将很多散户的资金套在高位。

手法相对单一，缺乏大局观，是其主要特征。从具体营业部来说，当年的宁波解放南汇集了三家证券营业部，分别为银河证券宁波解放南路营业部、光大证券宁波解放南路营业部和银河证券宁波和义路营业部。目前银河证券旗下的两家营业部已经搬迁到新址，在市场上延续解放南路打法的游资只剩下光大证券宁波解放南路营业部。该营业部同样有多路游资活跃其中，打法依旧十分彪悍。

下面来看一下游资宁波解放南操作杭州解百的案例，如图 1-19 所示。

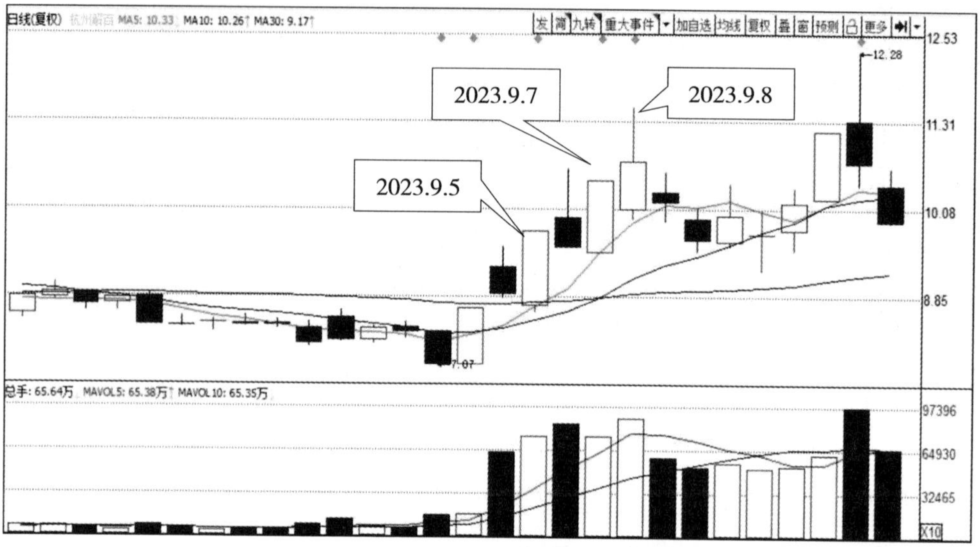

图 1-19　杭州解百（600814）日 K 线走势图

从图 1-19 中可以看出，杭州解百的股价自 2023 年 9 月初启动上攻，9 月 1 日，该股股价更是强势涨停。

此后，该股股价经过一个交易日的调整后，9 月 5 日再度涨停，宁波解放南在股价涨停前买入 2098 万元。9 月 7 日，该股股价盘中经过一波大幅振荡，尾盘再度拉升，当日宁波解放南卖出了 761 万元。9 月 8 日，该股股价盘中再度大幅振荡，尾盘又出现了一波拉升，如图 1-20 所示。

从图 1-20 中可以看出，在 2023 年 9 月 8 日尾盘阶段，杭州解百的股价一度拉升至涨停板附近，但很快股价就被打压下来了。观察当日的龙虎榜可知，当日游资宁波解放南卖出了 2304 万元。这也就意味着，当日宁波解放南清仓了杭州解百，而且是获利颇丰式的清仓。杭州解百的走势确实也比较符合宁波解放南的风格。

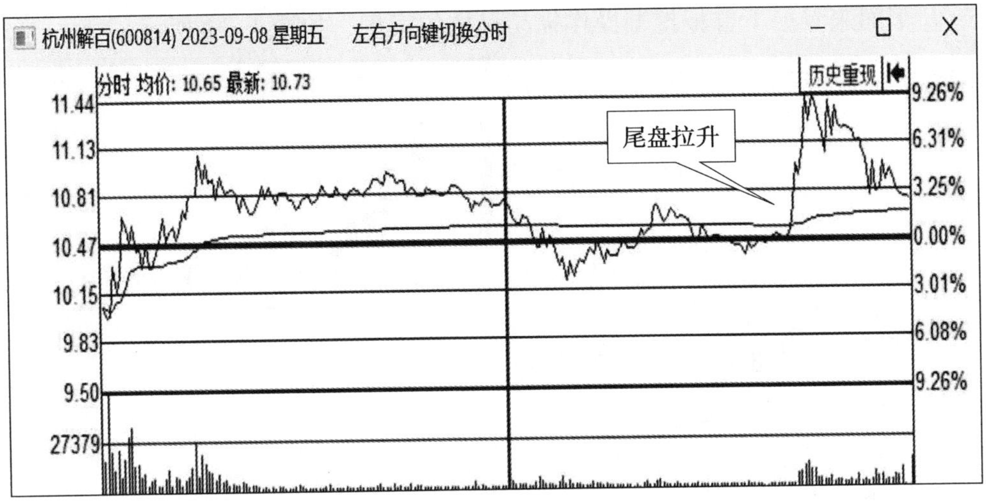

图 1-20 杭州解百（600814）分时走势图（2023.9.8）

三、首板挖掘：风格偏向首板

首板挖掘，从名字上就可以看出其大致的操作风格。当然，这并不意味着他只做首板，其他涨停板也是会做的，只是比较倾向于首板。同时在操盘过程中也比较偏重快进快出的打法，一般都是当日进次日出的超短线操作模式。至于首板挖掘的真身，一般认为是东方财富财经博主——“财运利世的武皇天”。

当然，喜欢或者说善于做首板的游资不只有首板挖掘，成都帮、佛山系、著名刺客等游资也都喜欢抢入首板。

目前，首板挖掘常用的营业部包括但不限于以下几个。

第一，华鑫证券山东分公司。

第二，华鑫证券江苏分公司。

第三，东吴证券苏州石路营业部。

第四，东莞证券厦门分公司。

第五，东莞证券深圳后海工业八路营业部。

第六，东方财富江苏分公司。

第七，兴业证券厦门分公司等。

下面来看一下首板挖掘操作福晶科技的案例，如图 1-21 所示。

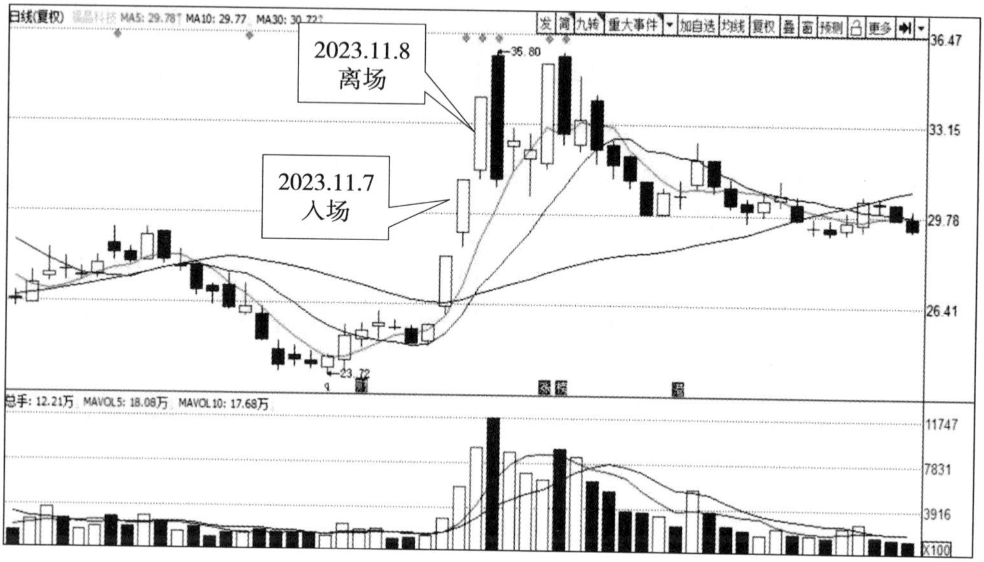

图 1-21　福晶科技（002222）日 K 线走势图

从图 1-21 中可以看出，2023 年 11 月上旬，华为概念又出现一波炒作行情（事实上，最近几年来华为概念曾掀起多轮的操作行情）。福晶科技作为华为概念股，在 11 月 6 日强势涨停。11 月 7 日，首板挖掘强势入场，买入了 3136 万元；次日，该股股价再度高开高走，首板挖掘卖出了 3205 万元。也就是说，游资首板挖掘只拿了一个交易日，就将股票全部出清了，这也是其操作风格的最典型表现。

四、炒新一族：偏好新股一字板

炒新一族属于典型的新生代游资，自 2017 年开始活跃于股市，并频繁现身于龙虎榜。其操作风格与各路游资也比较相似，只是相对更喜欢参与新股的炒作。特别是在逆市的环境下，多数股票出现杀跌走势时，其交易更为活跃。

目前，炒新一族常用的营业部包括但不限于以下几个。

第一，华泰证券上海静安区广中西路。

第二，华泰证券上海武定路。

第三，华泰证券无锡解放西路。

第四，华泰证券上海普陀区江宁路。

下面来看一下游资炒新一族操作永顺泰的案例，如图 1-22 所示。

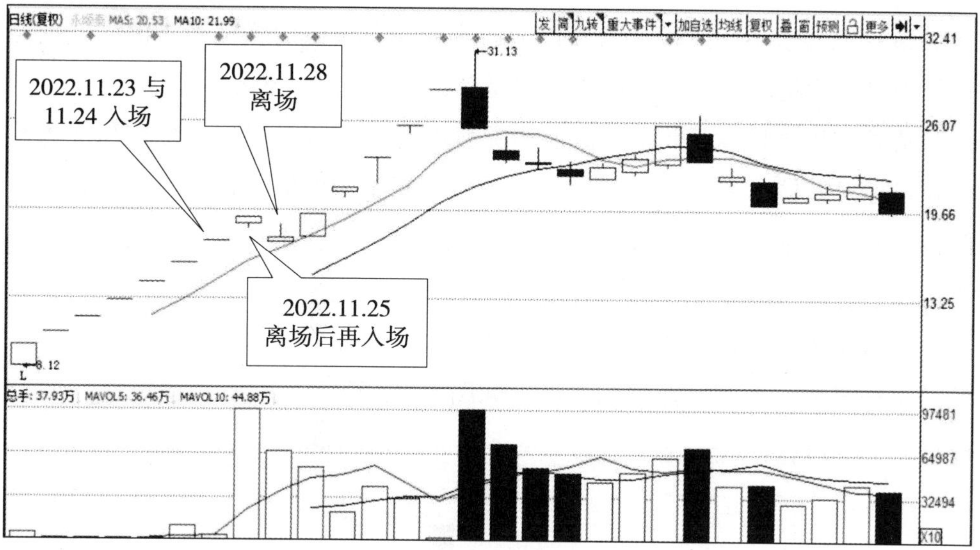

图 1-22　永顺泰（001338）日 K 线走势图

从图 1-22 中可以看出，永顺泰的股价自 2022 年 11 月 16 日上市后连续走出多个一字板。前期的一字板，股票的成交量极为稀少，很多游资想要入场都没有机会。

2022 年 11 月 23 日和 24 日，游资炒新一族才得到入场机会。两个交易日，炒新一族共买入 1577 万元。

11 月 25 日，炒新一族先是将先前买入的股票全数卖出 1950 万元，盈利 370 万元；接着又买入了 3129 万元。

11 月 28 日，永顺泰的股价低开冲高后回落。游资炒新一族选择了清仓操作，卖出 2998 万元，对比先前买入的 3129 万元，亏损 131 万元。

整个交易过程先盈利后亏损，整体盈利 200 多万元。这就是游资操盘的真实写照，他们并不会每笔交易都盈利，但整体上却可以维持一个盈利的局面，而后通过复利效应将资金量滚大。

喜欢抢入新股一字板，是游资炒新一族的一个显著标签，同时他也比较喜欢在弱市格局中交易次新股。

五、撬板王：剑走偏锋，直至“跌停板”

市场上从来不缺少以冲击涨停板为主要操盘技法的投资者，但以撬跌停板作为自己标签的确很少，撬板王就是其中最具有代表性的一个。

撬板王以善撬跌停板著称，特别是那些连续跌停的股票，更容易成为其主要目标。其操作手法也比较简单：首先利用手中的资金优势，强势打开跌停板，然后大幅向上拉升股价，以吸引跟风盘入场，次日择一高点将股票全数卖出。

撬板王最经常使用的营业部为兴业证券深圳分公司。

下面来看一下天富能源的案例，如图 1-23 所示。

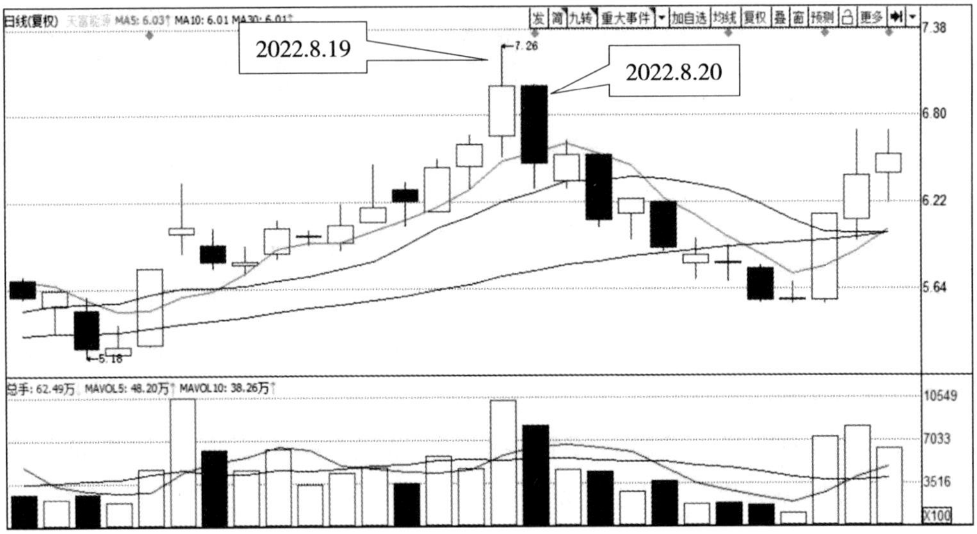

图 1-23　天富能源（600509）日 K 线走势图

从图 1-23 中可以看出，天富能源的股价自 2022 年 4 月底启动了一波振荡上升走势。到 2022 年 8 月 19 日，该股股价一度冲击到涨停板位置，因受阻力较大而出现了回落，最终在 K 线上留下了一根带上影线的阳线。

次日，即 8 月 20 日，该股股价以前日收盘价的价格开盘，之后股价持续大幅走低，并一度达到跌停板，如图 1–24 所示。

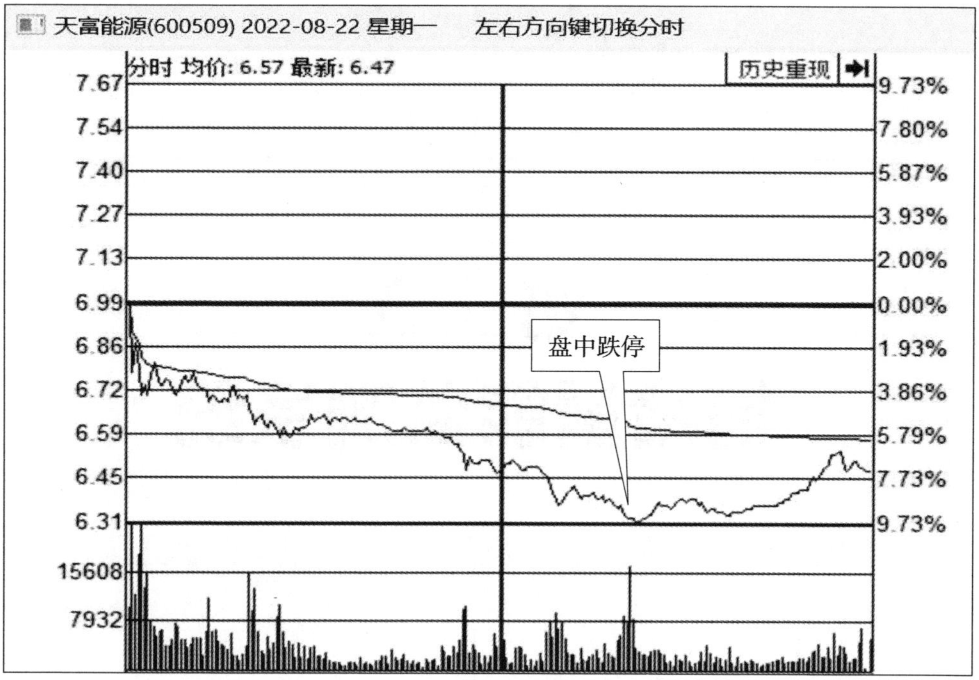

图 1–24　天富能源（600509）分时走势图（2022.8.22）

从图 1–24 中可以看出，天富能源的股价在 2022 年 8 月 22 日开盘后振荡走低，并一度触及跌停板。此时撬板王强势入场，买入了 2159 万元的股票。此后，该股股价开始振荡回升。收盘时，股价已经从跌停板上升至下跌 7.44%。

次日，该股股价出现了低开冲高的态势，撬板王趁机出逃，完成了一次成功的撬板操作。

从某种意义上来说，撬跌停板的风险要远远大于追涨停板，毕竟股价无论上攻还是下跌都有其惯性，跌停的股价继续下跌的概率要远远大于股价上涨的概率。而撬板王则是利用了其手中的资金优势，加上吸引市场的跟风抄底资金，顺势拉升股价。只要有价差，就有利润。

第二章
情绪量能监测系统

市场情绪和成交量能，是游资交易体系中最基础、最核心的指标。绝大多数游资的操作都是围绕市场情绪以及量能变化展开的。顺应市场情绪、引导市场情绪、利用市场情绪，是游资盈利的法宝。

第一节 市场情绪波动基础

情绪化是A股市场的一个显著特点，这与A股市场的波动有关，也与占市场多数的散户有关。从某种意义上来说，股票交易的本质就是持币者与持股者的一种博弈，了解二者情绪的波动与变化，就会更加容易理解股价的波动。

一、情绪化是A股的典型特征

散户众多是A股市场与欧美国家股市最显著的区别，这一特征也决定了A股市场的运行充满了情绪化。

情绪化最明显的表现包括这样几点。

第一，在赚钱效应影响下，越来越多的投资者会强烈地看多后市，并积极入场。这种情况下，无论是个股还是大盘都会受到较大的影响。进入牛市行情期间，即或偶尔出现看空的信号，也很难影响投资者看多的决心。当然，投资者并非会一直坚定地看好后市，只是因为随着牛市的展开，获利越来越多，投入的资金量也越来越多，这就使得这些投资者除了看多未来，已经别无选择。很多投资者在牛市的结尾和熊市初期，甚至会产生孤注一掷的情绪。这就使得无论是个股股价还是大盘，每次上升行情展开到末期时，都会陷入疯狂的拉升模式。

而这种模式势必是不可持续的。每次向上拉升都需要更多的资金，当新的增量资金无法满足拉升需求时，这种上升局面势必会被打破，股价与大盘就会由上升转入下跌趋势。

第二，当市场持续下行时，很多投资者又会争相出局，很容易就会形成资金踩踏效应。此时即使有再多的利好消息出现，投资者首先想到的也是出局。下跌趋势一旦形成，也是难以停止的。

从A股历史走势来看，牛短熊长是其主要特征。一波大牛市持续一年到两年的时间，而熊市则可以持续六七年的时间。

正因为这种情绪化的存在，并深度影响了整个市场的股票交易活动，使得整个市场的股票价格走势都时刻充满了情绪化色彩。

这种情绪化在日常操作层面的表现包括以下几点。

第一，频繁地短线交易，美其名曰追涨杀跌。受这种情绪的影响，投资者都会倾向于买入短线走强的股票，卖出短线走弱的股票。当然，这种强与弱有时只是瞬间的感觉，有时只是几个小时内的板块热点轮动，但投资者对此却趋之若鹜。

第二，追着资金跑，缺少对股票基本面的研究与判断。对个股的分析与研究很少，有时也只是从市盈率、市净率等简单的财务数据来看股价的高低。总是看资金流向而选择股票，没有针对自身的投资理念或方法。

总体上来说，这就是一种非常被动的操作方法。相当于自身没有任何的投资或交易理念，被市场牵着走。正是因为市场上这类投资者非常多，才使得游资能够在操作中屡屡得手。

游资正是清楚自己的市场影响力，即很多散户都在追踪游资的操盘路径，跟着游资买卖股票。也就是说，游资可以借助各路信息，拉升某一概念或板块的股票，调动散户情绪，吸引投资者跟风。当股价上攻至很高的高点，参与的投资者情绪被充分调动，且越来越多的投资者参与进来后，游资就会择机在高点出货。

游资正是利用这一策略，在市场上屡屡得手。

二、情绪的波动

从市场内部来看，影响股价波动的直接因素就是资金。资金的流入与流出推动了股价的涨跌。而资金流动的决策是由人做出的，人又不可避免地受到各类主观情绪的影响。这是游资操作的最基础的逻辑，也是前面我们反复提及的一个方面。

从人性的角度来看，影响情绪变化的因素包括以下几个方面。

第一，赚钱效应。

这是投资者进入股市的唯一理由。股市中，只有在赚钱效应显著的情况下，才会有越来越多的场外资金进入市场。增量资金的入场，才是推动股市展开行情的基础。没有增量资金入场，只是场内资金在打圈圈，股市是很难走出什么大行情的。当然，这是站在整个市场维度来看的。

若从具体的板块来看，即使没有场外的增量资金入场，只要个别板块出现暴涨行情，一样可以吸引场内资金转移战场，从而推动这些板块的走高。也就是说，在弱市格局下，游资就是凭借炒作个别板块，通过这些板块的赚钱效应，将资金吸引到这些板块，并借机完成获利的。

除非极端的暴跌行情，否则对于游资来说，就没有什么不能操作的行情。相反，若是市场存在多点开花的情况，游资反倒不容易将投资者吸引到自己所选择的板块或股票身上了。

第二，恐惧心理。

投资者在两种情况下会产生恐惧心理：其一，股价连续大幅走高的情况；其二，股价持续大幅走低的情况。

当然，这两种情况分别对应了投资者两种投资状态，其一为空仓；其二为持仓状态。

投资者空仓想要买入股票时，常常会希望股价低点、再低点。一旦股价出现大幅上升时，又会因为自己的犹豫不决而懊恼不已。当股价进入强势上攻周期，又因股价过高心生恐惧，而不敢介入。

另一方面，当投资者持仓时，遭遇股价大幅下跌，就会产生恐惧心理，不敢再持有股票，主力也经常采用这种方法来恐吓散户交出筹码。因此，股价下跌的尾声总会出现加速放量下跌的态势，这往往就是主力最后一次恐吓散户，很多散户也就是在这时开始交出筹码的。

第三，从众心理。

散户不仅是因为资金少、数量众多而被称为散户，最主要的是，多数散户并没有独立的投资理念和交易系统，多数情况下都在随波逐流、人云亦云。

市场上的小道消息、财经评论、网络大V等都会对散户的投资决策产生决定性影响。市场上关于某类热点股票，大家都在讨论时，散户就容易介入这类股票；大家都看空某类股票时，散户也会义无反顾地卖出。总之，散户的仓位总是跟着市场上很多人的观点跑，还美其名曰是追热点。

其实，这种热点多数属于即将过气的热点，多数是游资炒作到高点，散户去接盘的板块。

不可否认，上述几种因素都会对市场上散户的情绪产生直接的影响。这些情绪的变化又会反作用于市场。

三、散户人气聚集

很多短线暴涨的龙头股，都是由市场上的游资推动的。游资与主力资金不同，游资介入某只股票并不是为了分享企业发展的红利，也不是要长期持股，而是要获得短线波动的利差。同时，这些游资的资金量又比较大，买入或卖出股票并不像散户一样方便，拥有超高换手率的股票往往成为游资的目标。

一只股票的换手率高，说明交易活跃，买入与卖出的投资者众多。其实，只有市场上的热门股才符合这个要求。

游资操盘最想要的效果就是市场的关注和热度。只有市场关注度够高，赚钱效应够强，才能引来跟风盘，自己的筹码才会有人接。可以这样说，游资炒作的基础就是人气。市场上的人气聚焦于哪一类股票，那么这类股票中就容易产生大牛股。

对于很多投资者来说，当牛股启动后，一方面会对其高股价望而却步；

另一方面则会不断地为其赚钱效应所吸引，希望能够有机会分一杯羹。与此同时，牛股则每天都在创下新高，在游资拉升的末端，势必会开始考虑出货与离场，盘中的振荡与尾盘涨停就会不断出现。这给了很多投资者以假象，认为自己只要在盘中进入，至少能够享受一波涨停的红利，哪怕次日再出来。其实，游资鼓励的就是散户的这种想法，如图 2-1 所示。

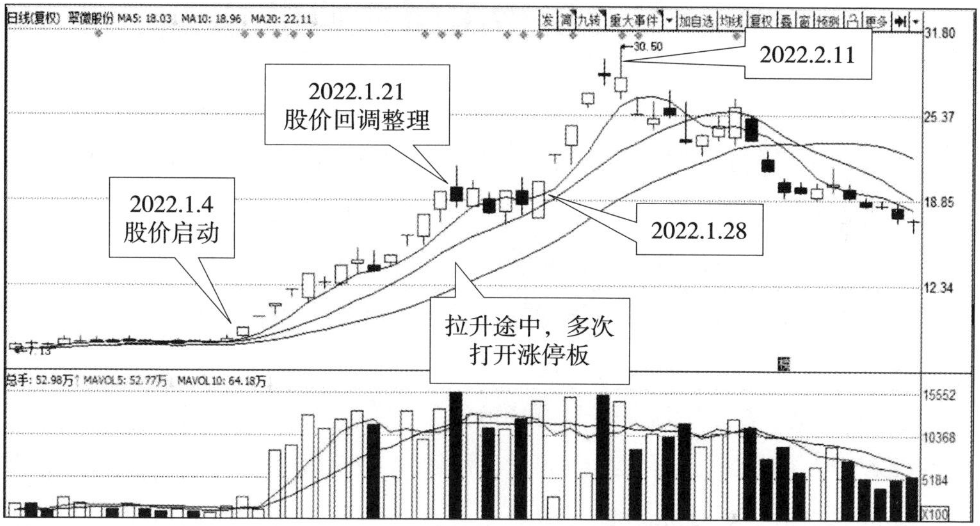

图 2-1　翠微股份（603123）日 K 线走势图

从图 2-1 中可以看出，2022 年年初，数字货币和移动支付概念成为市场上的炒作热点，翠微股份成为整个市场炙手可热的大龙头股。

翠微股份的股价自 2022 年 1 月 4 日启动上攻，期间在 1 月 21 日开始出现了短暂的横向调整。1 月 28 日，该股股价再度爆发第二波上涨走势，并在 2 月 11 日触顶开始回落。至此，此波行情算是彻底终结。

回顾翠微股份的炒作过程可以发现，在股价上攻过程中，投资者若想要入场，其实也是有很多机会的。游资每天都给投资者入场机会，股价每天都上涨，这就具有了典型的赚钱效应。市场上关注该股票的人就会越来越多，人气都被这只股票吸走，游资操作起来就会越发容易。

当市场情绪较差，或行情对投资者不利的时候，需要理性地对待风险，应该调出自己的持仓，进行客观的判断和冷静的观察，才不至于导致更大的被动。

也就是说，在市场情绪不及预期时，尽管以较低的成本买入股票，卖出个股的价格也要比预期的更低。

第二节　市场情绪评估维度

游资是市场的跟随者和推动者之一。很多散户都认为是游资推动了行情，其实不然，游资只是顺应了市场的大势，然后推波助澜。时刻关注市场动态，同时又要对信息有自己独到的判断和解读，才是游资成功的关键。当然，这种判断能力并不是从哪本书中学到的，也不是什么人教的，只能是自己日积月累的总结，逐渐从交易实战中获得的。

感知市场情绪，是游资研判市场的第一步。当然，目前对市场情绪的评估并没有统一的标准，很多投资研究机构也曾推出各类市场情绪指标，如南财市场情绪指数、恐慌指数等。但对于大多数游资来说，他们更喜欢直观地观察市场交易情况，并感知市场情绪。日常研判市场情绪可以从以下几个维度进行，如图 2-2 所示。

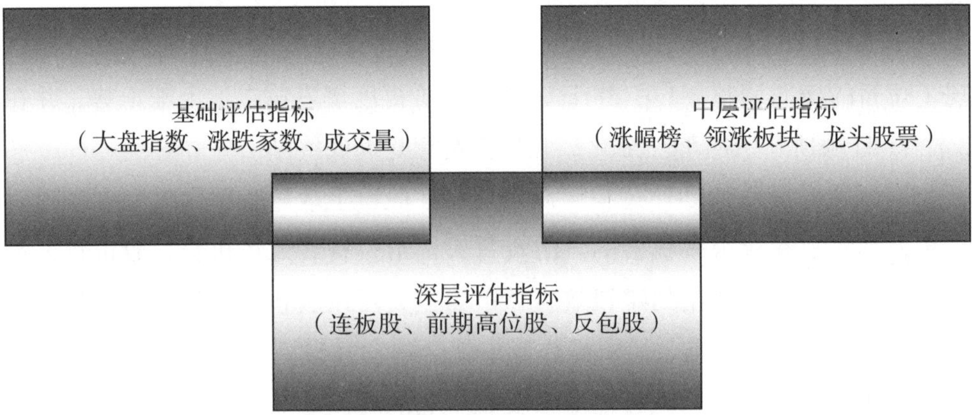

图 2-2　市场情绪评估维度

一、基础评估指标：大盘指数、涨跌家数、成交量

对整个市场情绪的感知基础，首先来自最基础的大盘指数的走势情况、市场上股票上涨与下跌数量以及整体的成交量、北上资金等。

1. 大盘指数与市场情绪

大盘指数与市场情绪之间存在相互独立又相互影响的关系。一方面，大盘指数走强，必然会带动整个市场情绪的升温；从另一方面来看，市场情绪上来了，投资者参与交易的热情提升，也会带动大盘指数的走高。

下面来看一下 2023 年下半年的大盘指数走势情况，如图 2-3 所示。

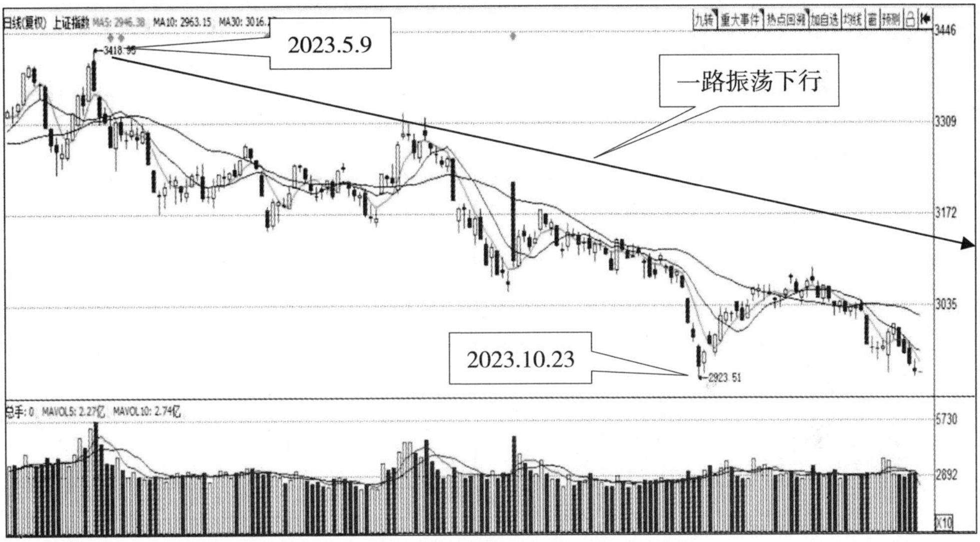

图 2-3　上证指数日 K 线走势图

从图 2-3 中可以看出，大盘指数自 2023 年 5 月初开始振荡走低，整个下跌过程持续了半年多的时间。在整个市场下行期间，成交量呈现了振荡萎缩态势，从侧面说明面对持续下行的市场，整个市场挣钱效应不强，投资者的参与热情不高，市场情绪不高。

当然，大盘指数所反映的是整个市场的交易情况，也是整个市场的情绪。

2. 涨跌家数与市场情绪

上涨家数与下跌家数的多少反映了市场的景气程度，是反映市场情绪的

重要指标。上涨家数是指当时股票价格高于前一交易日收盘价的股票个数；下跌家数是指当时股票价格低于前一交易日收盘价的股票个数。与此相对应，还有平盘家数这一概念。平盘家数是指当时股票价格与前一交易日收盘价相同的股票个数。

通常来说，上涨家数多于下跌家数，市场气氛非常活跃，短期有进一步上涨的可能，适合投资者进行短线操作；下跌家数多于上涨家数，则说明市场气氛非常不好，短期还有进一步下跌的可能，投资者最好采取观望的态度。

下面为2023年12月19日早盘的涨跌家数情况，如图2-4所示。

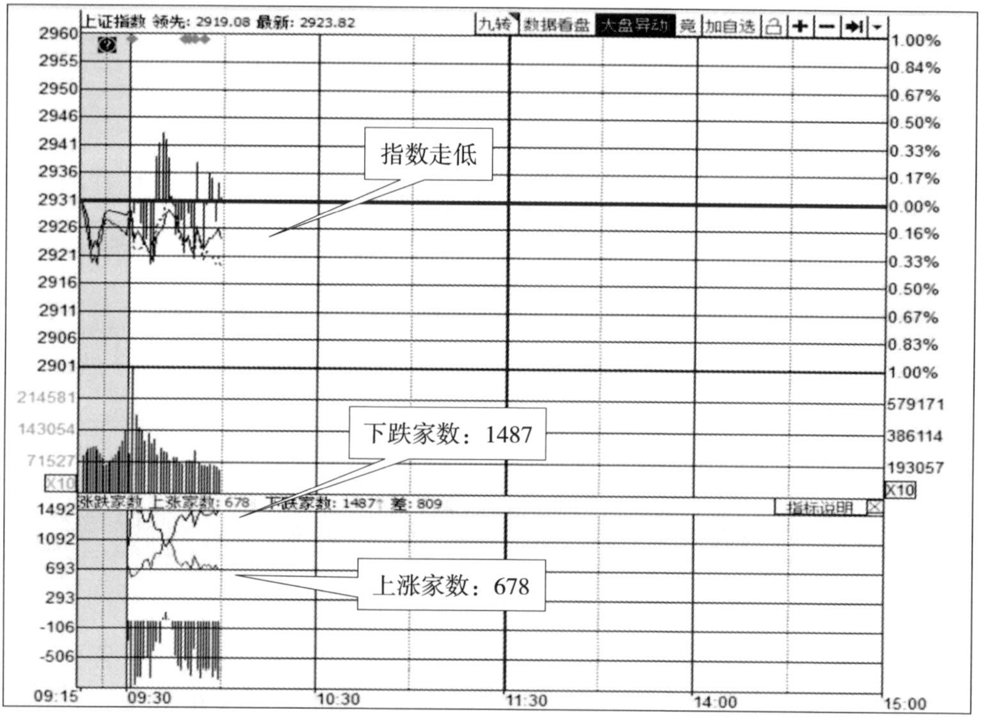

图2-4 上证指数分时走势图（2023.12.19）

从图2-4中可以看出，上证指数在2023年12月19日早盘低开后，经历了一波振荡，仍维持低位运行。与此同时，市场上的涨跌家数也随之出现了波动。在10点左右，上涨家数为678家，而下跌家数达到了1487家。从涨跌家数对比来看，下跌家数远远多于上涨家数，市场上赔钱的投资者也要多于赚钱的投资者。整个市场赚钱效应较差，市场情绪不佳。

3. 成交量与市场情绪

成交量是一种市场供需关系的量化表现，是指在单位时间内所达成交易的总量。每日股市的成交量其实也是市场成交活跃度的一个指标，更是市场情绪的直接反映。若整个市场的成交量持续放大，说明市场成交活跃，投资者愿意积极入场参与交易；反之，若成交量出现持续萎缩态势，则说明市场参与者并不热衷于交易，这也是市场情绪不高的一个表现。当然，市场总的交易额也会成为市场情绪的一个重要参照指标。比如，在 2023 年交易比较活跃的时间段，两市的成交额都超过了 10000 亿元；在普通的时段，两市的成交额在 8000 亿元左右。两市成交额低于 8000 亿元，则属于明显的交易清淡情形。

当然，对于游资来说，极度的交易活跃或交易清淡都不是理想的交易状态。交易过于活跃，说明市场热点较多，不利于将市场的热点聚焦于自己持有的股票身上；反之，若市场交易过于清淡，整个市场都笼罩在恐慌氛围之中，投资者不愿意入场交易，游资也很难从拉高的股票身上兑现脱身。

4. 融资融券量

融资融券，又称证券信用交易，或保证金交易，是指投资者向具有融资融券业务资格的证券公司提供担保物，借入资金买入证券（融资交易）或借入证券并卖出（融券交易）的行为。该定义也可以这样通俗理解：投资者认为某只股票可能会上涨，就可以先到证券公司借钱买入，待股价上涨卖出后，再将钱还给证券公司，这就是融资交易；投资者认为某只股票可能要下跌，也可以先到证券公司借来股票卖出，待股价下跌后再买回股票归还证券公司，这就是融券交易。

目前，由于开通融资融券交易具有一定的门槛，即资产超过 50 万元，且参与股票交易满 6 个月以上。这就意味着，在市场上参与融资融券交易的个体，相对来说都属于资金规模较大的投资者。融资余额常常被看成反映市场情绪的重要指标。当两市融资余额持续走高时，说明市场上的资金对后市较为看好，未来继续走好的概率很高，如图 2-5 所示。

图 2-5　两市融资余额走势情况（资料来源：天天基金网）

从图 2-5 中可以看出，进入 2023 年 9 月之后，两市的融资余额开始出现显著的上行，这与整个大盘指数出现了显著的背离，从侧面说明市场上有些资金已经开始入场建仓，从以往的经验来看，可能是投资者察觉市场底部即将到来的一个迹象。

5. 北上资金净流入与净流出

在证券市场上，“北”和“南”是一个相对的概念。北上资金，指的是从香港股市中流入大陆股市的资金；同时内地也有流入香港股市的资金，称为南下资金。在 A 股市场中，是不允许国外资金直接参与投资的，因而，北上资金也成了很多境外资金借道进入 A 股市场的一个窗口。同时，由于境外资金的持有机构多为专门的投资机构，因而使得市场上的北上资金带有了更多的风向标意义。很多投资者喜欢看北上资金的动向来进行交易操作。

通常来说，北上资金的动向具有如下交易含义。

第一，北上资金净买入，说明外资对 A 股市场较为看好，未来市场看涨；反之，则说明外资暂时不太看好 A 股。

第二，北上资金持续净买入，比如连续 20 个交易日净买入，说明外资坚定地认为 A 股市场拥有较大的上升空间。

正因如此，才使得北上资金成为反映市场情绪的一个指标。北上资金持续流入，可以看成市场情绪升温的一个迹象；反之，则是市场情绪不佳的表现，如图 2–6 所示。

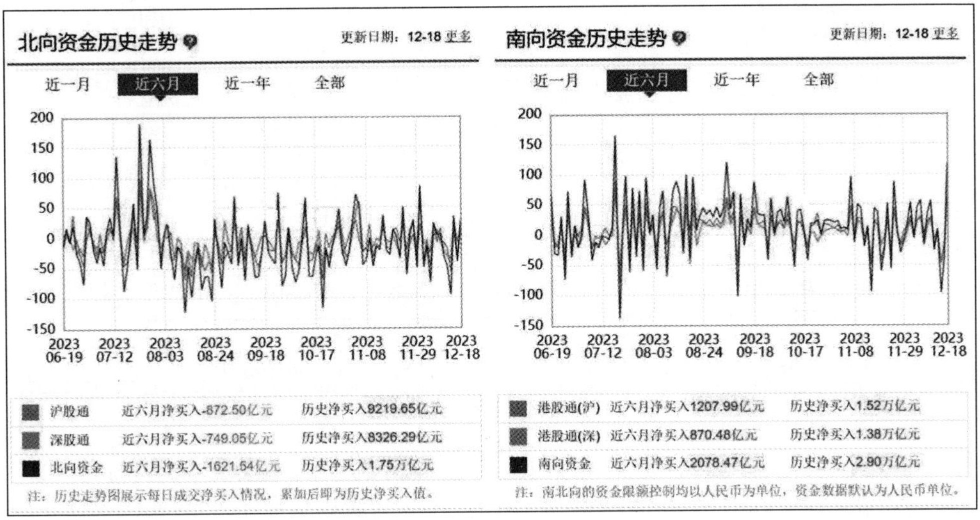

图 2–6　北向资金与南向资金动向

从图 2–6 中可以看出，最近六个月以来，北上资金呈现净流出的状态，达到了 1621 亿元，而此时南下的资金却高达 2078 亿元。从这点上也可以看出，在这段时间里，外资对 A 股市场并不看好，这在一定程度上也直接影响了整个市场的情绪。

二、中层评估指标：涨幅榜、领涨板块、龙头股票

基础评估指标侧重于对整个市场，在相对较长时间内的情绪变化，中层评估指标则反映了实时的市场情绪状态。

1. 涨幅榜

涨幅榜，即沪深 A 股涨幅榜，尤其是早盘开盘时段的涨幅榜更具有交易指示含义。通常来说，涨幅榜涨幅第一页（一般 35 只到 40 只股票）的股票若能全部涨停，则说明市场比较强势，市场情绪较佳；若第一页最后一名的

涨幅也能在 8% 以上，说明市场环境尚可；若第一页涨幅榜最后一名已经处于涨幅 5% 以下了，则说明市场赚钱效应较差，市场情绪不佳，如图 2-7 所示。

涨幅排名 DDE排名 资金流向 主力增仓 财务数据 涨停排名 上市至今排名 陆股通排名

	代码	名称	现价	涨幅%	涨跌	市净率	每股盈利	细分行业	所属行业
1	603373	N安邦	52.71	+174.19	+33.61	3.39	0.697	专业服务	专业服务
2	301032	新柴股份	12.05	+20.02	+2.01	2.71	0.019	其他通用设备	通用设备
3	300949	奥雅股份	79.84	+20.01	+13.31	4.38	-0.950	装饰园林	建筑装饰
4	301076	新瀚新材	35.03	+16.00	+4.84	4.31	0.520	其他化学制品	化学制品
5	301512	智信精密	73.35	+15.80	+10.05	3.88	0.831	其他自动...	自动化设备
6	603389	亚振家居	7.23	+10.05	+0.66	4.39	-0.280	家具	家用轻工
7	002890	弘宇股份	16.14	+10.02	+1.47	3.61	0.119	农用机械	专用设备
8	603789	星光农机	13.18	+10.02	+1.20	7.93	-0.068	农用机械	专用设备
9	605086	龙高股份	33.94	+10.02	+3.09	3.75	0.720	非金属材料	非金属材料
10	600630	龙头股份	13.08	+10.01	+1.19	8.00	-0.010	服装	服装家纺
11	603656	泰禾智能	16.83	+10.00	+1.53	2.33	0.140	其他专用设备	专用设备
12	001314	亿道信息	64.26	+10.00	+5.84	4.50	0.720	消费电子...	消费电子
13	603273	天元智能	25.53	+10.00	+2.32	6.49	0.212	工程机械	专用设备
14	001239	永达股份	20.82	+9.98	+1.89	4.19	0.257	工程机械	专用设备
15	000570	苏常柴A	6.83	+9.98	+0.62	1.37	0.222	汽车零部件	汽车零部件
16	000705	浙江震元	10.03	+9.98	+0.91	1.70	0.209	医药商业	医药商业
17	002915	中欣氟材	15.33	+9.97	+1.39	3.05	-0.115	氟化工	化学制品
18	600692	亚通股份	8.29	+9.95	+0.75	3.22	-0.055	住宅开发	房地产开发
19	688716	中研股份	49.21	+9.82	+4.09	5.22	0.290	合成树脂	化工合成材料
20	001210	金房能源	21.66	+9.31	+1.78	1.86	0.580	热力	电力
21	603967	中创物流	13.05	+8.70	+1.09	2.04	0.540	物流	物流
22	301533	威马农机	40.90	+7.19	+2.77	3.66	0.713	农用机械	专用设备
23	301413	C安培龙	80.70	+7.05	+5.71	5.81	0.805	仪器仪表	仪器仪表
24	000810	创维数字	14.14	+7.04	+0.93	2.61	0.392	其他黑色家电	黑色家电
25	300210	森远股份	11.89	+6.92	+0.76	10.80	-0.070	其他专用设备	专用设备
26	001306	夏厦精密	100.61	+6.86	+6.21	4.84	0.913	金属制品	通用设备
27	300556	丝路视觉	31.13	+6.67	+1.91	4.19	0.040	软件开发	计算机应用
28	300421	力星股份	11.77	+6.65	+0.80	2.65	0.194	金属制品	通用设备
29	300071	福石控股	4.17	+6.65	+0.26	14.95	-0.018	广告营销	传媒
30	300036	超图软件	21.70	+6.61	+1.27	3.57	0.275	软件开发	计算机应用
31	000985	大庆华科	18.28	+6.46	+1.10	4.07	-0.102	石油加工	石油加工贸易
32	605289	罗曼股份	56.17	+6.42	+3.51	4.69	0.690	装饰园林	建筑装饰
33	301069	凯盛新材	22.75	+6.35	+1.32	6.42	0.318	其他化学原料	化学原料
34	000993	闽东电力	9.71	+6.24	+0.58	1.75	0.700	水电	电力
35	300805	电声股份	13.30	+6.11	+0.70	3.72	0.070	广告营销	传媒
36	301131	聚赛龙	52.72	+6.09	+2.95	3.14	0.697	改性塑料	化工合成材料

图 2-7　沪深 A 股涨幅榜（2023.12.20）

图 2-7 为 2023 年 12 月 20 日早盘沪深 A 股的涨幅榜。从该榜单中可以看出，早盘伊始，沪深两市涨停股票为 15 只。排在涨幅榜第 36 位的股票为聚赛龙，其涨幅为 6.09%。相对而言，这只能算一般水平，说明整个市场并不算强势。这与大盘整体走势不佳有直接的关系。

从具体的板块来看，通用设备与专用设备板块涨幅居前，有多只股票涨停，特别是农用机械类股票，多只涨停。

2. 领涨板块

领涨板块，是市场人气主要聚集的领域，通常为一段时间内热门股票出现较多的板块，也是一段时间内涨幅较大的板块。对于短线交易者来说，追踪领涨板块是其基本功之一。能够准确发现和挖掘领涨板块的投资者，必然是优秀的短线交易者。

领涨板块的研判需要注意以下几点。

第一，板块涨幅情况。通常来说，涨幅靠前的板块，就是市场的领涨板块，也是当前行情上行的主要推动板块。

第二，涨幅榜内相同板块内涨停板或接近涨停板股票的数量。通常来说，某一板块内，涨停股票越多，高涨幅的股票越多，说明板块越是当前行情的热门板块。

第三，当前市场上的超级大龙头股所属的板块，多为当前行情的热门板块和领涨板块。股市中有“龙头不倒，行情不灭”一说。只要龙头股还在持续涨停或上攻，那么，这个板块或概念的行情就没有彻底终结。

如图 2-8 所示，从 2023 年 12 月 19 日的市场领涨概念分布来看，受红海周边航运危机的影响，港口航运板块内的股票出现较大的涨幅。整个市场的领涨概念集中在港口航运、航运概念、自由贸易港、物流等领域。航运与物流概念的龙头股之一中创物流连续两个交易日收出涨停板。未来该概念是否具有持续性还有待于进一步观察。

图 2-8　领涨概念（2023.12.19）

3. 龙头股

这里的龙头股并非板块或行业的龙头，而是整个市场行情的龙头。通常来说，在市场的催动下产生了大龙头股，那么，很多与大龙头股相关的行业或板块都可能获得相应的带动。同时，市场上的资金也容易形成合力。毕竟市场的焦点容易聚焦到大龙头股及其所处的板块或概念上。反之，若市场没有形成明确的龙头股或市场上的龙头股走势也不强，则说明市场并未出现明确的炒作主线，市场即使有一些热点也比较分散，很难形成合力、形成较大的炒作浪潮。即使是游资，在这个阶段也多以观望或超短线交易为主。

比如，在 2023 年 11 月的新能源汽车板块热炒中，天龙股份成为当仁不让的市场龙头股。该股股价一波拉升走出了 10 个涨停板，如图 2-9 所示。

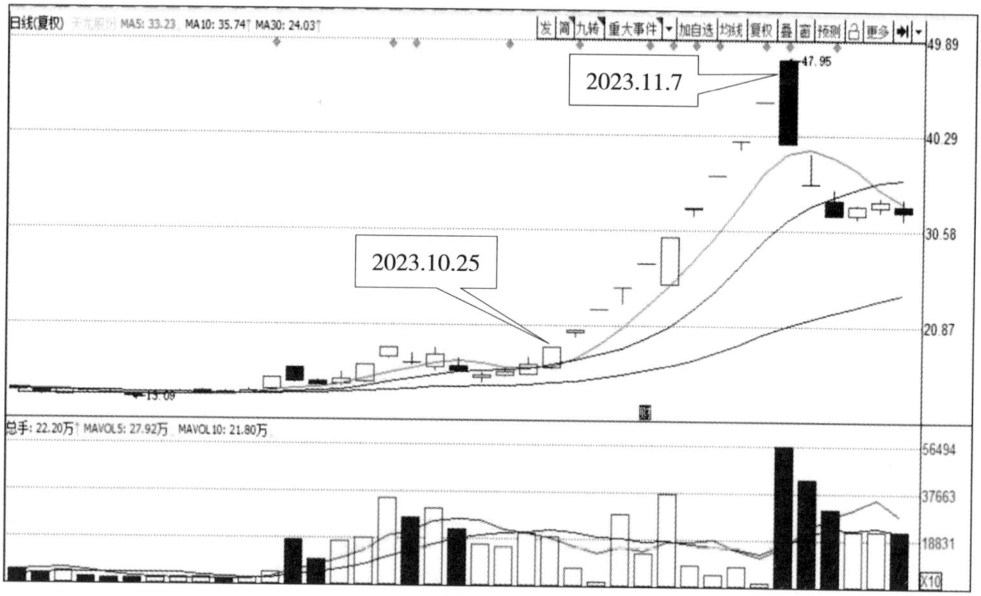

图 2-9 天龙股份（603266）日 K 线走势图

从图 2-9 中可以看出，进入 2023 年年末，“龙”字辈股票获得了市场更多的青睐。同时，受华为问界热销的影响，新能源汽车成为市场炒作的“风口”。由于天龙股份具有汽车热管理、汽车电子、奇瑞汽车等诸多概念，成为资金追捧的热门股票。

自 2023 年 10 月 25 日该股第一次封上涨停板后，连续拉出 10 个涨停板，并成为市场上的众多游资追踪的热门龙头股。知名游资苏南帮、宁波和源路、作手新一、方新侠、上塘路等悉数参与其中。

三、深层评估指标：连板股、前期高位股、反包股

对市场情绪的解读，光有前两个层次的指标还是远远不够的。游资为了深度了解市场情绪的变化，往往还会关注一些在市场上比较有代表性的股票。

1. 连板股

当前市场上的连板股是最能够反映市场情绪的一个指标。股票能够实现连板，说明了市场资金对其走势的认可。市场上的大龙头股都是多次连板后形成的。连板股的数量、连板股所属的板块、封板的形态，都会对市场产生较为深远的影响。

比如，在 2023 年 10 月 26 日当天，上证指数低开高走。整个市场上，出现了多只连板股，还有几只多日连板股。先来看一下当天的大盘走势情况，如图 2-10 所示。

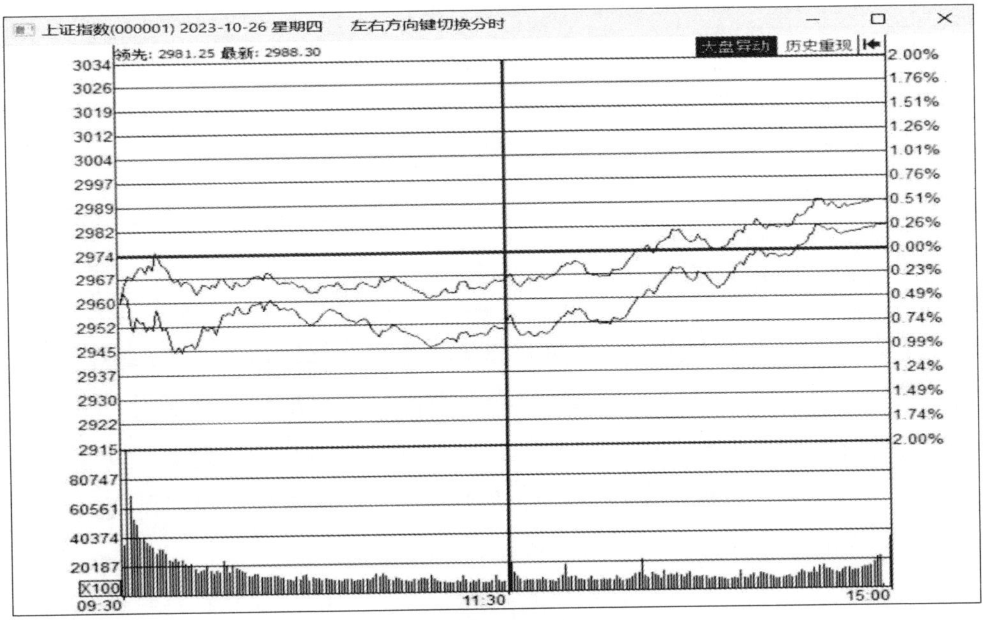

图 2-10　上证指数分时走势图（2023.10.26）

从图 2-10 中可以看出，上证指数早盘低开后出现了振荡走低态势，一直到午盘之后，大盘指数仍徘徊在低位。此时，大盘指数给人一种持续走低的态势。不过，下午 1:30 之后，大盘指数开始振荡走高，至收盘时段，大盘指数不仅抹平了跌幅，还取得了 0.48% 的涨幅。其实，大盘的走高与当日市场连板股较多也存在一定的关联。2023 年 10 月 26 日，连板股情况，如表 2-1 所示。

表 2-1　大盘市场走势（2023.10.26）

<table>
<tr><td colspan="8">大盘综述</td></tr>
<tr><td>收盘</td><td>2988.3</td><td>涨幅</td><td>0.48%</td><td>前收</td><td>2974.11</td><td>今开</td><td>2960.10</td></tr>
<tr><td colspan="8">大盘低开后横向振荡，下午时段开始振荡走高，并以红盘报收。北向资金净流入 12 亿元。板块题材上，F5G 概念、华为昇腾、华为汽车等板块涨幅居前。房地产开发、煤炭开采加工板块飘绿。华为汽车超级大龙头圣龙股份未能再封板。
10000 亿特别国债激发了市场对基建工程的想象空间，以水利工程为代表。</td></tr>
<tr><td colspan="2">领涨板块</td><td>F5G 概念</td><td>华为升腾</td><td colspan="3">华为汽车</td><td></td></tr>
<tr><td>2 板股</td><td colspan="7">冠龙节能（水利）、巴安水务（水利）、龙泉股份（地下管网）、龙建股份（基建）、天龙股份（汽车）、江淮汽车（汽车）、青龙管业（水利）、铭科精技（华为汽车）</td></tr>
<tr><td>3 板股</td><td colspan="7">富佳股份（家用电器）、顺控发展（地产）、宁波高发（华为汽车）</td></tr>
<tr><td>4 板股</td><td colspan="7">长青股份（新能源汽车）、恒润股份（算力租赁）、</td></tr>
<tr><td>5 板股</td><td colspan="7">顺发恒业（地产）、龙洲股份（物流）</td></tr>
<tr><td>6 板股</td><td colspan="7">高新发展（地产）</td></tr>
<tr><td>9 板股</td><td colspan="7">真视通（算力租赁）；</td></tr>
<tr><td>14 板</td><td colspan="7">圣龙股份（汽车零部件）当日未能成功封上涨停板</td></tr>
</table>

从表 2-1 中可以看出，当日市场呈现了多点开花的情况。新能源汽车概念、水利基建概念、物流等概念板块内都有多只股票出现了涨停板。尽管前几日超级大牛股圣龙股份在当日止步于 14 连板，但真视通也达成了 9 连板，高兴发展实现了 6 连板，这都是市场情绪高昂的一种表现。对于游资来说，这就是较佳的市场环境，也是可以积极入场操作的环境。

2. 前期高位股

前期高位股，多为之前的市场龙头股。这些股票的走势与其他连板股会有一定的不同。它们之所以能够出现长时间的连续上攻，是由于有大量的资金的介入推动而形成的。也就是说，资金深度介入，是这类股票显著的一个特征。这类股票即使涨停终结或者开始出现下跌，往往也不会由直接连板涨停转为连板跌停。毕竟这类股票的上行是得到众多资金力挺的。因而，这类股票的股价终结一波涨势后，很多资金出于出货的考虑或仍对其未来看好的角度，往往会采取振荡拉升，甚至采取二次拉升的方式，来实现利益最大化。事实上，很多大牛股都曾走出过第二波大幅拉升行情，甚至是第三波拉升行情。这说明市场人气仍在这类题材或板块上，投资者仍可考虑在这类题材上做文章。

下面来看一下圣龙股份的案例，如图 2-11 所示。

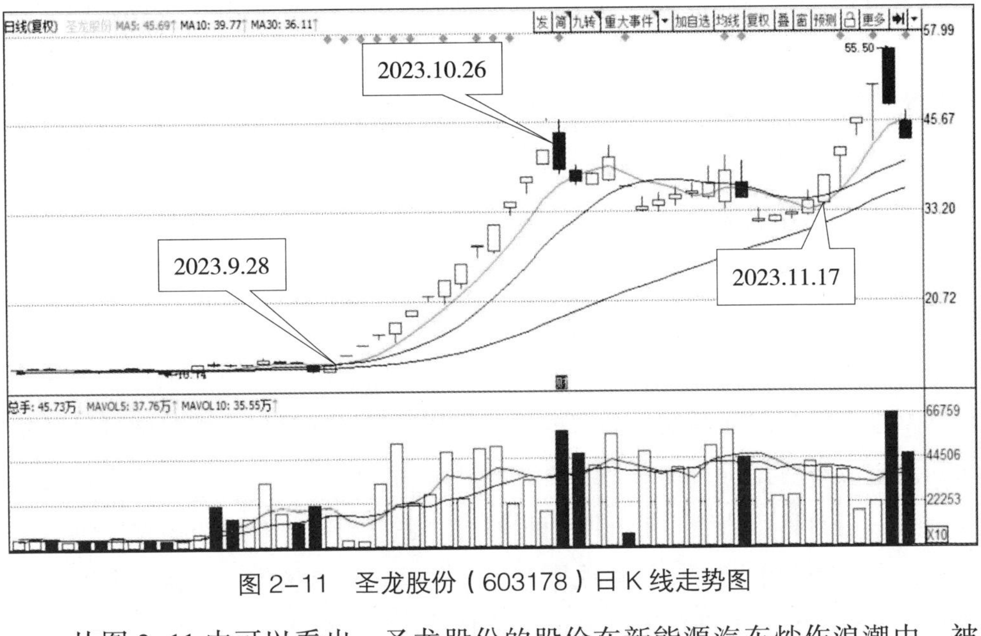

图 2-11　圣龙股份（603178）日 K 线走势图

从图 2-11 中可以看出，圣龙股份的股价在新能源汽车炒作浪潮中，被当成了这一波行情的旗帜。该股股价自 2023 年 9 月 28 日拉出第一个涨停板后，连续收出 14 个涨停板，直至 10 月 26 日，冲击涨停失败。此后，该股股价进入了调整模式。鉴于其先前出现了较大幅度的上攻，此时的回调，让很多散户感到恐惧，没人敢入场买入。

由于该股股价在先前的上攻过程中，多路游资抢入该股，使得这些游资都持有大量该股的股票。这些主力资金想要出去并不容易，再加上此时新能源汽车的行情并不会彻底终结。新能源汽车替代传统的燃油汽车，是需要持续数年时间才能实现的。因而这些资金也不愿意轻易割肉离场。

此后的一段时间里，尽管圣龙股份出现了调整走势，但新能源汽车行情仍未停止，天龙股份、银宝山新等新能源汽车概念股轮番掀起炒作浪潮，不断地让市场额热点和情绪聚焦在新能源汽车行情上。因而，很多资金也没有彻底忘记之前的大龙头股圣龙股份。

2023 年 11 月 17 日，圣龙股份经过一波调整后，再度收出涨停板。此后该股股价又是连续拉出了 4 个涨停板，龙头风采依旧。

从这些股票走势也可以看出，该时段整个市场的情绪确实主要集中在新能源汽车领域，先前的大龙头股也容易再度启动，毕竟关注热度还在，先前入场的游资还在。

3. 反包股

反包股更是能够反映市场情绪和市场人气的一个指标。反包股，指的是一根大阳线反包了之前的跌幅。并不是所有的反包股都需要特别的关注。投资者应该重点关注先前出现连续涨停后回调，再反包出现涨停板的股票。通常来说，股价涨停终结后出现调整，则意味着资金的出逃或为主力资金的洗盘调整，人气在某种程度上会出现下降。其后若出现反包行情，则可说明先前的调整属于洗盘行为，未来继续看涨，这也说明了这类股票或概念板块仍能聚焦一定的市场情绪。若在某一时间内，多只相同概念股票出现反包涨停形态，则意味着市场对该板块或概念仍十分看好，市场焦点仍在，未来很可能会迎来新一波的上升。下面来看一下中广天择的案例，如图 2-12 所示。

从图 2-12 中可以看出，中广天择属于典型的快手概念、腾讯概念股票，该股股价在 2023 年 10 月底启动了一波大幅上涨走势。该股股价在 11 月下

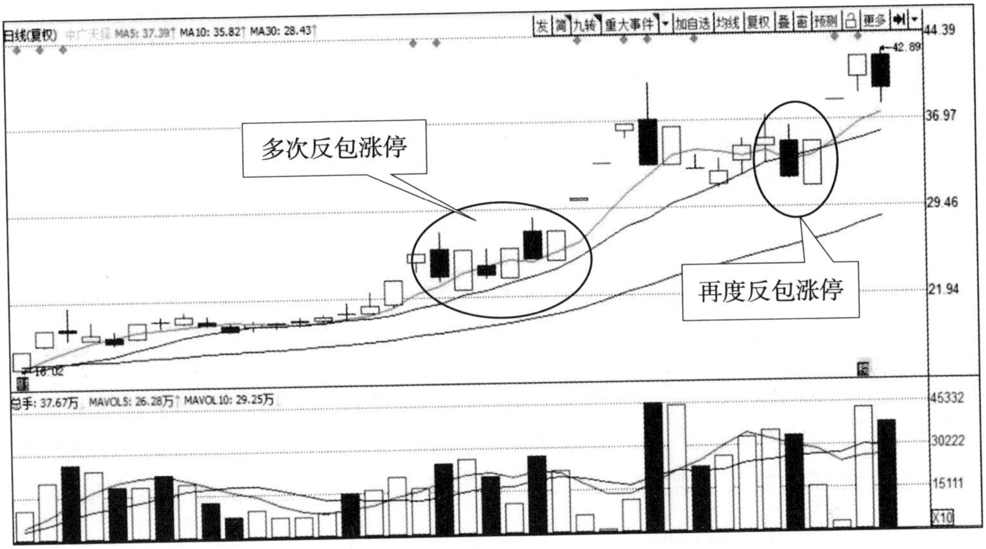

图 2-12 中广天择（603721）日 K 线走势图

旬连续多次出现反包涨停。12 月中旬，它又一次出现反包涨停，这说明该股所属的概念仍是市场焦点、市场情绪所在。

在此过程中，上塘路、苏南帮、炒股养家、西湖国贸、作手新一、山东帮等多路游资均参与其中，从中也可以看出市场对该概念的认可。

附：游资理解的情绪前排与后排

在看游资相关图书或一些短线交易的文章时，经常会看到这样几个词汇，情绪前排、情绪后排。很多经验丰富的投资者都会告诉后来的投资者要注意追踪情绪前排股票，要警惕情绪后排股票的风险等。很多投资者对情绪前排与后排的理解存在一些困难。本节将重点谈一谈情绪前排与后排的问题，当然，不同的人可能有不同的理解，在这里仅供读者做一个参考。

所谓的情绪前排与后排是与整个板块走势情况、发酵程度直接相关的一个指标。

1. 情绪前排

在一个板块或概念被热炒时，很多个股票都会出现涨停走势。因而，很多人都喜欢看个股的涨停封板时间，即涨停封板越早的股票就越强势，越属于情绪前排的股票。不能说这么判断有什么错误，但肯定对情绪前排的理解还是有一定的误区。毕竟在概念热炒到顶点时刻，很多个股都可能会强势封板，但却很难通过此时段的股价走势来判断谁属于情绪前排。就是说，要想认清情绪前排，还需要从更为广阔的维度来审视整个概念板块的走势情况。

再来回顾一下，一个概念被热炒的过程。

一个概念在被炒作前，常常是默默无闻的。此时，一些股票率先启动了，并强势封上涨停板。此后这只股票更是连续涨停，带动了板块内相关股票的上扬。随着赚钱效应的扩散，板块热点逐渐走高，这个概念就会被大幅热炒，一些低位股开始补涨或涨停，接着，一些股票受整个板块大幅上攻的影响，跟风启动。这些跟风启动的股票，有些成功地封上了涨停板；有些则突击、冲击一波而转入了回调，这就会在K线图上留下一根钓鱼线。

首先，来看明显属于情绪前排的龙头股票。

从股价上升过程中，就可以分清哪些股票属于明显的情绪前排股票。第一，在整个板块被炒作前，就已经率先启动的个股，并成为高位连板股的大龙头股，属于典型情绪前排股票；第二，能够紧跟大龙头股，在板块整体启动前率先启动的，也属于情绪前排股票；第三，从涨停时间来看，封住涨停板时间较晚，但其走势板块启动前已经开始进入加速上升周期，显示出明显强势特征的股票，也属于情绪前排股票。

再来看另外一个概念——中军。

中军，是某一板块能够启动的中坚力量。从以往的经验来看，光有大龙头股的带动，是不足以让整个板块形成合力，掀起大的风浪的。只有大龙头股启动后，板块内的中军股票都启动了，才能说明这个题材或概念在市场上立住了，并已经成为主要或重要的炒作题材。

判断中军股票的方法相对较为简单，就是观察板块内与整个板块走势形成共振的股票，即板块指数上升时，这些股票随之大幅上升；板块回调时，这些股票也会随之回调。中军品种是一种特殊的存在。有一些强势的中军品种，在板块指数启动时，随即展开攻势，也可看成情绪前排股票。

还有一个概念——补涨龙头股。

一个板块启动前和刚刚启动时，常常属于概念炒作的朦胧期，市场对板块的上攻幅度和持续性也没有共识。当板块炒作持续一段时间后，市场就会对其有了新的认识，很多相关题材的股票也会被挖掘出来。特别是一些先前没有被发现或炒作的新兴的细分题材内的股票，一旦启动补涨行情，很可能会有一些补涨龙头股出现。这些补涨龙头股，不动则已，一动就会地动山摇，直上云霄。这些股票自然也属于典型的情绪前排股票。

2. 情绪后排

情绪后排，是与情绪前排相对的概念，通常都是在整个板块启动后，被动跟风上涨的股票。在大多数时间内，这类股票的走势都是弱于整个题材概念板块的。接着，在板块或市场走强的带动下，这些股票也会出现走强的态势，甚至可能也会成功封住涨停板。最为典型的走势，就是一些在临近收盘时段，突然被拉升的股票。这些股票在整个板块走强的影响下，初期无动于衷，到了晚盘却出现突击走势。一些未能成功封住涨停板的股票的分时线，就会演变为钓鱼线。即使成功封板的股票，次日也很能继续走高，这也是很多投资大咖都不赞成追涨这些情绪后排股票的原因所在。

综述：从理论上来说，一个被热炒的，且经过充分发酵的热点概念从领涨大龙头、跟涨龙头、中军、补涨龙头以及后面的跟风股会形成严密的梯次配置，这是较为理想的配置结构。当然，更多热点题材并没有形成严格的题材配置，可能只有领涨龙头和跟风盘而已，此时，投资者就需要特别的注意，不能生搬硬套。

以 2024 年年初时段的大消费板块下的旅游与零售板块为例进行介绍。进入 2023 年年底到 2024 年年初时段，东北冰雪旅游经济升温，哈尔滨更是成为新一代的网红城市。在 A 股市场上，接着这波冰雪旅游热，掀起了一波“冰雪 + 零售”的炒作热潮。2024 年 1 月 2 日，大龙头股长白山率先启动涨停，此后更是连续拉出了 7 个涨停板，如图 2-13 所示。

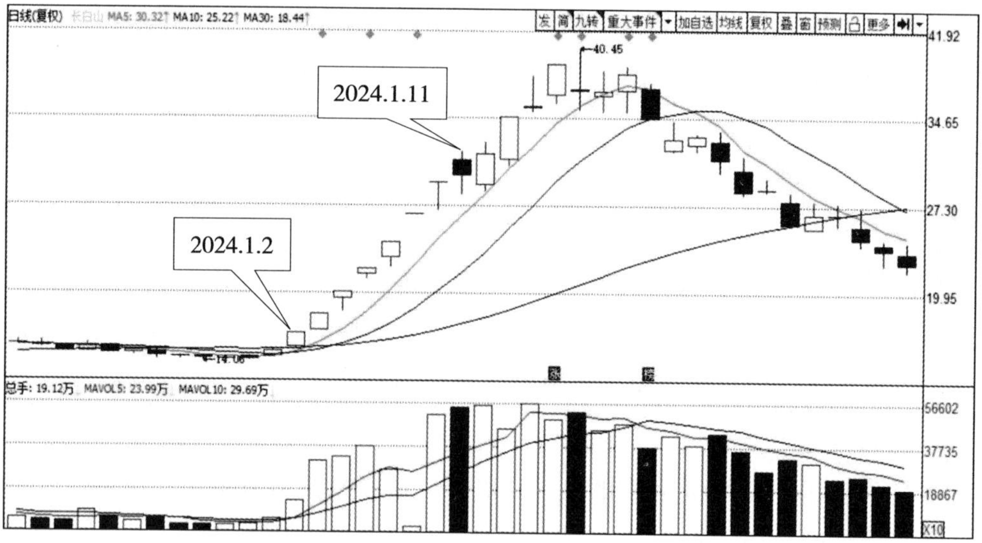

图 2-13　长白山（603099）日 K 线走势图

自 2024 年 1 月 2 日长白山启动后，对整个冰雪旅游板块有所提振，大连圣亚随之也在 1 月 3 日封上了涨停板，如图 2-14 所示。

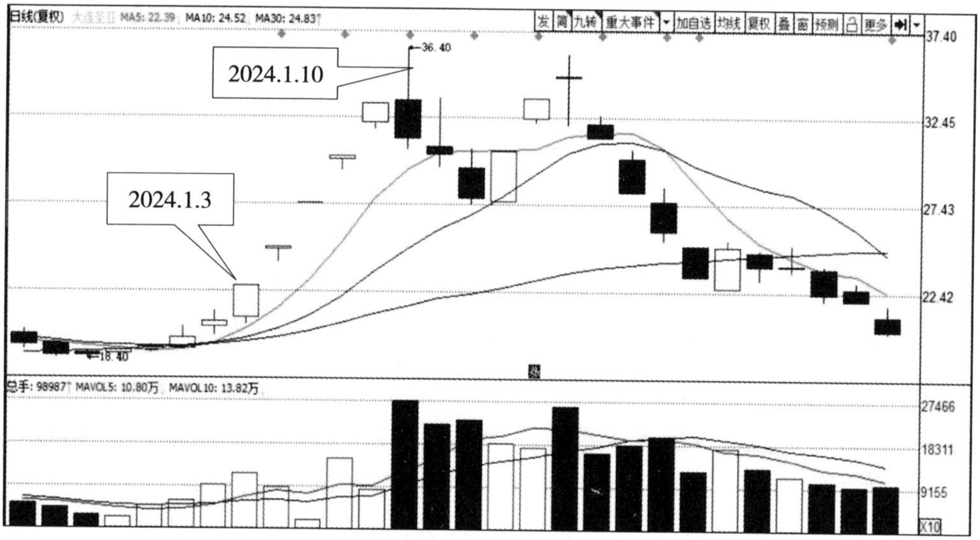

图 2-14　大连圣亚（600593）日 K 线走势图

从图 2-14 中可以看出，2024 年 1 月 3 日，大连圣亚紧跟长白山的步伐强势封上涨停板。此后，该股股价连续收出了 5 个涨停板。大龙头连续走出

7 个涨停板，二龙头的 5 个涨停板也是合乎情理。从情绪角度来看，长白山和大连圣亚无疑属于情绪前排股票。随着冰雪旅游炒作的升温，概念炒作逐渐开始向外扩散至零售领域。中兴商业成为补涨龙头股，如图 2-15 所示。

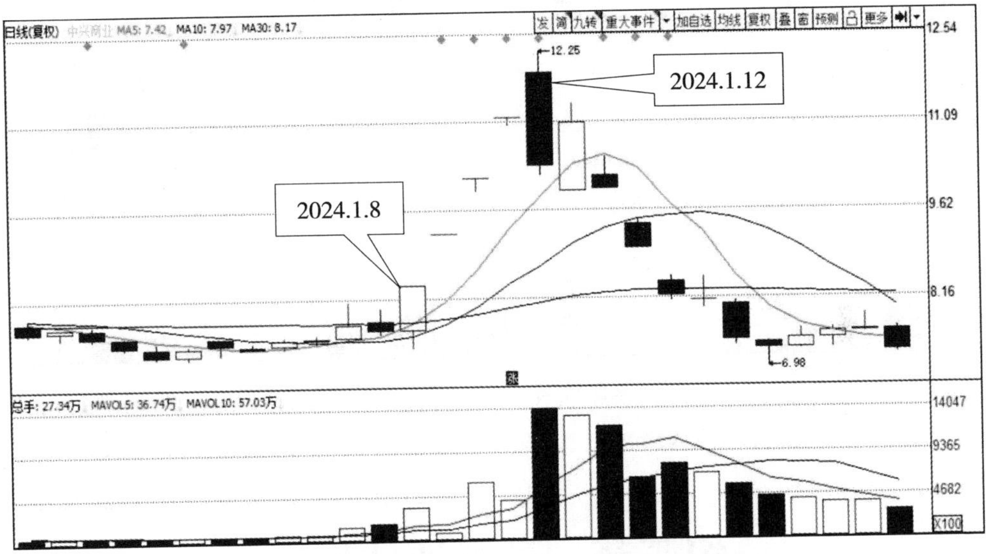

图 2-15 中兴商业（000715）日 K 线走势图

从图 2-15 中可以看出，2024 年 1 月 8 日，长白山和大连圣亚等大龙头股已经进入了上攻的尾声，中兴商业此时拔地而起，接过了“冰雪 + 零售”概念的大旗。

就是说，中兴商业和之前的两个大龙头股都可以列为情绪前排股票，而在大龙头股的带动下，因整个板块的上攻，而被迫出现拉升的股票，就属于情绪后排股票了，再来看一下莱茵体育的股价走势情况，如图 2-16 所示。

从图 2-16 中可以看出，莱茵体育同样也属于冰雪概念内的股票，但在冰雪概念热炒过程中，该股股价并未随着整个板块的上升而上升，直至 1 月 10 日，在板块共振效应下，莱茵体育的股价也在下午时段拉升至涨停板位置。相对于板块内的龙头股，在此阶段拉升至涨停位的莱茵体育就属于典型的情绪后排。这类股票上涨的空间相对要小很多，一旦板块回调，往往会出现较大幅度的下跌。

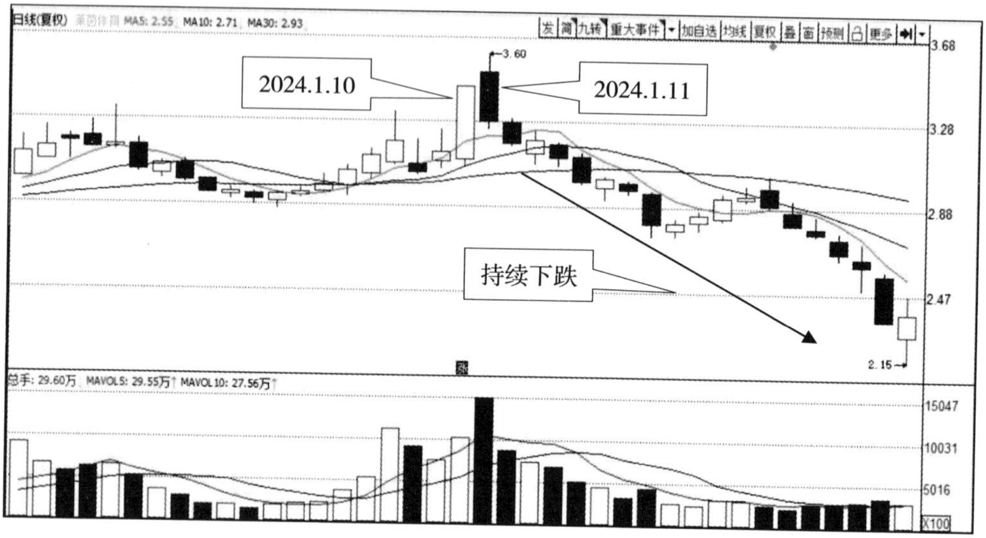

图 2–16　莱茵体育（000558）日 K 线走势图

第三节　量能评估维度

量能是人气或者情绪的直接反应。成交量与换手率，是保证股价持续上攻的基础。

一、换手率的基础含义

换手率是一定时间内买卖的频率，是成交量的比率关系。换手率是研究量价关系的重要工具，投资者利用这一指标可以跟踪个股的活跃程度，找到“放量”与“缩量”的客观标准，判断股价未来的走势。换手率在庄股中更能得到充分应用，在主力吸筹、拉升和出货阶段，可以用来测算庄家的持有筹码（股票）的数量。

1．换手率的意义

第一，个股的换手率很高，说明买卖该只股票的人非常多，交投异常活跃，那么该股就属于热门股；个股的换手率很低，说明买卖该只股票的人非常少，交投较为冷清，那么该股就属于冷门股。

第二，换手率高通常意味着股票具有较好的流通性，投资者的交易非常踊跃，在市场上很容易买到股票，也很容易卖出股票。由于具有良好的变现能力，所以换手率高的股票常常是投资者追逐的目标，这种股票波动较大，具有较高的短线收益性，但同时也存在较大的风险。

2．换手率的级别

由于换手率具有横向比较的特性，所以在判断股票流动性和活跃程度时通常使用的是换手率而不是成交量。一般来说，个股的日换手率达到 5% 以上（新股除外），才会使股价表现活跃。以这一数值设定为中心值，并根据数值的大小将换手率分为不同的级别，由低到高分别是：极低的换手率、较低的换手率、低换手率、一般的换手率、高换手率、较高的换手率、极高的换手率和怪异的换手率，如表 2-2 所示。

表 2-2　换手率的不同层级

层级	名称	范围值	含义
1	极低的换手率	低于 1%	市场已经冷到了极点，地量出现，股价有回升希望
2	较低的换手率	1%～2%	市场较为清淡，表现为无量阴跌或减速下跌
3	低换手率	2%～3%	成交量较为温和，多出现在下跌途中或上涨初期
4	一般的换手率	3%～7%	股票相对较为正常，在上涨和下跌行情中经常出现
5	高换手率	7%～10%	股价高度活跃，会加速上涨，多发生于强势股
6	较高的换手率	10%～15%	庄家在密切操作，常出现在拉升或下跌的开始阶段
7	极高的换手率	15%～20%	在上涨中持续多日的话，有可能成为黑马股
8	怪异的换手率	超过 20%	成交量剧增，股价暴涨，如无特殊利好，则为见顶信号

当然，股票本身情况不同，换手率的衡量标准也会有所不同，毕竟同样

市值的股票，大股东手中掌握的股票量也不相同，受限股数量也不一样。这些都要投资者结合股票本身的实际情况进行分析。

二、换手决定高度

市场上产生的大牛股，从根本上来说，都是通过不停地换手换上去的。较高的成交量与换手率，是奠定大牛股的基础。如果投资者看到这些大牛股的龙虎榜数据就可以发现，没有哪路游资会从牛股启动伊始就入场，然后一直持股不动，待牛股走完整个上升趋势再出来的。这些游资都是今天进去明天或后天就出来，然后新的游资进去，再出来。如此这样不断地有游资入场接力，才成就了最终的大牛股。

下面来看一下 2023 年下半年大牛股圣龙股份的走势情况，如图 2–17 所示。

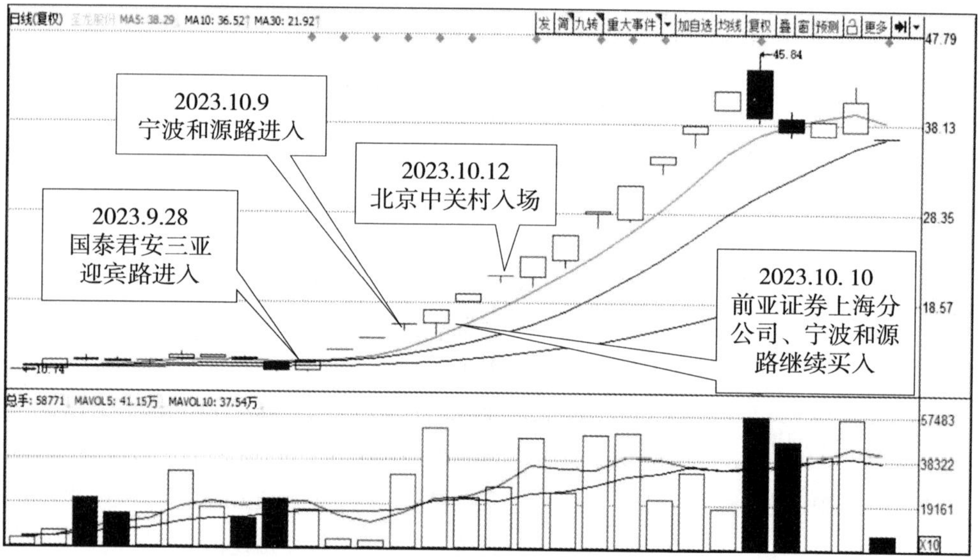

图 2–17　圣龙股份（603178）日 K 线走势图

从图 2–17 中可以看出，在圣龙股份启动过程中，曾有多路游资入场参与了炒作，比较有代表性的包括国泰君安三亚迎宾路（猪肉荣）、前亚证券上海分公司（葛卫东）、宁波和源路、北京中关村等，期间还有方新侠、中国银河大连人民路等游资也参与其中。总之，诸多游资合力入场接力，才成就了圣龙股份一波 14 个涨停板的大势。在这波上升过程中，该股的换手率始终保持了较高的水平，在 8、9 个点到 20 个点换手率之间切换，始终保持了充分的筹码流动和市场热度。

其实，很多游资炒作的大龙头股都具有这一特征。除了股价启动初期可能会有一到两个一字板，其后很少会有一字板。只有这样才能保证充足的换手率，才有游资的进出。一字板过多的股票，很容易形成筹码的断层，先前入场的投资者固然获利颇丰，但这也造成了后面的游资不愿意入场接盘的情况。总之，天天有振荡，天天能涨停才是大龙头股本身所具有的特征。

第三章
热点追踪系统

随热点而动，是游资操盘的基础。对热点的理解与分析，是游资的基本技能，更是游资赖以生存的基础。在股市有这样一句话，成为一路游资最快的方法就是牢牢追踪新题材和超级题材。

第一节 热点与板块轮动

热点，就是受大众所关注的方向或问题。在股市中，热点指的就是市场上投资者集中关注的方向、题材或个股。从整体上来看，游资炒作的股票，肯定需要有资金跟进。只有这样，游资的账面利润才能顺利兑现。然而，市场上的资金是有限的，游资想让散户接盘的前提，是自己手中的股票属于市场上的热门品种。越是热门品种，关注的人越多，愿意追涨的也就越多，高位成功出货的概率也就越大。当然没有一只股票会无缘无故成为热点股。这些热点股形成的背后，都有其深层次的内在逻辑。

一、热点概念与板块

市场上的股票很多，资金却是有限的。某一类股票在某一时段能够获得资金关注，尤其是短线资金的关注，就可以称之为市场上的热点股票。它们可能因为某些关联而被划分为若干主题、题材或概念。当然主题与题材还是多少有所区别的。

1. 主题

主题，通常是指能够连续炒作很长时间的一个热点概念，有时也是一类题材的组合，比如碳中和、新能源等。2021 年下半年到 2022 年年初的基建题材就是典型的一个主题事件。一般来说，主题可能会涵盖诸多热点题材或概念，在一个主题炒作演绎过程中，内部的各个题材可能会出现轮番炒作的情况。在基建主题炒作过程中，各类基建工程概念、房地产概念、物业概念和装饰材料概念都获得了轮番炒作的机会。从本质上来看，这都是基建主题演绎出来的。

2. 题材或概念

题材是指某些相关个股所共同具备的可供炒作的概念。通常来说，题材都是短线炒作资金重点关注的方向，其炒作时间也比较短，从一到两个交易日到十几个交易日不等。当然这些题材若符合炒作主题或者从属于某一主题，则可能会被反复炒作。

比如以地域为划分标准的海南板块、雄安新区板块等，在相关地域规划方案出台后，就可能掀起一波炒作浪潮。比如 2017 年的雄安新区概念、2020 年海南自贸概念等，都出现了一波较大的炒作浪潮。

自 2022 年 4 月底开始，随着俄乌冲突的进行，能源危机日益凸显。代替传统能源的新能源汽车成为市场上热炒的主题。自 2022 年 4 月开始，新能源汽车指数连续上攻，如图 3-1 所示。

图 3-1　新能源汽车指数日 K 线走势图

从图 3-1 中可以看出新能源汽车自 2022 年 4 月 27 日触底反弹后，立即掀起了一波上涨行情。该指数在不到两个月的时间里，涨幅就超过了 40%。

当然在市场上，新能源汽车属于该时段整个市场的炒作主题、炒作主线，在这一主线下面还包括了若干概念或题材，如新能源整车、汽车零部件等。比如在汽车整车领域，就诞生了中通客车这样的超级牛股，如图 3-2 所示。

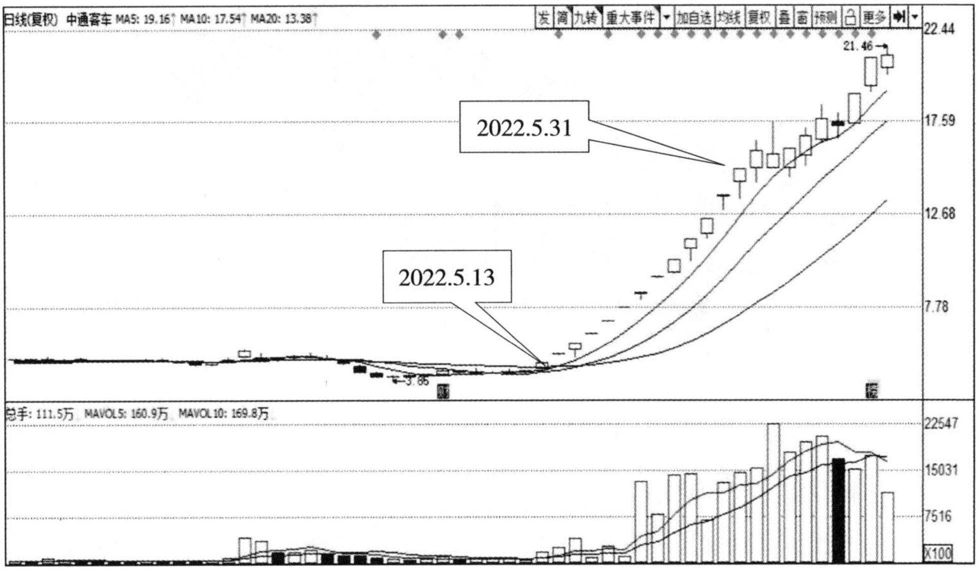

图 3-2　中通客车（000957）日 K 线走势图

从图 3-2 中可以看出，中通客车的股价在新能源汽车题材热炒后，自 5 月 13 日收出第一个涨停板，其后该股股价连续上攻，一连拉出 13 个涨停板。中通客车一时间成为市场上风光无二的绝对大龙头股。

其实从本质上来说，中通客车就是整个新能源企业题材下属的新能源整车概念股。新能源整车概念属于市场热炒的短线题材之一，而新能源汽车则是当时整个股票市场上炒作的主题和主线。

二、板块与热点的轮动

市场上的热点处于不断地变化之中。今天的热点，可能到明天就不再是热点了。市场热点涨跌的背后，所反映的是板块的涨跌轮动。一个正处于上升趋势的板块，成为市场热点概念的概率要远远大于其他概念，而且已经进入上升趋势的热点板块的领域时间，也要比其他板块更为持久。

一个完整的板块轮动多需经过以下这样几个过程，如图 3-3 所示。

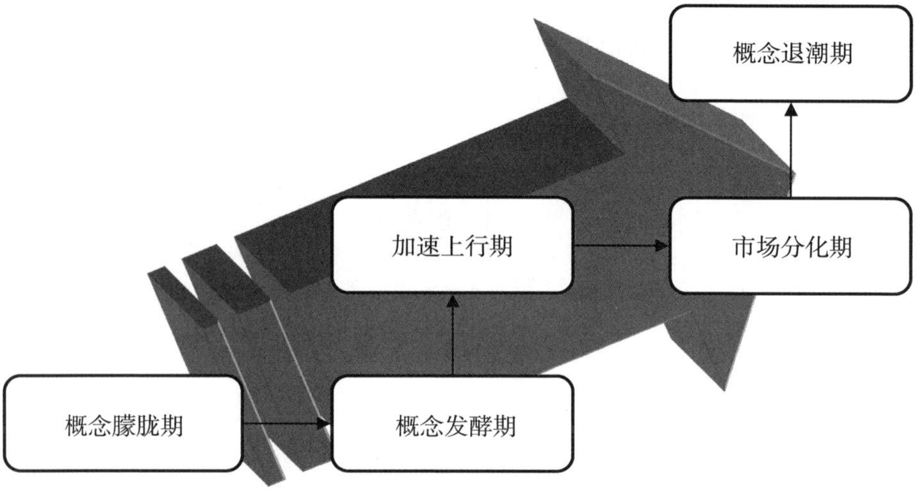

图 3-3　板块轮动的五个阶段

第一阶段：概念朦胧期。

某个概念开始出现，市场上也就只有一两只该概念的核心股票出现了大幅上攻（龙头股开始启动）。整个概念的其他股票即使有涨幅也很少。很多散户对该概念还不甚理解。其实这时候往往是主力开始加大建仓，寻找替代龙头股的时期。

第二阶段：概念发酵期。

在该阶段，由于先前率先启动的龙头股已经连续上攻，整个市场对该概念开始警觉，相关板块和个股逐步开始启动。很多未来的龙头股也可能在这个时候开始现身。投资者应该找寻那些量价配合较佳的投资标的。很多前期启动的大龙头股已经接近高点，并会在这一阶段进行大幅的振荡。成交量异常放大的股票，投资者一般不宜介入。前期介入的资金开始撤出。

第三阶段：加速上行期。

从本质上来说，该阶段往往是股价上升速度最快、幅度最大的一个阶段。

很多板块龙头股的股价翻番都是在此阶段完成的。该阶段与炒作概念相关的板块都出现了较大幅度的上攻，市场赚钱效应突显，很多散户开始涌入相关概念板块股票。无论是龙头股还是与龙头股相关概念的股票，都能取得不错的涨幅。此阶段上涨幅度最大，相对而言往往也是最为安全的一个阶段。

第四阶段：市场分化期。

过了概念普涨阶段后，市场出现了分化。很多与概念相关板块的股票开始回落，而龙头股一般还能坚挺，甚至在调整后出现新的上攻行情。此时市场上的关注焦点已经完全聚焦于龙头股。其实这也是很多资金关注、炒作龙头股的根本原因所在。

第五阶段：概念退潮期。

无论何种概念都会有一个退潮期。区别在于有些概念在退潮期来临前，会经历几波的加速上涨与分化，有些概念可能只有一波加速上涨就进入了退潮期。总之对于主力来说，如何快速将手中筹码兑现才是王道。因为主力持仓情况不一，退潮的形式也有所不同。若在上攻阶段存在多主力抢筹的情况，那么在退潮阶段也可能引发多主力争相出逃，导致股价连续大幅下挫的情况；反之，若只有一家主力坐庄，那么在退潮时，他可能会采取更加从容的高位振荡方法来完成出货。

龙头股的退潮与其他个股还有所不同。因各路资金介入龙头股的程度不同，其退潮方式有所不同。资金介入不高或股价到顶峰时，大部分资金完成了撤退，那么股价可能会出现连续大幅的暴跌；反之，若资金介入较深，则可能出现顶部振荡走势或者下跌一定幅度后再反弹的退潮模式。总之所有的动作都是主力为了确保自己资金顺利的撤出。

另外，从以往的概念炒作情况来看，若一个概念经历完成五个炒作阶段，往往能够获得较佳的持续性，股价上升持续时间较长、上升的幅度也会比较大；反之，当一个概念启动初期就出现了快速发酵并出现概念板块普涨的情况，往往持续性也会比较差。

三、市场热点的切换

市场没有了热点，交易者也就失去了交易的动力，整个市场就会如同一潭死水。尽管从单个热点或题材的运行路径上来看，每个持续时间较长的热点概念都会经历从朦胧到发酵，上行直至衰退的过程。但从市场整体来看，在一个交易日内，在不同的时段，盘面上会出现不同的热点概念。这些热点概念持续的时间有长有短。如图 3-4 所示为 2022 年 9 月 21 日早盘盘面热点情况。

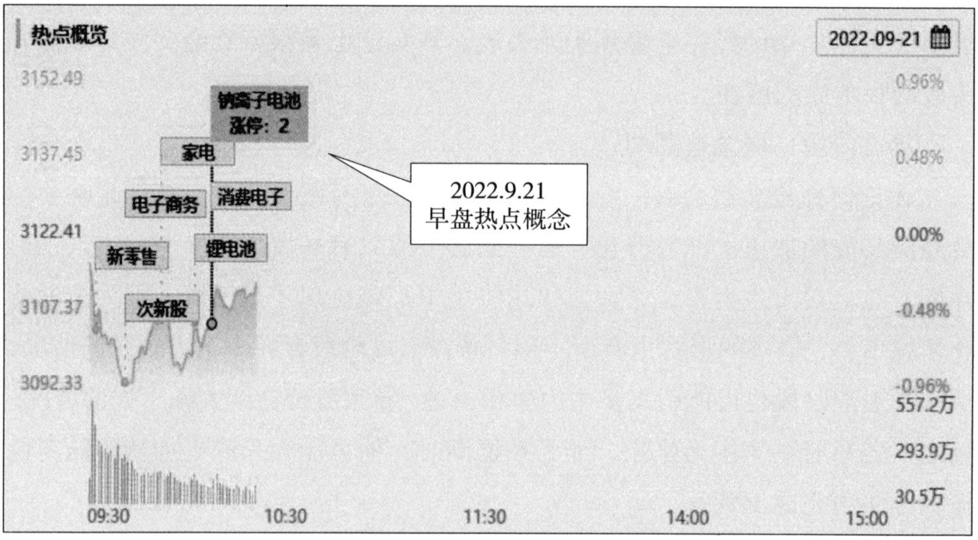

图 3-4　市场热点概念示意图（2022.9.21）

从图 3-4 中可以看出，在 2022 年 9 月 21 日开盘后的一个小时内，盘面上已经先后出现了多个起涨的热点概念。不过从热点拉升情况来看，只有钠离子电池在拉升过程中出现了两个涨停板。大部分热点概念都没有封板个股，这也就意味着这些热点的资金聚集效应并不算强。同时由于市场轮动速度过快，每个热点持续时间都很短，这也是整个市场呈现了弱势形态的一种表现。

市场热点、板块轮动与整个市场的基本分析要点如下。

第一，市场热点较少，且轮动速度快，说明整个市场交易清淡，交投不会活跃，这是市场处于熊市的典型特征。

第二，市场热点较多，且轮动速度慢，说明市场交易活跃，做多气氛较浓，很多场外资金会被赚钱效应吸引纷纷入场买入股票。

第三，越是出现短线龙头股或者大龙头股的热点板块，其热度所持续的时间越能长久。毕竟大龙头股是最能吸引市场上的投资者跟风的。

四、游资对热点的挖掘与炒作

挖掘并追随市场热点，是游资最主要的打法。尽管抢到大龙头股获利最为丰厚，但由于游资也同样需要分散风险，控制单只股票的仓位，这也使得这些游资不得不对整个市场的热点板块进行随时的监控。

消息就是游资的生命。游资对各方面消息的追踪和打探可以说是不遗余力。有一些游资机构甚至成立了专门的信息部，来了解、处理和分析各方面的信息。同时一些券商营业部为了留住各大游资机构，也会主动成为游资与上市公司之间的桥梁，帮助游资沟通上市公司获得所需的信息。很多顶级游资所处的营业部，都成了市场传闻与信息的集散地。一些内部传阅的文件或材料，都是属于高度保密的信息，外人花钱也是难以买得到的。其实这也是投资者在龙虎榜上总是看到属于营业部的原因。

在市场消息方面，游资是十分贪婪的。游资机构的侧重点不同，对市场消息的参与度也有所不同：有的游资资金量比较大，因而参与的范围十分广，几乎会参与全部的主流题材炒作；有的游资由于资金实力有限，往往喜欢参与一些特定题材的炒作。

1. 基本的热点炒作路线

通常情况下，游资对热点题材的操作基本遵循以下几步。

第一步，收集信息情报，预判近期可能出现的热点。

第二步，找寻合适的目标股票，即题材要贴切，盘子大小要适中，流通性要好。这里有一点需要注意，每一波行情，可能涨势最好的股票，并非是投资者认为的题材最接近、受益最大的股票。在很多情况下，往往是市场上最受关注的股票，才会涨的最好。所以投资者再追涨热点时，也要考虑这方面因素，不要按照自己固有的思维去找股票，而要根据市场动向和热点方向来找。

第三步，潜伏资金，静待花开。有时候这种信息可能是上市公司发布的利好消息；有时候也可能是国家相关部委出台的某些政策、规划等。当然这些游资还可能会利用一些专家、股评家、分析师等人的观点或文章，大造舆论以达到诱导散户追涨的目的。

第四步，拉升股价，观望再出货。股价被拉升起来后，游资还会根据市场的反应，随时调整操盘计划。当市场风向不对时，可能会反手做空，将追涨的散户套在半空中。有时也会一气呵成，直接封死涨停板等。若发现自己拉升的股票有成为龙头股的潜力时，有些游资可能会直接锁仓，有些则会在股价上升一段距离后，抛出一部分。

2. 热点板块的寻找

游资所操作的热点一般涵盖两大类别，即中长期可持续热点与当日盘面热点。

（1）中长期可持续热点

这是需要游资下大力气去研究与分析的领域。事实上，每年的股市中都会有一些贯穿很长时间段的题材热点，如 2021 年前后的新冠题材、碳中和题材、国产自主可控题材等；2022 年的地产基建题材、新能源概念；2023 年的新能源汽车题材、抖音短剧概念；2024 年上半年的冰雪旅游概念、低空经济概念等。这些题材在相当长的时间内，反复被炒作。很多游资都是围绕这些热点进行反复操作，适时进行低吸、高抛操作等。

（2）当日盘面热点

除了关注中长线热点题材外，每日盘面的热点也是游资重点关注的方向。游资所喜欢通过观察每日的涨幅榜，特别是竞价时段的涨幅榜来分析当日盘面热点方向。一般来说，其分析角度包括以下几点。

第一，涨幅榜涨停个股越多，说明大盘越强势，越有利于短线的操作。

第二，涨幅榜涨停个股所属的板块越小，说明热点越集中，越有利于短线操作。

第三，一般来说，涨停越早、封板越坚决的股票，越可能是龙头股。其后若板块内个股也随之上扬，甚至多只个股先后达到涨停板，则意味着该板块走势较强，甚至有进一步延伸的可能。

第四，若涨停个股很少甚至没有，而跌停股很多，则意味着盘面极为弱势。投资者最好版避风头，不要入场交易。

对于题材的把握，无法做到准确，也无法每次都先人一步地收集信息。手机各种财经资讯，有彻底发酵的，也有不发酵的，所以操作上讲究：预判买入，确认再加仓。

当市场没有明确的热点或者因为市场走弱，缺乏炒作题材时，资金常常会将次新股作为炒作对象，很多次新股就在此时会成为涨停板常客。

第二节 市场与热点主次关系

A 股市场上从来不缺乏热点，即使在最差的行情中，也少不了热点。当然在行情较差的环境中，热点的炒作会缺少持续性或持续时间非常短，热点与热点之间的切换会非常快，可能投资者还没有反应过来的时候，一波热点的炒作已经结束了。不过，即使在同一时段，市场热点的级别不同，热点板块内部股票不同，炒作时间也会不同，个股的涨幅也会大相径庭。

一、热点的级别

热点的级别决定了参与的价值。级别越高的热点，介入的资金就越多，参与的价值也就越大。不过除了个别的热点外，大多数热点的级别不是普通投资者可以事先能够预判或理解的，是市场情绪共振的结果。比如市场上新出现了一波热点概念，预制菜、数字经济等，这些概念能够走多远？能够掀起一波多大的炒作浪潮？还是会断断续续地出现炒作行情？事实上投资者事先都是无从判断的，只能跟着市场走。

任何热点因为投资者的理解并不够，主要体现在市场情绪和选择上，所以要用市场来判断是否需要参与，是否应该在第一时间参与，是否可以长时间参与。

强度的判断并非绝对，但是大致需要依靠板块的强度、个股的强度来做判断和分析后面的走势。

比如 2017 年雄安新区概念横空出世。这个概念由于事先市场并没有预期，且该题材具有其他任何题材都不具备的战略价值。因而从其一出现，市场就将其锁定为能够掀起一波大行情的题材。也就是说，这类题材已经不需要市场确认了。

2017 年 4 月 1 日中共中央、国务院决定在雄县、容城、安新以及周边地区设立“雄安新区”。这一国家级新区顿时引爆了所有与其有关的行业和板块，一时间“雄安概念”风头无二。

由于雄安新区被定位为国家级新区，势必有大量配套基础设施需要完善，大量工程需要兴建。作为区域内的水泥供应商，金隅股份将会获益巨大，该规划发布后，其股价一飞冲天，如图 3-5 所示。

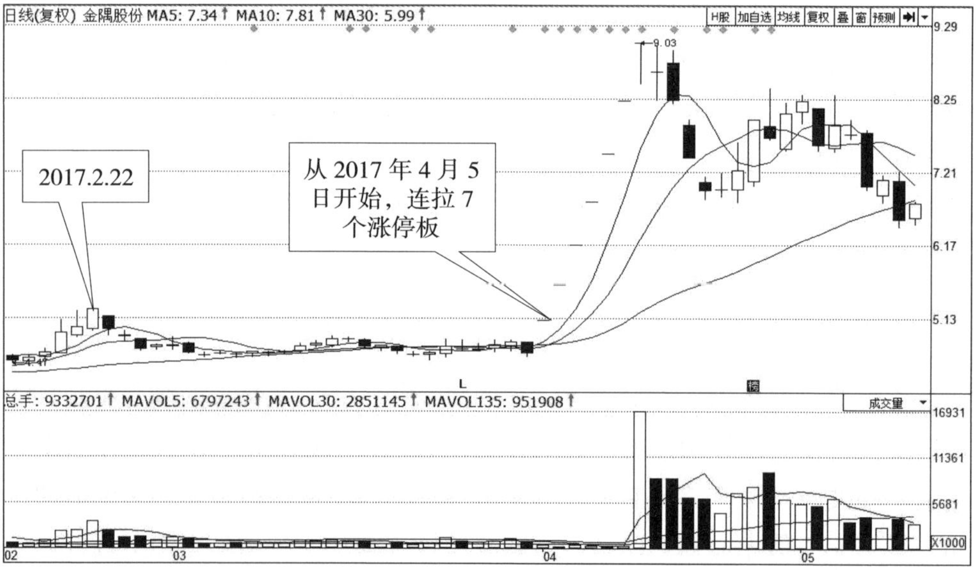

图 3-5　金隅股份（601992）日 K 线走势图

从图 3-5 中可以看出，金隅股份的股价自 2017 年 2 月 22 日到达阶段高点后出现回调走势，其后一直呈横盘振荡态势。随着横盘的持续，该股的成交量逐渐萎缩，各条均线也逐渐黏合在一起，这说明该股正在选择突破的方向。

2017 年 4 月 5 日（因清明假期，1 日至 4 日均不开盘交易），该股股价在“设立雄安新区”这一利好消息的刺激下直接以一字板封住涨停位。其后更是连续拉出 7 个涨停板，由此可见，该消息对股价提升作用之强。

当然市场上更多的题材，都是经过市场反复确认后，才成为大题材的。比如 2020 年 4 月份，市场开始传闻免税概念时，就是在市场多方合力炒作下，走出大行情的。在开始炒作前，没有哪方能够确认免税概念到底属于何种级别，能够走多远。但是当市场将王府井树立成炒作龙头股，后期成为整个市场的龙头股时，整个概念的炒作级别就得到了极大的扩展和提升。

王府井的基本面不错，每股盈利也比较漂亮。同时该股的总市值也不算大。该股在因免税概念被大幅炒作前股价较低，这就使它非常容易成为短线资金攻击的对象，成为免税概念的龙头品种。

下面来看一下该股的股价走势情况，如图 3-6 所示。

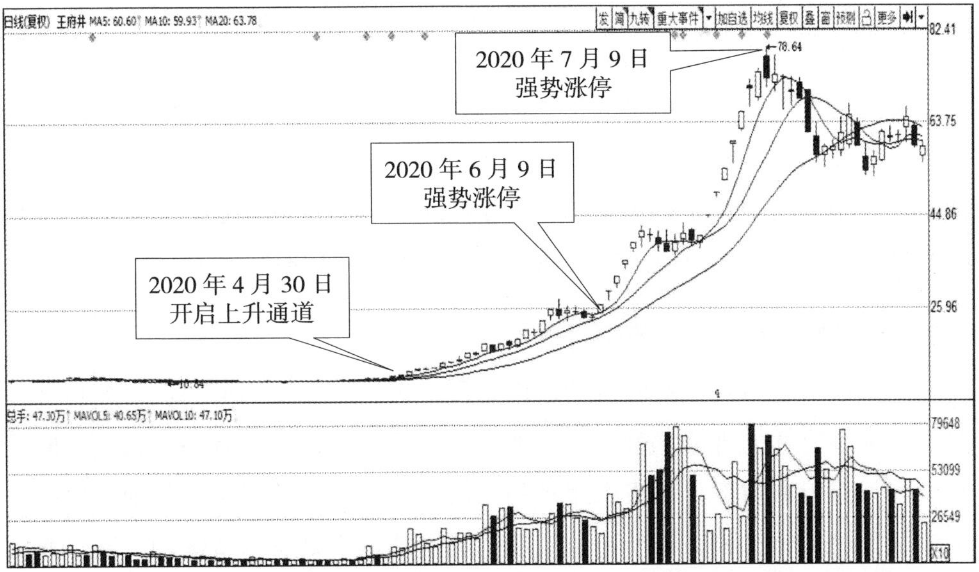

图 3-6　王府井（600859）日 K 线走势图

从图 3-6 中可以看出，2020 年 4 月底以前，王府井的基本面优势并未显现，股价也一直比较低迷。

2020 年 4 月底，市场开始传闻，王府井可能会获得免税店经营资质。尽管当时只是属于市场传闻，但股价却在这种忽隐忽现的传闻影响下不断创出新高。各路游资就是借着这个朦胧的概念，纷纷入场抢筹的。特别是国泰君安上海江苏路的入局，引来众多散户资金的跟风，使得“免税概念”逐渐地扩展。

进入 6 月份后，该股股价开始横向调整。6 月 8 日晚，王府井公告已经获得了免税资质。6 月 9 日该股股价强势封住涨停板。此后该股股价真正的主升浪才到来，该股股价一度上涨至 78.64 元。

若从 6 月 9 日快速上攻开始算起，也就是一个月的时间，股价翻了 3 倍以上。若从 4 月 30 日开始算起，也就是两个多月的时间里，股价翻了 7 倍有余。

以王府井为核心，整个“免税概念”在市场上全面发酵，多只免税店概念股出现了爆发性上攻，如格力地产、南宁百货等。有大龙头股引路，又有二线中小龙头股的此起彼伏式的上攻，推动了整个概念的全面走高，最终形成了一波超级大行情。这也让整个热点的级别得到了极大的提升，并最终形成了超级的大行情。反之若只是单独一只概念股的走强，是很难推动整个概念走得更远，热点的级别也不会高。

游资感悟：在操作热点概念时，无论是强入热点概念还是低吸龙头股，都需要以稳固的交易系统做支撑。长期的盈利，一定是建立在稳固的交易系统基础之上的，否则即使单次出现盈利，也可能在后面亏出去。

二、炒作中的妖股与龙头股

龙头股对于市场板块的带动作用无疑是最为强大的。在市场炒作过程中，存在独木难成林的现象。就是说，如果某一板块内，若只有一只大龙头股连续冲高，而板块内部再也没有跟进的二线龙头股，甚至板块内其他个股连个涨停板都没有时，那么即使有龙头股，这个热点也是难以持续的，这个龙头股搞不好就是一只“妖股”。

说到这里，笔者把“妖股”和龙头股做一区别。这里的龙头股主要是炒作行情的龙头股，并非行业龙头股。也就是说，这里的龙头股是能够带动板块或题材内其他股票的涨幅比较靠前的股票。某一概念或题材因某些利好的刺激而被市场资金大幅炒作，且在这一波炒作浪潮中，形成的带动整个行情上行的“股票”，这就是龙头股。“妖股”则是那些毫无底层操作逻辑的，无理由被炒作的股票，它们被炒作后，也不会带动相同或相似板块的炒作，这就是“妖股”。从某种意义上来说，妖股对于行情的演绎没有多大的价值和意义，而龙头股则不然。

有板块梯队的龙头股更容易走出新高度。板块启动后，股票前排、中军、后排都有的情况下，板块强度才高，龙头股才能走得更远。毕竟市场上的投资者基于心理承受能力不同，即使确认了投资主线板块，在选择具体投资品种时也会有所不同。有的投资者喜欢抢入大龙头股；有的投资者喜欢选择涨停数量相对较少的股票；更有保守的投资者则倾向于选择刚刚启动初期的股票。当一个热点板块内部形成了梯次配置时，才意味着这个热点真正地成了一段时间内的炒作主线，投资者围绕这个主线进行操作，获利也会更容易。

与此同时，受赚钱效应所吸引，会有更多的场外资金涌入这一板块。甚至这些资金还会向外挖掘相关或相似的题材，说明热点出现了外延现象，这是一个热点概念能够持续被炒作的基础。

比如，在 2023 年 9 月下旬，以华为汽车为代表的新能源汽车概念反复活跃，一时间成为市场资金追逐的焦点。圣龙股份成为率先启动的大龙头股，如图 3-7 所示。

从图 3-7 中可以看出，在 2023 年 9 月初圣龙股份就出现了某些即将启动的迹象。2023 年 9 月 28 日，该股股价直线封住涨停板，此后更是连续走出了 14 个涨停板，风光一时无二。在圣龙股份的带动下，多只新能源汽车概念股出现了异动。10 月 25 日，圣龙股份收出来第 14 个涨停板。该涨停板也成为此波行情中的最后一个。接着新能源汽车概念的大旗，又轮到了天龙股份，如图 3-8 所示。

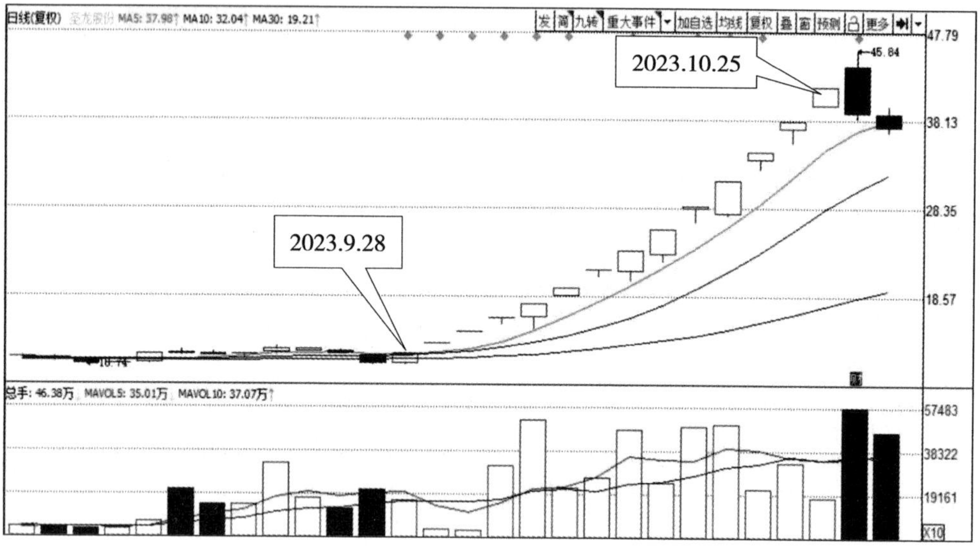

图 3-7 圣龙股份（603178）日 K 线走势图

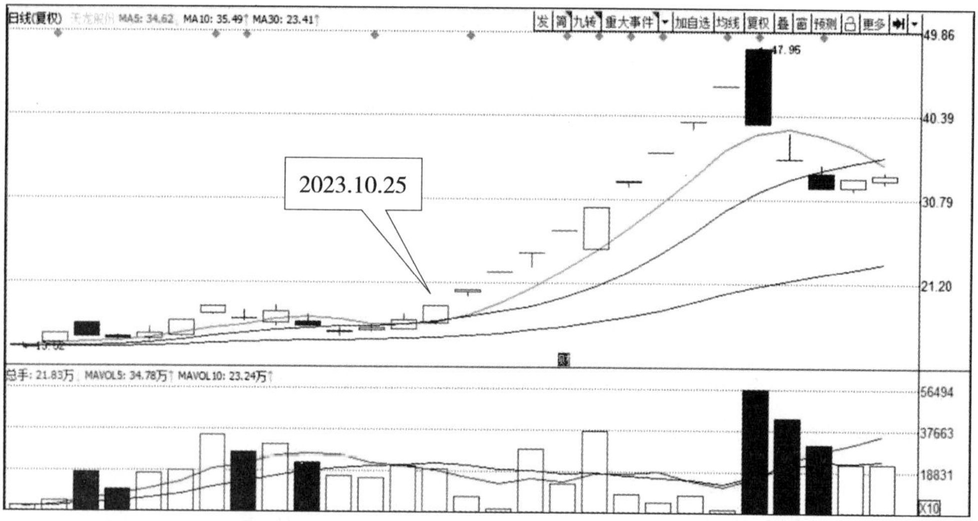

图 3-8 天龙股份（605319）日 K 线走势图

从图 3-8 中可以看出，在 2023 年 10 月初天龙股份就出现了某些即将启动的迹象。2023 年 10 月 25 日，该股股价直线封住涨停板（正是圣龙股份最后一个涨停板出现的日子），此后该股股价更是连续走出了 11 个涨停板。

11 月 1 日，通达电气涨停，此后也是连续拉出了 7 个涨停板。

11月6日，蔚来汽车概念股东莞控股涨停，此后也是拉出了4个涨停板。

11月6日，新能源汽车另一只概念股凯众股份涨停，也是走出了连续3个涨停板。

11月10日，华为汽车概念中的银宝山新开启涨停模式，并成了新一轮新能源汽车概念的领涨龙头股。

从10月到11月份，新能源汽车行情一直是市场资金关注的焦点。在这一概念内部，涌现初多只龙头股。比如处于领涨大龙头股位置的圣龙股份和天龙股份（也与年底的龙字辈行情有关），处于二线龙头股的通达电气、东莞控股等。还有一众只出现一到两个涨停板的个股。正是多只涨停板个股的涌现，才使得新能源概念成为市场上最热门的炒作概念。

三、不同层次的龙头股

从一般的炒作逻辑来看，通常情况下，一波炒作周期中会出现多只龙头股。其中有一只承担带领整个行情上行的总龙头股。在总龙头股的带动下，市场情绪得到极大的激发，此时就会出现一些补涨龙头股。

总龙头股会诱发两只补涨龙头股，第二只补涨龙头股的高度相对会更高，且与总龙头股的关联属性没有第一只那么强。通常来说，老龙头股走到6～8板的区域，存在补涨的价值。否则如果老龙头股才3个板，那也就不存在补涨的意义。一般来说，补涨龙头股的高度会达到老龙头股6～8成的高度，所以老龙头股必须有高度后面才有补涨龙头股的空间。

补涨龙头股是对标总龙头股的个股，只有老龙头股不再涨停时，补涨龙头股才开始出现。若第一天就和老龙头股一起或者在龙头股仍在发力走强时出现的，那些就都不会是补涨龙头股。一般老龙头股连板中断时，就意味着老龙头股出现了高位分歧，此时出现首板涨停股票，则存在未来成为补涨龙头股的可能。此后就应该重点关注第二板竞价强势股，看看其中是否存在补涨龙头股。比如前面所介绍的圣龙股份和天龙股份。圣龙股份就是第一波行情的总龙头股，也可以说是老龙头股，天龙股份就是补涨龙头股。圣龙股份在10月25日完成了最后一个涨停板，而同日天龙股份则出现了第一个涨停板。圣龙股份作为老龙头股连续出现了 14 个涨停板，天龙股份作为补涨龙头则拉出了 11 个涨停板，正好将近 8 成的水平。不过在天龙股份之后的龙头股，银宝山新则只有 8 个涨停板。其实这就是不同波次龙头股之间的差别。当然这种情况也只能在新能源汽车成为投资主线的情况下产生。多数概念或热点，其无论是大龙头股，还是补涨龙头股都是很难达到这个涨幅的。

第三节　市场情绪与热点走强

题材炒作，有赖于市场情绪的持续。龙头股的产生，更是市场情绪共振的结果。热点的出现、走强乃至拐点的出现，都与市场情绪的波动密不可分。

一、多维共振，龙头股出世

A 股市场上，几乎每隔一段时间就会诞生一只超级大牛股。它几乎会吸引市场上所有投资者的目光，成为整个市场的明星。于是，很多投资者在为错过这些大牛股而懊恼不已，并嫉妒羡慕持仓大牛股的投资者和游资。

其实即使是主导大牛股拉升走势的游资，在拉升开始前，也不清楚这只股票到底能不能成为大牛股，到底能走多远。大牛股在上攻过程中，往往会经历多轮的炒作，需要不断地有新的利好消息刺激、新的增量资金入局，股价才能继续走高。很多游资也是走一步看一步的，越是到了拉升的尾声，游资越会警惕，一旦人气不足，就会坚决离场。换句话说，大牛股的诞生，是多重利好消息共振加之游资的不断炒作以及散户的持续关注共同作用的结果。当然在炒作大牛股的过程中，一方面需要板块的协同效应，也就是说，整个板块都能受到市场的关注，这是大牛股诞生的一个基础；另一方面，市场上被炒作的热点题材还不能太多，若题材过多又会分走大牛股的关注度，这也不是大牛股诞生的理想环境。

下面在看一下 2021 年年度大牛股九安医疗的走势情况，如图 3-9 所示。

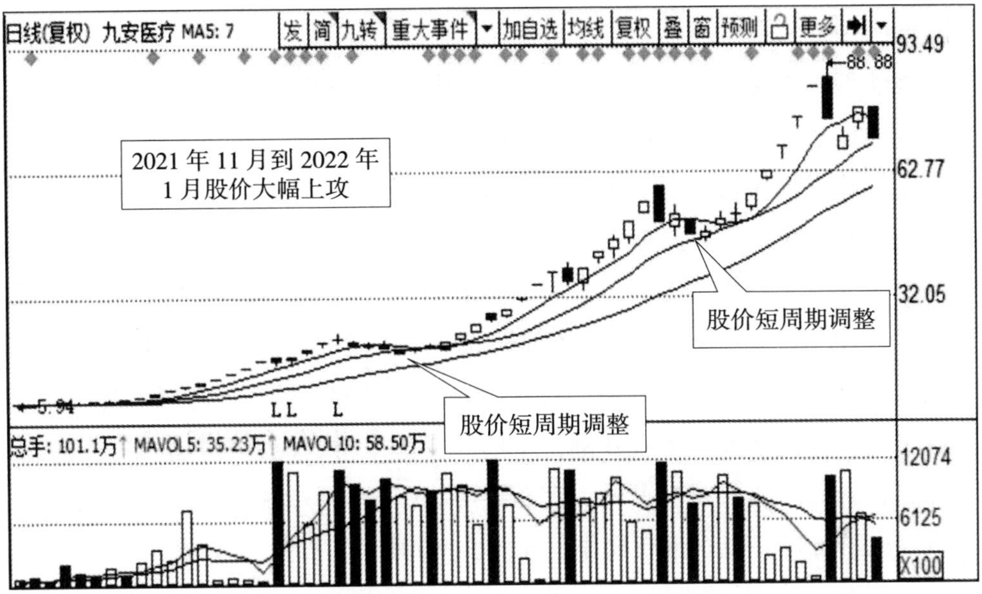

图 3-9 九安医疗（002432）日 K 线走势图

从图 3-9 中可以看出，九安医疗的股价自 2021 年 11 月中旬开始启动上升走势。期间由于新冠疫情的持续，九安医疗的股价连续上攻，各路游资接连入场，形成了游资接力的态势。在股价上攻过程中，也曾出现多次回调。

在此期间，有以下几个情况需要投资者特别的关注。

第一，随着新冠疫情的持续，新冠检测概念成为市场上为数不多的亮点。而九安医疗又接连拿下美国市场的大单，且美国疫情持续不见好转，这都为炒作九安医疗提供了支持。

第二，随着九安医疗炒作的火爆，整个新冠检测板块都出现了大幅上升走势，九安医疗、明德生物、奥泰生物都出现了大幅上攻走势，这就为概念赚钱效应的延续提供了支持。

第三，当时，整个 A 股市场环境并不理想，特别是 2022 年年初阶段，整个市场出现了大幅回调走势，这就使得市场上投资者更加愿意关注市场上仅有的一个热点板块。

二、龙头不倒，行情不灭

龙头股，是多维共振的结果，是市场情绪高涨的集中表现，也是凝聚市场人气的核心力量。投资者在观察市场热点时，首先考虑的就应该是龙头股。只有某一热点板块内的龙头股还在上攻，最好还在持续涨停，那就说明这波行情还没有结束。市场上有这样一句话“龙头不倒，行情不灭”。当然，这里的龙头，并非特指单一的某只大龙头股。也可能是，当大龙头股终结连续涨停后，补涨龙头股又撑起来连续涨停的大旗。这仍可看作龙头不倒。

自 2023 年 11 月中旬开始，抖音传媒概念成为市场上热门概念之一。先后有多只牛股接连发动上攻狂潮，中广天择、龙韵股份、引力传媒等股票轮流扛起抖音概念的大旗。这就更容易让市场资金聚焦到抖音概念上来，投资者也可以沿着这一概念进行操作，如图 3–10 所示。

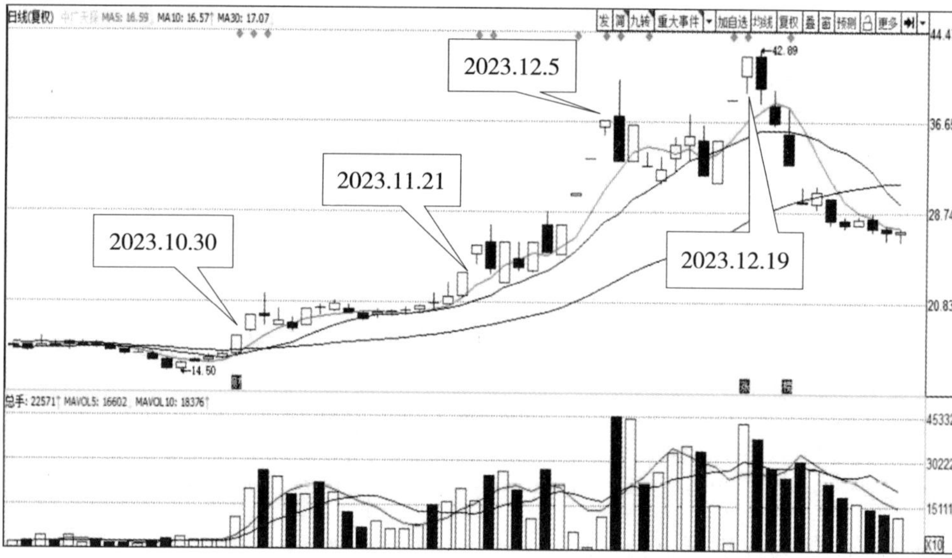

图 3–10　中广天择（603721）日 K 线走势图

从图 3–10 中可以看出，2023 年 10 月 30 日中广天择的股价率先启动了涨停，深南系游资常用的营业部——广发证券北京建外大街营业部强势登上龙虎榜。不过该股连续拉出两个涨停板后就终结了强势上攻趋势，出现了回调走势。此时并没有其他抖音传媒概念股跟进，说明该概念还需进一步等待市场情绪的发酵。

11 月 21 日当中广天择拉出两个涨停板后熄火的第二个交易日，抖音概念另一只股票，龙韵股份强势涨停。此后该股股价更是连续拉出了 5 个涨停板，一时间成为抖音概念的龙头标的，如图 3-11 所示。

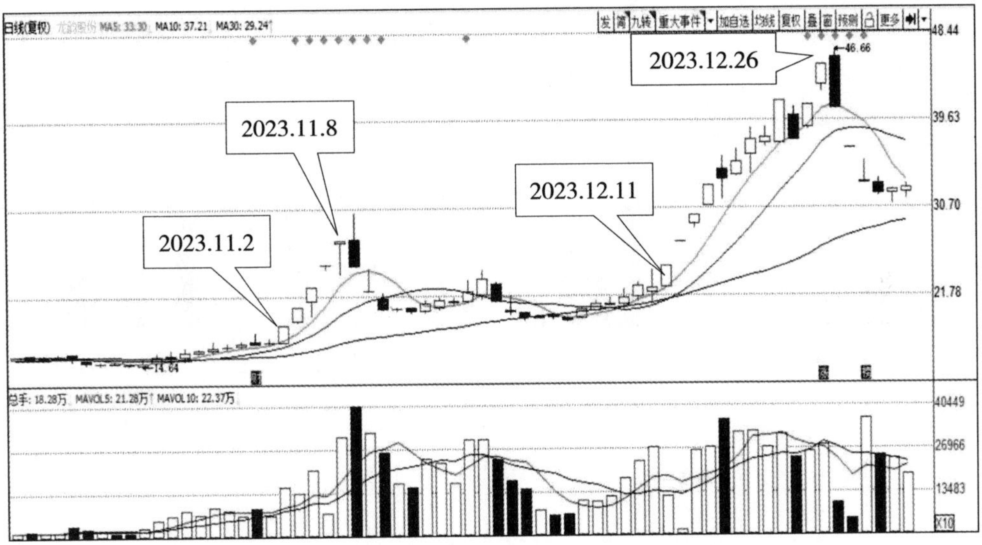

图 3-11　龙韵股份（603729）日 K 线走势图

11 月 9 日龙韵股份封上第 6 个涨停板后时间不长，涨停板就被砸开了，此后直接走出了“天地板”形态，直接以跌停板报收。给人一种抖音概念终结的感觉。但此时市场情绪已经获得了极大的提升，与抖音概念相关的股票还在继续酝酿上攻。

11 月 16 日有一只抖音概念龙头股爆发了，引力传媒强势涨停。当然，当日还有其他几只抖音概念股也出现了涨停，包括广博股份、省广集团、佳云科技等。一时间抖音概念成为整个市场最热门的概念，如图 3-12、3-13 所示。

从图 3-12、3-13 中可以看出在这波抖音概念炒作过程中，引力传媒和广博股份成为次轮的领涨龙头股。引力传媒强势拉升了 6 个涨停板，广博股份则为 5 个涨停板。这一个涨停板之差，就决定了谁是这轮行情的真正龙头

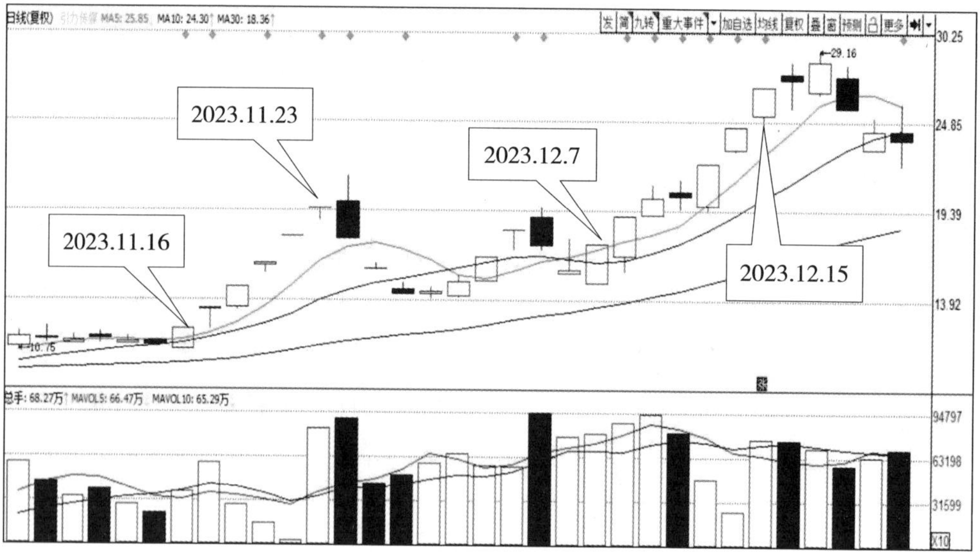

图 3-12　引力传媒（603598）日 K 线走势图

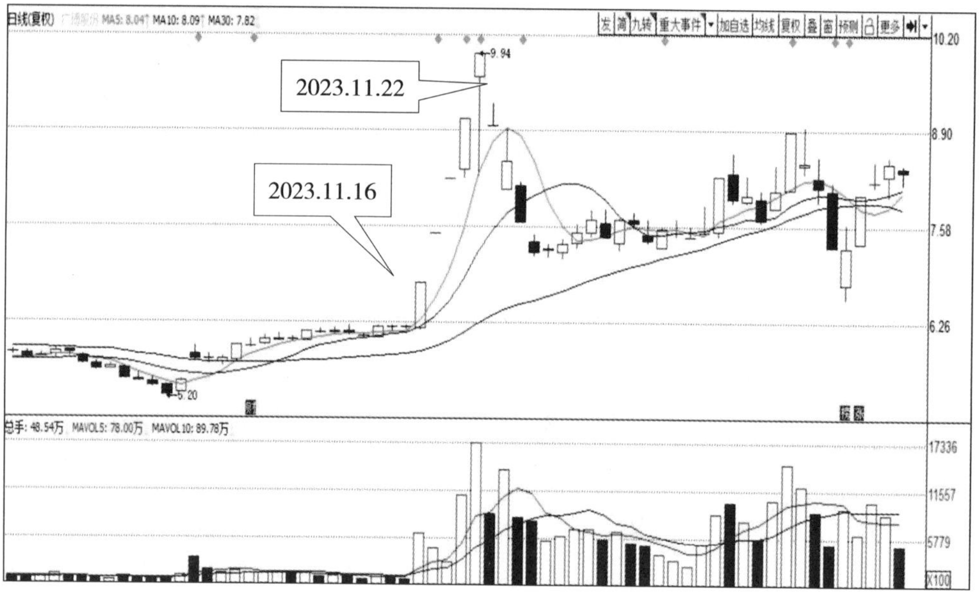

图 3-13　广博股份（002103）日 K 线走势图

股。在引力传媒调整的时段，第一波启动的中广天择于 11 月 21 日强势涨停，接续了引力传媒的领涨大旗。12 月 6 日中广天泽一波 4 个连续涨停板后，开始了回调。而经过回调的引力传媒又从12月7日开始引爆了第二波上攻行情。12月11日，第一波上攻行情的大龙头股龙韵股份强势涨停。抖音概念又一次迎来了全线上攻的节奏。

市场情绪已经全部聚集在抖音概念身上。此时投资者想要入场交易，则可以围绕抖音概念进行反复操作。只要抖音概念的几只龙头股中还有能够持续涨停的，投资者就可以安心交易。直至12月下旬，引力传媒、中广天择和龙韵股份相继终结涨停浪潮。特别是12月26日，龙韵股份走出最后一个涨停板。次日该股低开低走后直接下跌，标志着抖音概念行情的结束。

三、市场情绪的拐点

短线选股必须围绕强势热门板块龙头品种操作，这是所有游资的共识。情绪周期由强转弱的判断方法，则是把当下阶段同批次的热门股挑出来跟踪观察，当发现一只两只带头杀跌，直至接二连三走出筑顶形态时，那就可以清晰地判断出市场情绪的拐点，从而采取措施，规避接下来的风险。

好的短线交易者，一定是时刻把握当下热点，并能够保持热门板块领涨品种动态跟踪的人。

比如在2023年10月到12月期间，半导体及先进封装概念大热，以文一科技、元成股份、亚翔集成、皇庭国际为代表的半导体以及先进封装概念股出现了一波接着一波的上升行情，如图3-14所示。

从图3-14中可以看出，皇庭国际的股价自2023年11月7日强势涨停后，连续拉出了7个涨停板。在11月16日出现了跌停。下面再来看文一科技的日K线走势图，如图3-15所示。

从图3-15中可以看出文一科技的股价自2023年10月17日强势涨停后，连续拉出了5个涨停板。此后，该股股价更是出现了一波振荡上升走势。这波上涨趋势一直持续到11月中旬，在11月15日出现了跌停。再来看一下亚翔集成日K线走势图，如图3-16所示。

从图3-16中可以看出亚翔集成的股价自2023年10月27日强势涨停后，连续拉出了4个涨停板。此后该股股价更是出现了一波振荡上升走势。这波

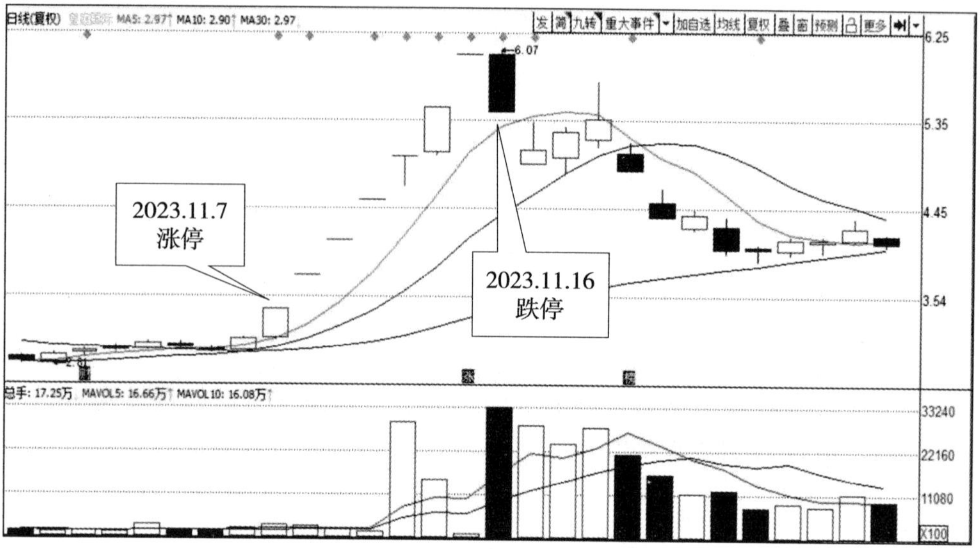

图 3–14　皇庭国际（000056）日 K 线走势图

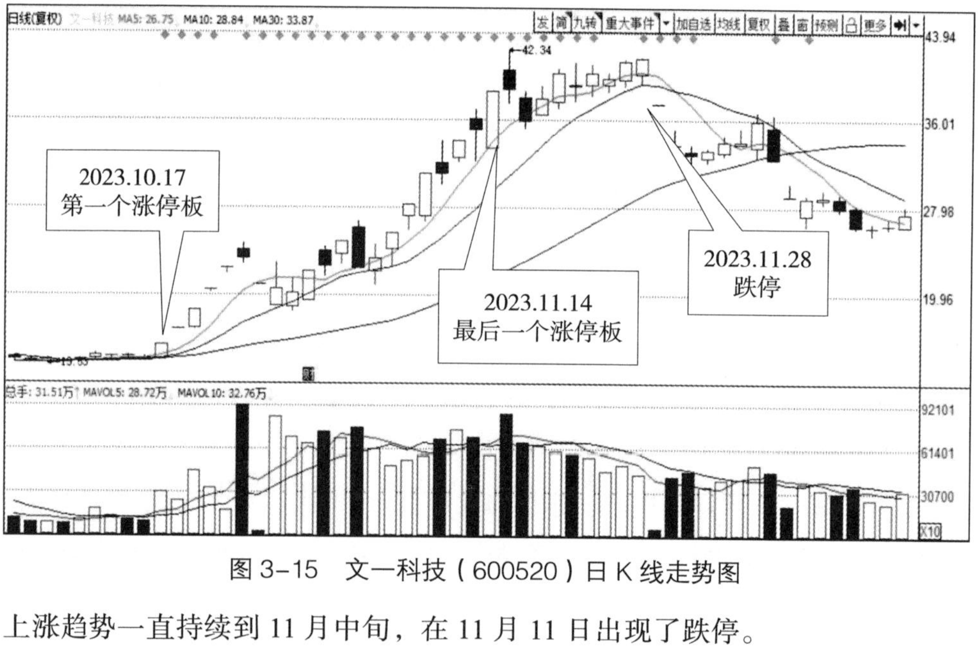

图 3–15　文一科技（600520）日 K 线走势图

上涨趋势一直持续到 11 月中旬，在 11 月 11 日出现了跌停。

从上述三只半导体及先进封装概念龙头股的走势可以看出，进入 11 月中旬后，各只股票明显出现了上攻乏力迹象。11 月 10 日亚翔集成完成此波

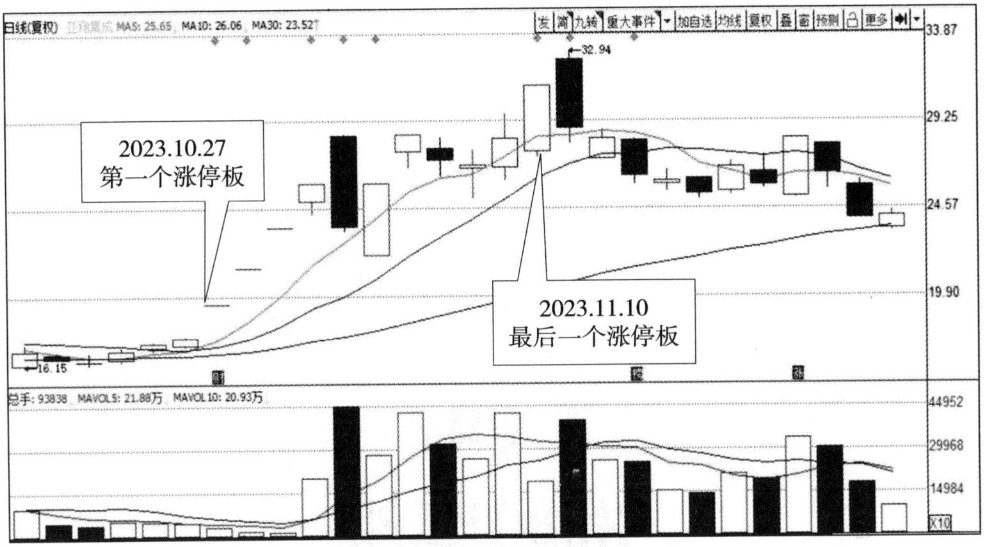

图 3-16 亚翔集成（603929）日 K 线走势图

行情的最后一个涨停后，次日高开低走，以跌停报收。11 月 14 日文一科技走出了此波行情的最后一个涨停板，此后的几个交易日，尽管股价仍能维持在高位，但却一直没有封上涨停板。11 月 28 日更是走出了一个跌停。11 月 15 日皇庭国际走出了此波行情的最后一个涨停板，从 16 日开始转入了下跌模式。

从以上三只龙头股的走势可以看出，进入 11 月中旬后，该概念的热度明显出现了下行。11 日、14 日、15 日三只龙头股相继完成了最后一个涨停板。这时，投资者基本可以判断，该类题材的市场拐点已经来到。此后投资者暂时不宜再入场参与该类题材股的炒作。

第四章
选股系统

选股，从本质上来说，就是选择资金愿意流入的股票。这种流入可能是短期的，也可能是中长期的。股价的上涨和下跌都是因为资金的流入与流出而引发的。投资者通过基本面的选择，看重了这类股票的成长性或高业绩。或者说，是股票的成长性与高业绩吸引了资金的流入。这是资金流入的一个诱因，但并非全部。并不是具有高成长性或高业绩的股票一定会引发资金的流入。毕竟支撑资金流入一只股票的因素还有很多。再好的成长性和业绩，如果资金源源不断地流出，股价一样还是要跌的。

市场上无论是大资金还是小资金，在交易时就是分成了多空两队。站错队的就要接受市场的处罚。死不认输的，惩罚加倍。不过无论采用何种选股方法，整个选股系统大致就可以分为三个类别，如图 4–1 所示。

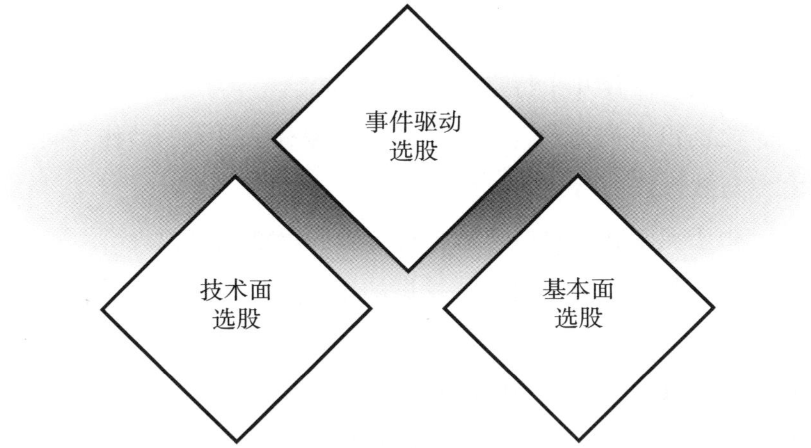

图 4–1　选股系统的三个维度

第一节　事件驱动选股

对于游资来说，炒股就是炒题材、炒热点。这些热点和题材，从本质上来说就是各种事件。投资者把各类事件加上标签，也就形成了概念、题材等热点。从这点上来说，选股其实就是在找题材，确认事件。

一、事件选股的原则

投资者在进行事件选股时，应该坚持这样几个原则。

1. 旧题材不如新题材

游资大佬赵老哥曾说："新题材就是印钞机。"新题材是指那些在市场上没有经过炒作，没有被深度挖掘的题材。

这些题材具有这样几个特点。

第一，之前没有被提及，这些新题材就拥有了更大的炒作空间。因而游资都愿意参与炒作。

第二，由于属于新题材，自然会有更大的想象空间。

第三，新题材必然会有更多待挖掘的领域或板块，这就为其他游资提供了炒作的机会。

这都是游资喜欢新题材的原因所在。

当然，新题材的炒作也同样会伴随着风险，主要来自以下几方面。

第一，题材热度不及预期，没有得到很好地发酵。通常情况下，游资会在消息正式出现前介入个股，在消息出现后，游资借势推动股价上攻。其后，其他各路游资也会掙相涌入新题材。接着散户也会追涨入场。但是若题材热度不及预期，这些游资就无法顺利出货。最后还可能不得不割肉离场。

第二，市场环境突变。比如国际地缘政治冲突或者其他突发事件，导致整个市场充满恐慌。此时就没有散户或资金愿意入场接盘，这些新题材也就缺乏继续向上炒作的基础。

第三，新题材的延展性与持续性不及预期。新题材要想在市场上立主，一方面需要树立一个超级大龙头股，吸引足够的关注度；另一方面还需要对题材相关的板块或概念进行深度挖掘。无论缺哪一个方面都无法达到预期的炒作效果。

下面来看一下元宇宙概念的炒作情况。

2021 年 9 月初，元宇宙概念横空出世，由此市场上掀起了一波元宇宙概念的炒作热潮。

元宇宙是利用科技手段进行链接与创造的，与现实世界映射和交互的虚拟世界，具备新型社会体系的数字生活空间。此前一直存在于影视作品里的概念，如今成为市场关注的热点。

2021 年 3 月份，元宇宙概念第一股罗布乐思（Roblox）在美国纽约证券交易所正式上市；2021 年 5 月份，脸书公司表示将在 5 年内转型成一家元宇宙公司。不过此时 A 股市场上，并未出现关于元宇宙的炒作行情。

2021 年 9 月 6 日，中青宝微信公众号披露：中青宝致力打造一款能映射玩家内心世界到元宇宙的模拟经营类游戏，将虚拟世界的体验感做得更真实，在这种发展大趋势和实现元宇宙所需技术完备的前提下，虚拟与现实梦幻联动模拟经营类游戏《酿酒大师》有了强势入局元宇宙游戏之势。

由此 A 股市场“元宇宙”概念横空出世。由于在国外市场，已经有很多大型互联网公司介入元宇宙领域。因而该概念一经出现，就引发了市场的疯狂追捧。中青宝在 2021 年 9 月 6 日强势涨停，如图 4-2 所示。

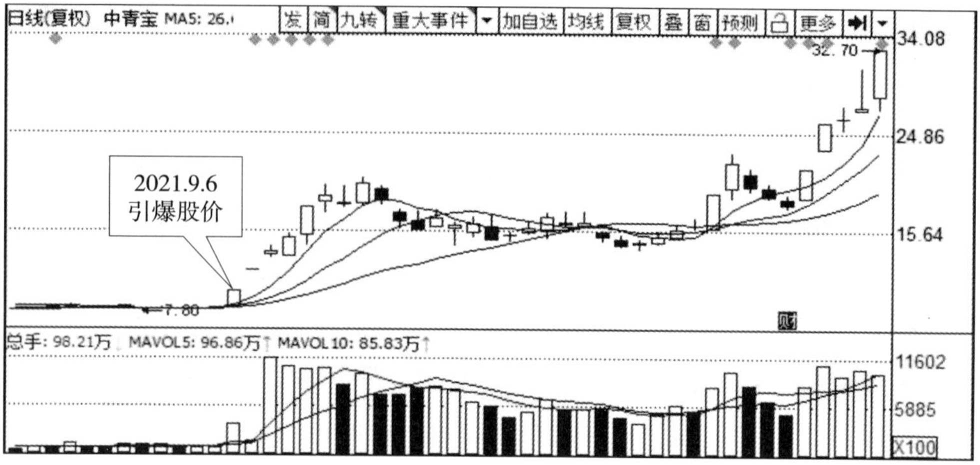

图 4-2 中青宝（300052）日 K 线走势图

从图 4-2 中可以看出，中青宝在发布介入元宇宙消息后，该股股价直线被封上涨停板。此后连续大涨。不过由于此时中青宝并不符合登上龙虎榜的条件，所以无法判断哪路游资已经入场。到了 9 月 8 日，中青宝登上龙虎榜，其信息如图 4-3 所示。

中青宝龙虎榜数据
2021-09-08

日期：2021-09-08 总成交金额：57835.84万元，总成交量：5830.63万股

排序	营业部名称	买入金额/万	占总成交比例	卖出金额/万	占总成交比例	净额/万
买入金额最大的前5名 买入总计 **16942.19** 万元，占总成交比例 **29.29%**						
1	财通证券股份有限公司杭州上塘路证券营业部	6258.30	10.82%	0.00	0.00%	6258.30
2	华鑫证券有限责任公司上海分公司	2546.15	4.40%	88.10	0.15%	2458.05
3	国金证券股份有限公司上海浦东新区梅花路证券营业部	2465.41	4.26%	11.54	0.02%	2453.87
4	中国中金财富证券有限公司无锡人民中路证券营业部	2038.67	3.52%	5.49	0.01%	2033.18
5	宏信证券有限责任公司西昌月海路证券营业部	1699.07	2.94%	0.98	0.00%	1698.09
卖出金额最大的前5名 卖出总计 **2901.03** 万元，占总成交比例 **5.02%**						
1	中信证券股份有限公司北京紫竹院路证券营业部	1204.12	2.08%	740.77	1.28%	463.35
2	湘财证券股份有限公司台州祥和路证券营业部	726.98	1.26%	603.25	1.04%	123.73
3	华泰证券股份有限公司江阴福泰路证券营业部	3.48	0.01%	532.33	0.92%	-528.84
4	中国中金财富证券有限公司中山小榄升平东路证券营业部	0.00	0.00%	492.00	0.85%	-492.00
5	申万宏源证券有限公司上海黄浦区新昌路证券营业部	0.00	0.00%	426.56	0.74%	-426.56

买卖净差：**14041.16**万元

图 4-3 中青宝（300052）龙虎榜数据（2021.9.8）

从图 4-3 中可以看出，中青宝在 2021 年 9 月 8 日登上龙虎榜。从该龙虎榜上投资者看到了华鑫证券上海分公司这个自 2021 年风光无二的游资席位。9 月 9 日国内顶级游资席位中信证券上海栗阳路同步追涨进入龙虎榜买

盘第一位。

此后，元宇宙概念在市场上愈演愈烈，掀起了多轮炒作热潮。对于比较早入场的游资来说，这一概念确实是他们的“印钞机”。

2. 热点：多不如少

热点板块，是市场资金追逐的主要对象。通常来说，市场上热点板块多，说明资金参与炒作热情较高，是行情看涨的信号。反之则说明行情不佳。不过在不同的情况下，盘面热点的数量多少，对行情的演绎有不同的意义。

（1）上升行情中的热点数量

第一，整个市场处于振荡上升区间时，盘面热点多，则意味着整个市场存在多点开花情况，是行情继续向好的表现。此时对于游资来说，拉升个股也会非常容易。无论普通散户还是游资都比较容易在此期间挣到钱。不过这种行情一般都是在上升行情的末期出现，也是行情即将见顶的信号。

第二，若市场上振荡上升区间，盘面热点较少，则说明整个市场的资金是围绕若干主题展开的，这种走势比较容易延续，后市向好的概率更大。对于游资来说，这种走势更加有利于游资的操作。由于热点题材相对较少，游资拉升个股时，容易引发其他投资者的追捧，这是游资最喜欢的一种情况。很多游资大佬常说，他们最害怕的不是盘面热点少，而是太多了。热点题材一多，势必会分散散户的注意力，难以聚拢人气，不利于出货。

（2）下降行情中的热点数量

第一，在下降行情中，若出现热点数量众多的情况，则说明各个热点延续性极差，且热点轮动较快。这也就意味着，无论是散户还是游资参与这类行情都很难挣到钱。游资也不喜欢这类行情。

第二，在下降行情中，若出现热点数量较少的情况，也是游资可接受的，甚至是最喜欢的一种情况。由于市场处于下行状态，若游资连续拉升某只股票，那么势必会受到整个市场的关注，比较有利于游资聚拢人气。当然这种下降行情也不能是暴跌行情，否则就没有人敢入场接盘了。

3. 大题材出大牛股

大题材拥有最大的想象空间。在A股市场上，最大的题材一般都来自国家政策与规划方面。毕竟国家政策方面的规划所涉及的领域、行业与企业较多，都是关系国计民生方面的重要规划。这些政策、规划所孕育的投资机会也会比其他题材更多。最为典型国家政策方面的规划包括国家级新区的建设、自贸区建设以及针对个别产业、行业的规划等。最近几年来，与国家政策规划有关的龙头股也是层出不穷，比如2013年的上海自贸概念、2017年的雄安新区概念、2020年的海南自由贸易港等，后者是其中一个典型的代表。

海南自由贸易港是按照中央部署，在海南全岛建设自由贸易试验区和中国特色自由贸易港，是党中央着眼于国际国内发展大局，深入研究、统筹考虑、科学谋划做出的重大决策。

2020年6月1日，中共中央、国务院印发了《海南自由贸易港建设总体方案》，并发出通知，要求各地区各部门结合实际认真贯彻落实。一时间海南自贸港概念板块出现了热炒浪潮。

海德股份属于典型的海南本地股，其所处的行业为房地产开发、酒店以及制药等行业，同时还有不良资产管理等业务。海南自贸港的建设将会对该股有直接利好效应，因而在《海南自由贸易港建设总体方案》引发前后，海德股份的股价出现了一波暴涨行情，如图4-4所示。

从图4-4中可以看出，海德股份的股价在2020年5月初开始了横向筑底走势，股价波动较小，这可能属于股价正在选择突破方向。到了5月下旬，股价突然下挫，给人一种即将向下突破的感觉。之前介绍股价突破形态时曾经说过，当主力将要拉升股价时，往往可能先向下打压。此时投资者要密切关注股价的变化。

2020年5月27日，该股股价突然放量拉升至涨停板，当时市场就有传闻，海南自贸港相关规划文件将要出台。此后几个交易日，该股股价连续拉出涨停板。到了6月1日相关规划文件正式出台，又连续拉出两个涨停板后，宣布拉升结束，股价开始进行高位调整走势。

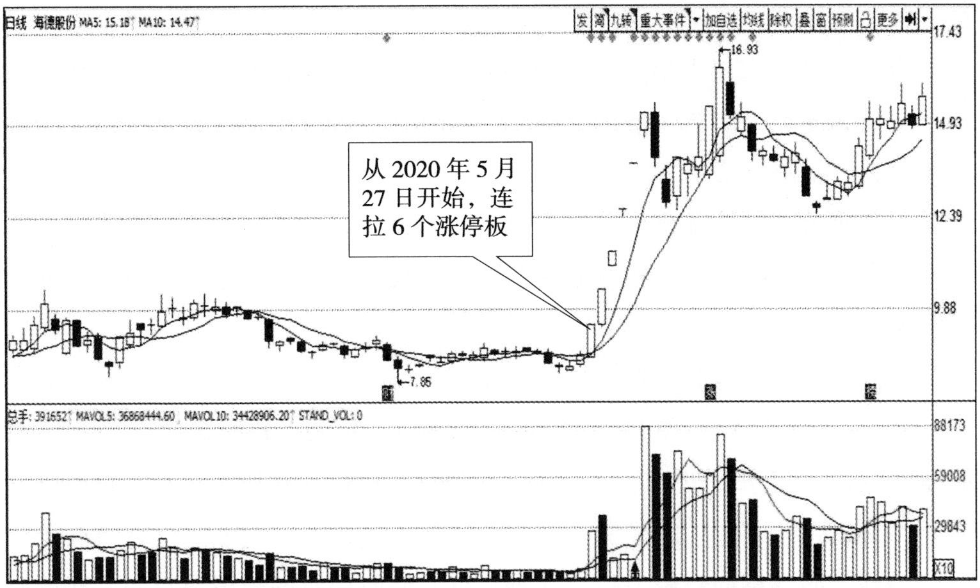

图 4–4　海德股份（000567）日 K 线走势图

4. 想象空间大的题材

炒股票，更多的是在炒一种预期、一些题材（想象空间大的题材），所受到的追捧就会更多。想象力的空间越大，市场做多的意愿就会越强烈。比如市场上经常炒作的一些重组题材个股，其实就是单纯的炒作想象空间的概念。本身个股的破产重组并不意味着业绩一定会变好，但却给市场提供了可以变好的想象空间。比如在 2022 年大放异彩的预制菜概念，从本质上来说也并非是全新的概念。

预制菜是运用现代标准化流水作业，对菜品原料进行前期准备工作，简化制作步骤，经过卫生、科学的包装，再通过加热或蒸炒等方式，制作出可以直接食用的便捷菜品。

据艾媒咨询调查，2021 年中国预制菜市场规模为 3459 亿元，同比增长 19.8%，到 2025 年中国预制菜市场规模或将突破 8000 亿元。据相关机构预测，受疫情的影响，预制菜的销售规模将会连续保持高速增长。

到了 2022 年预制菜概念股开始被市场所关注。很多预制菜概念股开始被资金频频炒作。得利斯成为预制菜的龙头股。

得利斯是一家以生猪屠宰、肉制品深加工、速冻调理产品加工、牛肉系列产品精细加工为主营业务的企业。“得利斯”牌低温肉制品连续多年全国市场同类产品销量第一名。

近年来公司在冷却肉、低温肉制品等基础上，拓展了牛肉系列产品、速冻米面产品、预制菜产品相关业务，产品结构不断完善，这也使得该股成为预制菜概念股。

下面来看一下该股的财务数据情况。

截至 2021 年年底，得利斯的总营收为 31.3 亿元，每股盈利 0.09 元，每股净资产为 2.77 元。2022 年 6 月底，该股总市值为 50 亿元左右，每股股价为 8 元左右。

得利斯的基本面一般，每股盈利较低，同时该股的总市值较小。在该股因预制菜概念被大幅炒作前，股价更低。这就使得该股非常容易成为短线资金攻击的对象，成为预制菜概念的龙头品种。

下面来看一下该股的股价走势情况，如图 4-5 所示。

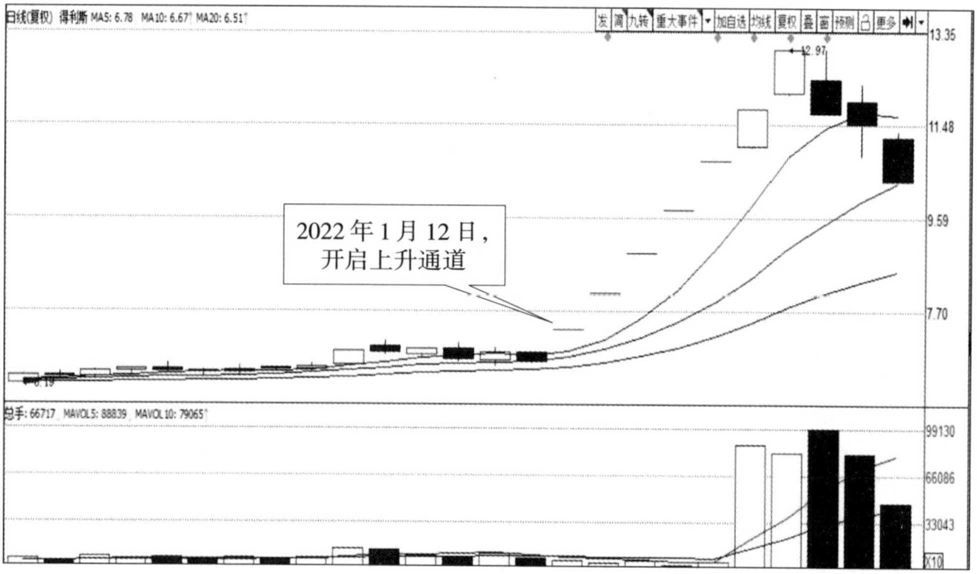

图 4-5　得利斯（002330）日 K 线走势图

从图 4-5 中可以看出，2022 年 1 月中旬以前，得利斯受到的关注较少，股价一直在低位徘徊。

2022 年 1 月 12 日，预制菜概念受利好消息的刺激而掀起了涨停潮。多只预制菜概念股强势涨停，得利斯更是直接一字封板，强势尽显。

此后的几个交易日，得利斯更是连续拉出涨停板。该股股价在几个交易日内涨幅超过 90%。由此可见，市场资金对预制菜概念的追捧程度。

预制菜概念能够被热炒，与其有一个巨大的想象空间密不可分。毕竟在疫情的持续影响下，堂食餐饮行业受到了较大的冲击。越来越多的家庭选择在自己的家中就餐，而预制菜正好就拥有了一个可以施展拳脚的舞台。

二、宏观维度

宏观是指在宏观层面上分析国家和地区的经济增长情况，重点研究国内经济概况，经济结构变化和经济政策的影响以及经济变量的变化。通常来说，宏观层面的变化并不会直接作用于单个企业，但有时宏观层面的变化，却有可能是对企业产生最大影响的一个变量。

从游资层面来看，没有哪路游资会忽视宏观层面的信息。事实上，从以往的炒作股票来看，能够掀起较大炒作浪潮的往往都是宏观政策变化下催生的大牛股。

典型的宏观维度题材包括具体的国家或区域发展规划、货币政策、重大政治事件、国际地缘政治事件、各类金融工作会议，甚至比较具有特定意义的领导发言等，都可能推动市场对某类概念的炒作。

比如前面所提及的雄安新区，就是一个典型的国家层面出台的区域性规划，属于典型的宏观层面事件。

最近几年，另外一个常提及的宏观层面的事件就是碳中和与碳达峰。“双碳”战略倡导绿色、环保、低碳的生活方式。加快降低碳排放步伐，有利于引导绿色技术创新，提高产业和经济的全球竞争力。2020 年 9 月 22 日，国家主席习近平在第七十五届联合国大会上宣布，中国二氧化碳排放力争于 2030 年前达到峰值，努力争取 2060 年前实现碳中和。碳中和概念，成为

2021年年度，市场热潮的一个主流概念。很多碳中和概念股都出现了大幅上涨态势。蓝科高新就是其中一只。

蓝科高新是国机集团旗下的一家以石油石化、新能源专用设备的研发、设计、生产、安装、技术服务以及石油石化设备的质量性能检验检测服务等为主营业务的企业。属于典型的专用设备生产企业。该公司生产的热交换器等相关产品具有节能降耗功能，氢能装置中的二氧化碳回收技术可以做到零排放。因此，在碳中和大背景下，该公司就具有了典型的节能减排概念和碳中和概念。

下面来看一下蓝科高新的股价走势情况，如图4-6所示。

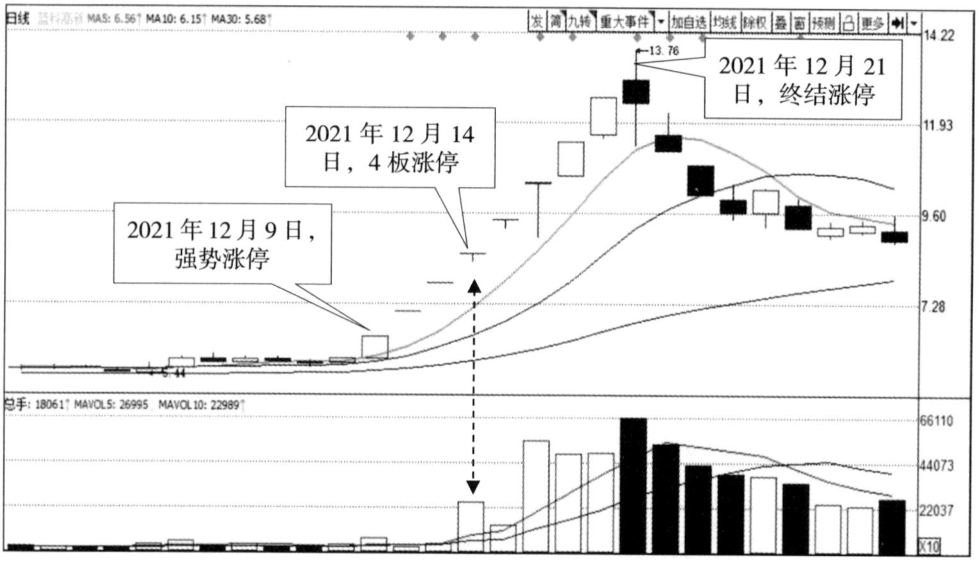

图4-6　蓝科高新（601798）日K线走势图

从图4-6中可以看出，受碳中和利好的刺激，蓝科高新的股价自2021年12月9日开始掀起一波快速上升走势。该股股价曾一度拉出8个涨停板，一时风光无二。期间，也有一些知名游资参与其中，比如飞云江路（华鑫证券杭州飞云江路）、陈小群（中国银河证券大连黄河路）、炒股养家（华鑫证券上海茅台路）等。

不过，从整体上来看，知名游资参与的热情并不高，各路游资投入的金额也不大。究其原因还在于股票本身的流通盘过小。蓝科高新的总股本为3.55亿，启动前，每股股价不足6元，也就是说，该股的总市值不足20亿元的水平，而且排名靠前的几个大股东持股将近65%。也就是说，市面上真正能够流通的股票数量并不多。很多游资都非常担心入手后，因流通股过低，很难出货。这也是该股很难吸引大量游资入场的原因所在。

三、行业维度

行业层面的事件主要指的是一些有利于行业发展的消息出现。这些消息包括三个层面的内容：其一，国家出台的行业发展规划或振兴政策；其二，有利于行业发展的利好消息或事件；其三，行业涨价题材。

1. 国家出台的行业发展规划或振兴政策

国家为了推动产业战略转型，引导相关行业的发展，会在不同时期发布若干项产业发展规划。

投资者如果以产业发展规划为标尺选择涨停股时，应该重点考虑以下几点。

第一，该股票所属的产业是否属于国家重点扶持产业。同样是产业规划，层次不一样，国家的扶持力度也会有区别，例如有的产业规划涉及了国家产业布局，以及产业战略转型时，国家的扶持力度就会比较大。其实炒作国家产业发展规划与区域发展规划类似，炒作的都是对未来的某种预期，至于外界条件的利好能否转化为企业的现实收益，还要看企业自身的经营状况、外界的市场竞争环境等。

第二，该企业的产品是否符合产业政策的相关要求。只有优质的产品，国家才会扶持、才会保护，生产优质产品的企业将会获得更多的扶持政策。相关产业政策要出台时，投资者一定要筛选好板块内各个企业生产产品的类型、属性以及产品质量，为自己的投资“把好关”。

第三，挑选走势最强的股票。在一项产业政策发布前后，市场都会掀起一波炒作的热潮，这股热潮少则持续几个交易日，多则十几个交易日。投资者可以在股价启动后第一时间选择走势最强的股票。强者恒强是股市中永恒的规律。投资者不能指望弱者变强，因为那会浪费许多时间。

比如最近几年比较有代表性的行业发展规划，“东数西算”工程。

2022年2月17日，国家发展改革委等部门联合印发文件，同意在京津冀、长三角、粤港澳大湾区、成渝、内蒙古、贵州、甘肃、宁夏启动建设国家算力枢纽节点，并规划了10个国家数据中心集群。至此全国一体化大数据中心体系完成总体布局设计，“东数西算”工程正式全面启动。

东数西算概念股包括佳力图、贵广网络、美利云、直真科技、依米康等。由于该题材市场上从来没有被炒作过，且游资事先也没有任何的准备。而此题材又是一个大题材、新题材，因而当该题材出现后的2月18日，相关股票应声涨停。作为东数西算的龙头股美利云，更是连续拉出多个一字板。

美利云的基本面一般，每股盈利还出现了亏损，股价并不算低（在2022年2月中旬启动前，还是比较低的）。但由于美利云属于东数西算概念的标的之一，在2022年2月中旬，受东数西算利好消息的刺激，更因盘子小而获得了资金的青睐，该股曾数度出现短线暴涨走势。下面来看一下美利云的股价走势情况，如图4-7所示。

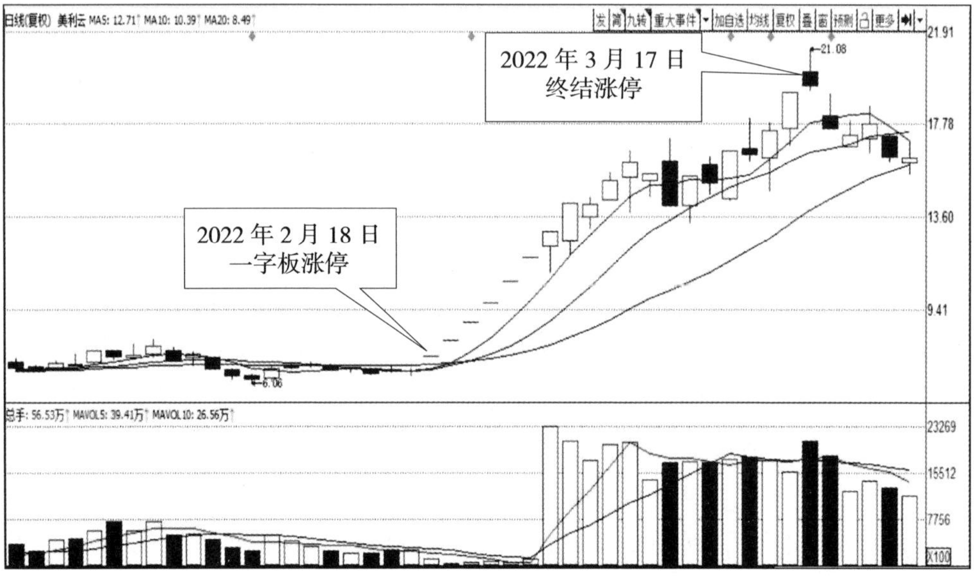

图4-7　美利云（000819）日K线走势图

从图 4-7 中可以看出，2022 年 2 月中旬以前，美利云的股价一直呈横向振荡运行态势。

2022 年 2 月 18 日，受东数西算利好消息的刺激，美利云强势一字涨停。此后该股股价更是连续拉出多个一字涨停板，强势程度可见一斑。到了 2022 年 3 月 17 日，该股股价已经上涨至 21.08 元。该股股价在一个月内翻了三倍。由此可见新题材带来的收益。

一时间众多游资涌入东数西算概念，投资者很难有机会撬开美利云的涨停板，并成功买入。从现实角度来看，找寻同一概念内的股票，也是不错的选择，也就是说只要美利云还能持续涨停，那么同概念板块内的个股也就还有机会。比如直真科技和依米康在 2 月 18 日早盘开盘时刻都给投资者留了一点时间，如图 4-8、4-9 所示。

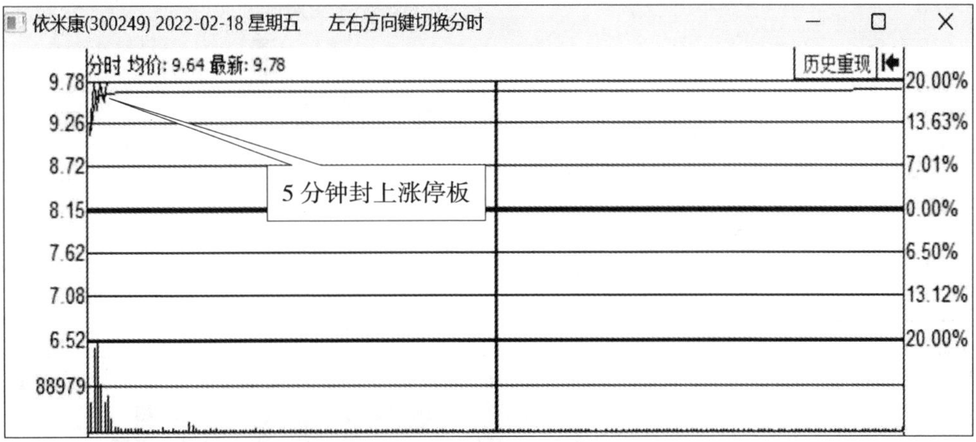

图 4-8　依米康（300249）分时走势图（2022.2.18）

从图 4-8 和图 4-9 中可以看出，在 2022 年 2 月 18 日早盘开盘后，多只“东数西算”股票直接封在了涨停板，比如美利云、佳力图等根本就没给普通投资者进入的机会。只有直真科技和依米康留了一点时间（直真科技是两分钟，依米康是 5 分钟），这个时间窗口是非常短的，稍有不慎就会错过这个窗口，后面再追风险就会加大了。

下面来看一下依米康的日 K 线走势图，如图 4-10 所示。

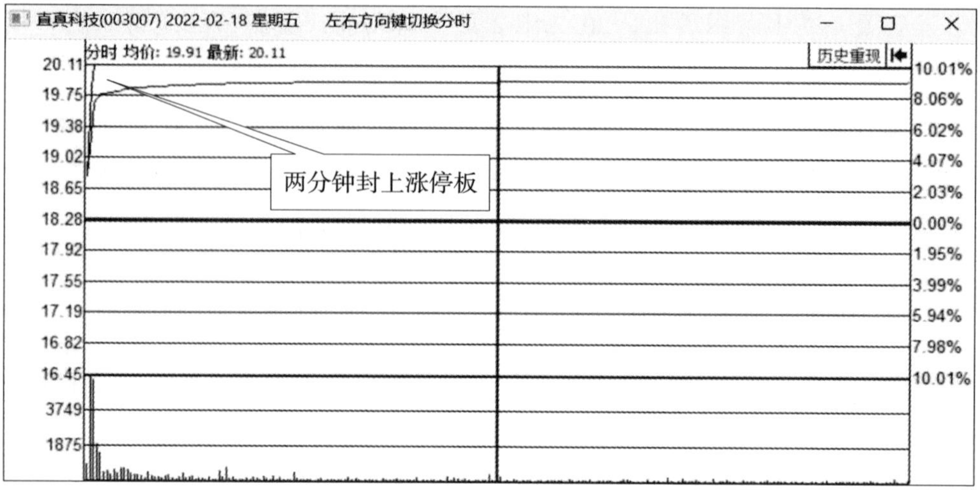

图 4-9　直真科技（003007）分时走势图（2022.2.18）

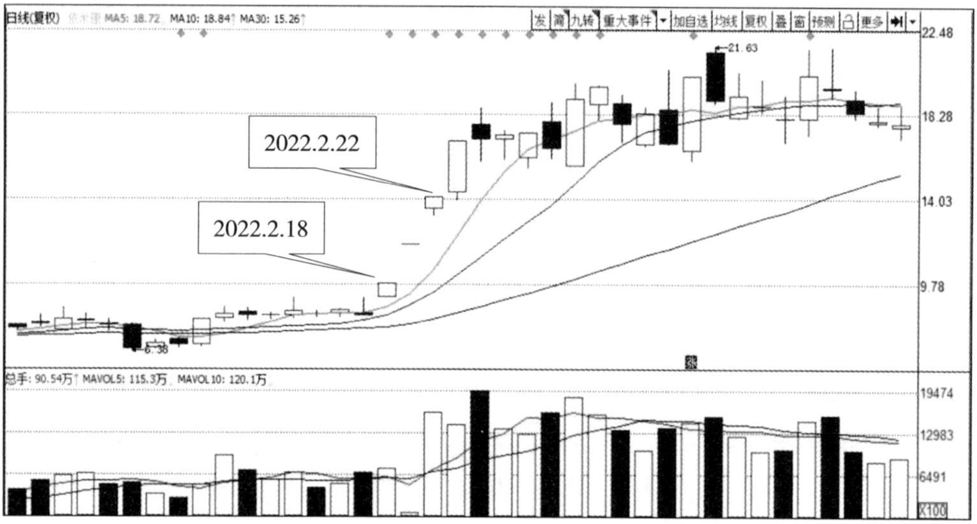

图 4-10　依米康（300249）日 K 线走势图

从图 4-10 中可以看出，依米康的股价在 2022 年 2 月 18 日早盘开盘后 5 分钟就封上了涨停板。次日该股股价也随着东数西算概念的热潮而直接走出了一字板形态。也就是说，投资者如果没有把握住 2 月 18 日早盘的 5 分钟，可能就要等到 2 月 22 日才能买进了，而此时该股股价已经完成了 3 个涨停板，风险已经很大了。

总之当国家层面出台新的行业规划时，市场上的资金就会充分地进行挖掘。不断拓展概念的外延。当然机会来时，留给投资者的时间并不多，在有限的决策时间内，投资者还需要分清大龙头股、跟风股等。

2. 有利于行业发展的利好消息出现

每个行业不同，能够刺激行业发展的利好消息也不尽相同。总体来看，这些利好消息包括以下几类。

第一，市场供需发生了显著的变化，某些行业迎来了发展的拐点。比如最近几年新能源汽车的发展就是这种情况。以比亚迪汽车为代表的新能源汽车行业出现了蓬勃发展的态势，相关企业的股价自然也会水涨船高。

第二，受相关行业发展的影响，产业向上游或下游传导，导致相关行业的快速发展。比如新能源汽车行业的快速发展，带动了动力电池、汽车零部件等行业的发展。

第三，出现了某些超预期的需求，给相关行业带来了较高的收益预期。最典型的一个利好事件为 2024 年年初的东北冰雪旅游热潮。

2023 年 12 月下旬，受哈尔滨冰雪大世界爆火的影响，哈尔滨冰雪旅游迎来了爆炸性的增长。在自媒体的宣传和影响下，冰雪旅游的热潮不断地被推升，并直接拉动了东北旅游产业的发展，很多东北旅游行业内的企业的股票价格，也同样受到了游资的关注，如图 4-11 所示。

从图 4-11 中可以看出，在 2024 年元旦期间，冰雪旅游因哈尔滨的强势出圈而爆火。整个冰雪旅游产业迎来了一波爆发性增长。长白山作为东北旅游产业的龙头企业，自 2024 年 1 月 2 日开始强势涨停。

知名游资陈小群、粉葛纷纷入场，参与了长白山的炒作。该股股价一路上攻最终收出了数个涨停板。

3. 涨价题材

能够涨价的行业，都是在市场竞争中拥有一定优势的行业。比如高端白酒产业股、一些周期股、能源股等在某些特殊的时段都具备一定的涨价题材。在 2023 年年初时段，小金属行情异军突起，多种小金属股票价格达到或接

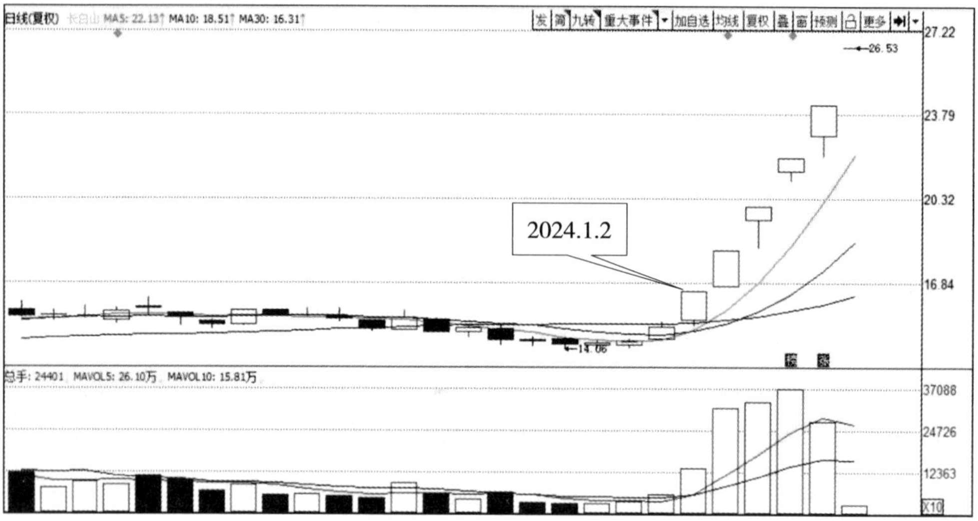

图 4-11 长白山（603099）日 K 线走势图

近历史高点。市场上很多小金属概念股被资金大幅炒作，东方锆业就是其中一只。

受小金属概念股涨价利好因素的刺激，东方锆业的股价自 2023 年 1 月下旬开始进入上升区间。2 月 1 日该股股价更是强势涨停，知名游资银河证券上海杨浦区靖宇东路强势上榜，另一强大游资苏南帮也参与了该股股价的炒作。

该股股价连续拉出 3 个涨停板。几个交易日该股股价涨幅超过了 60%，如图 4-12 所示。

四、个股维度

上市公司本身基本面的改变，也是资金炒作的主要对象。特别是能够引起上市公司整个经营情况改变的事件，更容易引起资金的关注。

从个股维度来看，能够引发资金追捧的事件包括但不限于以下几类。

第一，并购与重组。由于兼并企业与被兼并企业分别从属于不同的行业或领域。跨界兼并本身又是上市公司扩展业务范围的一种有效方式。同时兼并与重组，尤其是一些大型的跨界兼并完成后，市场就需要对上市公司的估值进行调整，很多股票会出现连续涨停或跌停就是这个原因。

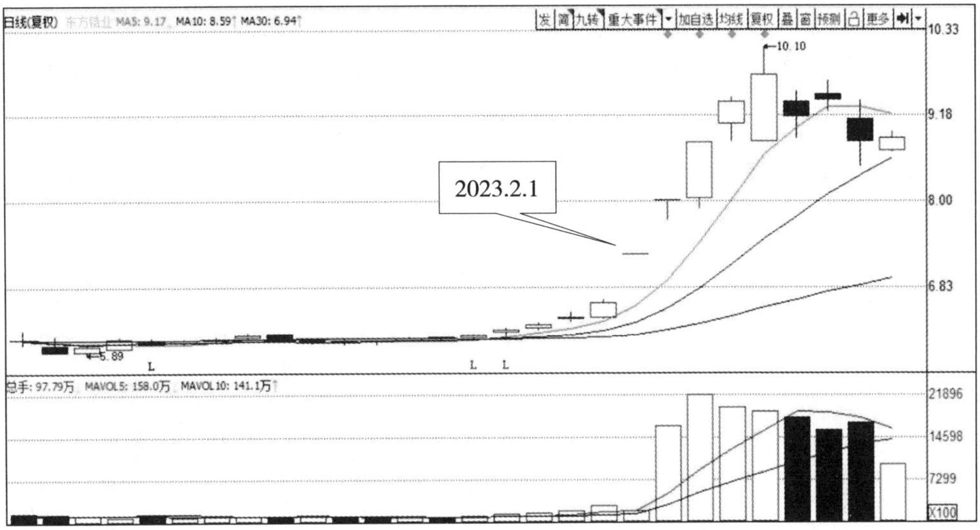

图 4-12　东方锆业（00167）日 K 线走势图

第二，企业业绩超预期。通常情况下，市场会对个股的盈利情况有个基本的预期，并直接反映到股价走势上。当企业公布年报或季报时，若出现超预期的业绩表现（必然大幅低于或高于预期），市场就会对股价进行重估，并进而引发股价的大幅上涨或下跌。

第三，签订超级大合同。某企业签订了一单大合同，足以对企业业绩产生相当大甚至是颠覆性影响，则股价也必然会有所体现。

第四，股权出现某些变化，如回购、注销、股权激励、解禁等也可能对股价产生较大的影响。

第五，企业公布了超预期的消息，如高送转、超高分红等。

金种子酒在 2022 年 2 月 17 日发布公告称，2022 年 2 月 16 日，安徽金种子酒业股份有限公司（下称“公司”）收到公司控股股东——安徽金种子集团有限公司的通知，为推动国有企业深化改革和高质量发展需要，公司控股股东金种子集团之唯一股东阜阳投资发展集团有限公司（以下简称“阜阳投发”）拟按照《企业国有资产交易监督管理办法》等法律法规以非公开协议转让方式将所持金种子集团 49% 的股权转让给华润（集团）有限公司之全资附属企业华润战略投资有限公司（简称“华润战投”）。

这也就意味着，股权转让完成后，金种子酒的控股股东将会变更为华润战投，该公司也就成为华润系的一员。鉴于华润系在国内市场的资金实力以及业务版图情况，无疑将会有助于金种子酒的长远发展。

正因如此，市场一旦捕捉到该企业的股权即转入的消息后，股价瞬间被拉升至涨停板，如图 4-13 所示。

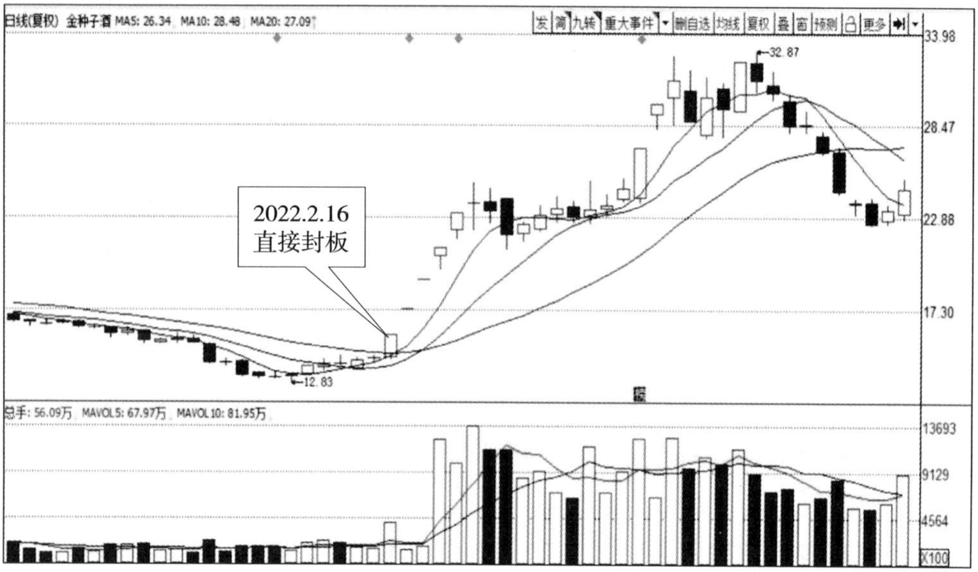

图 4-13　金种子酒（600199）日 K 线走势图

从图 4-13 中可以看出，金种子酒的股价在 2022 年 2 月中旬以前，随着白酒板块的下行而逐渐走低。2 月 16 日该股股价强势上攻，并封于涨停板。当日该股就发布了将要转让股权的公告。此后该股股价又连续出现了一波大幅拉升走势。由此可见市场对该股本次股权转让是十分看好的。

第二节 技术面选股

短线暴涨股，需要以市场情绪共振为基础，但也不可否认，在股价启动拉升前，也必然有先知先觉的资金入场建仓。正是这些资金的第一波拉升，才使得这些股票成为市场的热点。从这点来看，无论游资或主力资金如何掩饰，或多或少都会在盘面上留下一些蛛丝马迹，投资者顺着这些信号，就可能比较容易地圈定即将拉升的备选股。这就是通常所说的技术面选股。技术面选股一般需要从以下三个维度入手，如图 4-14 所示。

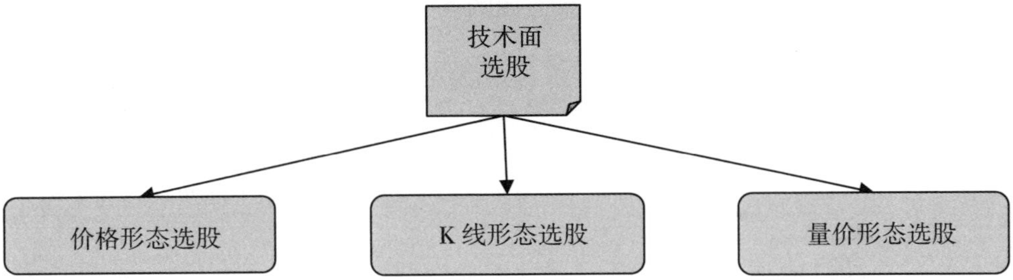

图 4-14 技术面选股的三个维度

一、价格形态维度

从价格走势来看，很多牛股启动前，都是刚好走出经典底部形态的时刻。比较有代表性的底部形态包括 V 形底、W 底、锅底、箱形底、头肩底等。

底部形态的出现，本身就是主力吸筹与洗盘留下的痕迹。通常情况下，股价触底后，主力就会悄悄入场建仓。而在拉升前为了清洗浮筹便于后面的拉升，都会采取各类洗盘动作，这就会在 K 线图上留下一些经典的底部形态。

“锅底”形态是其中非常有代表性的一种形态。该形态也可以称之为圆弧底，只是在很多股票拉升前，所形成的圆弧相对较小。股价 K 线先是经历了一波横向振荡，成交量也同步萎缩。在某一时段，股价加大了下跌的速度。

此后股价又重新开始缓慢上升。股价即将或刚刚来到快速下跌起始位附近时，股价突然大幅拉升，并直接封于涨停板。其经典形态如图 4-15 所示。

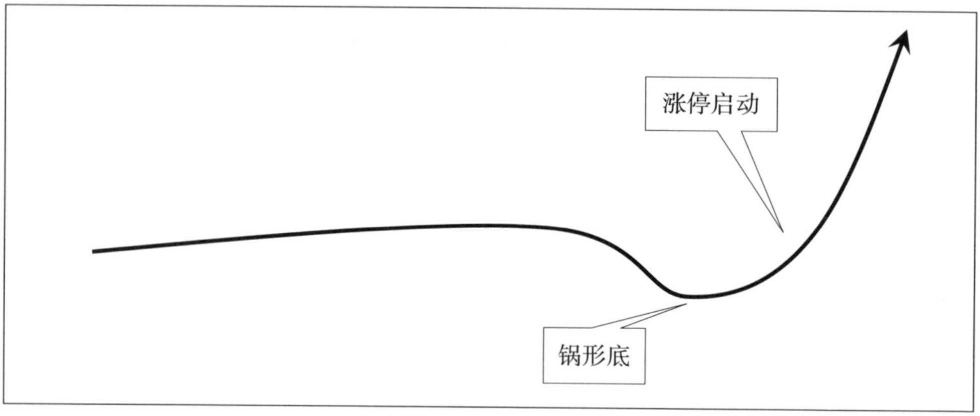

图 4-15　锅形底形态

下面来看一下思进智能的案例，如图 4-16 所示。

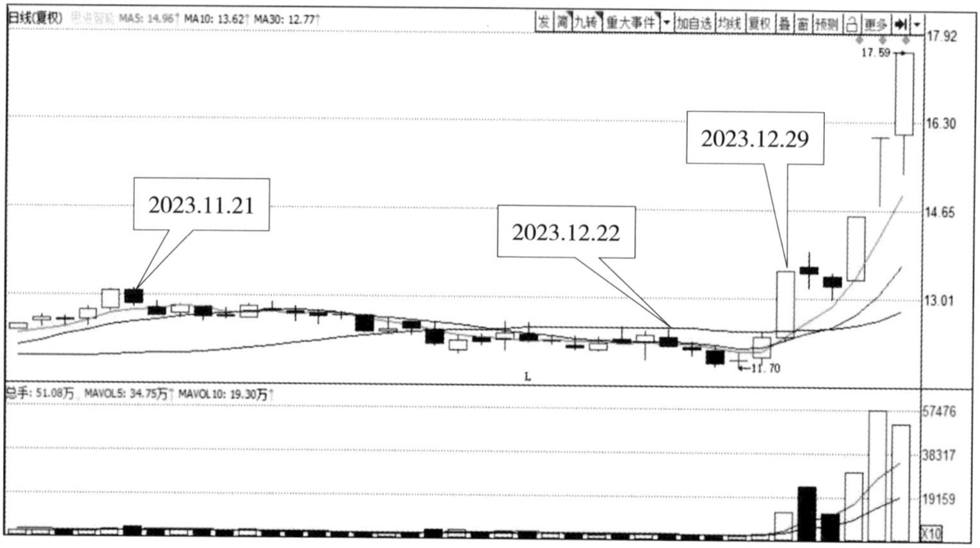

图 4-16　思进智能（003025）日 K 线走势图

从图 4-16 中可以看出，思进智能自 2023 年 11 月 21 日开始出现了振荡回调走势，不过，股价下跌幅度和速度都非常的缓慢。到了 12 月 22 日，股价加大了下跌的速度和力度，给人一种股价即将快速下跌的感觉。此后该股股价触底后，又开始反向上攻。

12 月 29 日该股股价大幅突破上攻，并以涨停报收。

股价放量突破盘整或洗盘区域，是价格形态选股的核心。一旦股价放量拉升脱离了原先的横盘或运行区域，投资者就可以将其列为交易的备选标的，研究其上涨的基本逻辑，以及上涨是否具有可持续性等。

二、K 线形态维度

对于喜欢从技术面进行选股的投资者来说，K 线的一些经典形态也是需要仔细分析的对象。特别是一些短线爆发股，在启动拉升前，往往会有一些比较剧烈的洗盘动作。这些洗盘动作，在 K 线图上就会形成一些经典的 K 线形态。有代表性的 K 线形态包括以下几类。

第一，暴力洗盘形态，如涨停多方炮、增强版上升三法、空中加油形态等。

第二，破位启动形态，如仙人指路形态、突破涨停位等。

第三，反转启动形态，如出水芙蓉、早晨之星形态等。

下面以增强版上升三法为例进行介绍。

上升三法，是 K 线上升形态中非常经典的一种。经典的上升三法，一般由两根中到大阳线，和三根小阴线组成。三根小阴线，属于上升途中的洗盘形态。增强版上升三法，一般由两根光头大阳线（后一根应为涨停阳线），和两到四根小阴（阳）线组成，且这几根小阴线或阳线多为带长上下影线的实体 K 线，如图 4-17、图 4-18 所示。

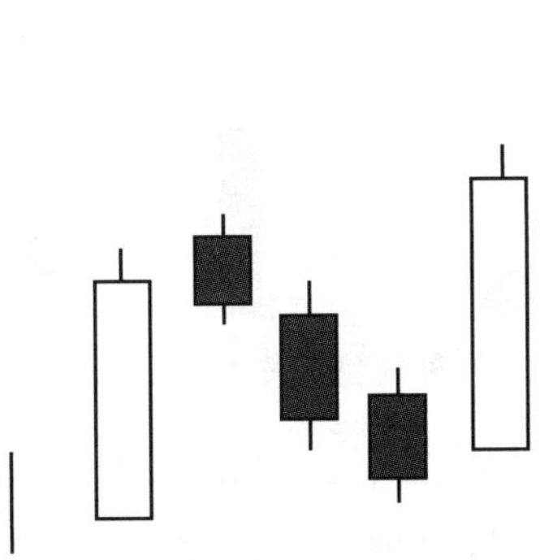

图 4-17　上升三法

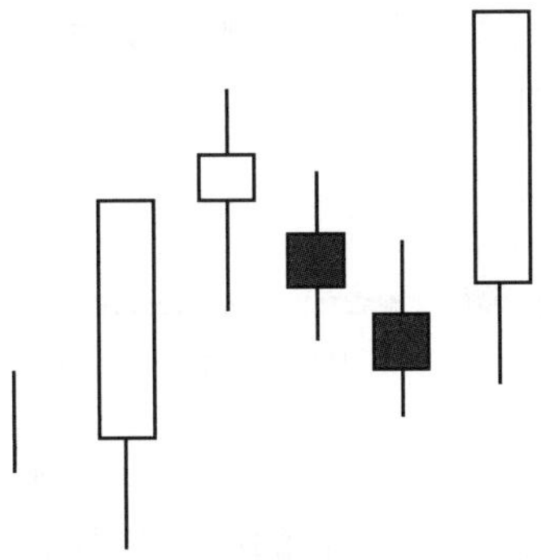

图 4-18　增强版上升三法

增强版上升三法也属于典型的看涨信号，通常是主力游资在拉升前，清洗浮筹常用的方法。而且是非常强的看涨信号，次日股价存在进一步挑战高点，甚至涨停板的可能。

增强版上升三法的形态特征如下。

第一，前后两个交易日的涨停阳线，是主力游资进攻的信号，也是坚决做多的一种态度。只是最后一根涨停阳线未必会给散户太多的入场时间。许多游资还喜欢在盘中搞个偷袭。

第二，中间洗盘的长上下影线的阴线与阳线实体大小并不重要，数量一般为两根到四根，有时可能会更多一点。这并不能影响形态的成立。通常情况下，这几个交易日股价的波动幅度会非常之大，目的就是将意志不坚定的散户吓退。

第三，最后一根光头阳线，是整个形态成立的关键。该根阳线必须以涨停板收盘。

下面来看一下中岩大地的走势情况，如图 4-19 所示。

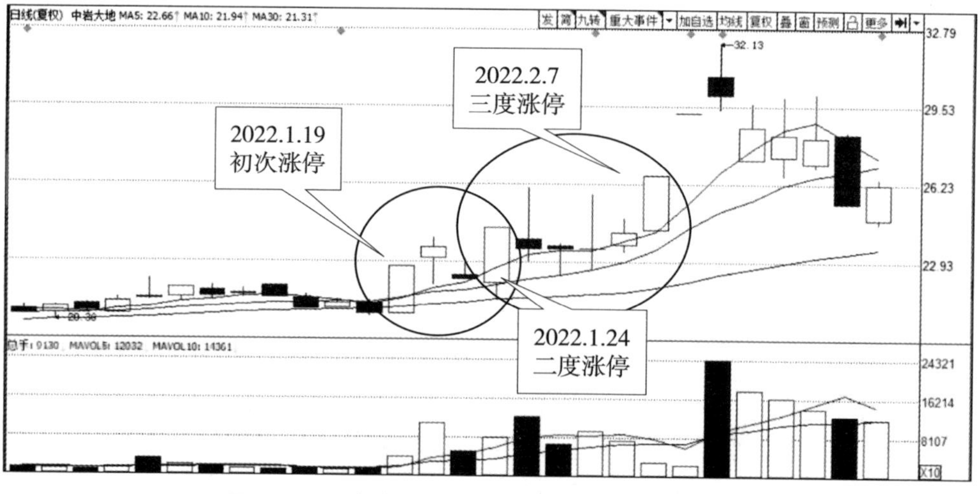

图 4-19　中岩大地（003001）日 K 线走势图

从图 4-19 中可以看出，在基建热炒的背景下，2022 年 1 月 19 日中岩大地强势涨停。其后的两个交易日，该股股价出现强势振荡。1 月 24 日该股股价再度涨停，增强版上升三法形态正式成立。

不过此后，该股股价并未出现大幅上升，而是重新进入调整区间。2 月 7 日该股股价三度涨停，即二度形成增强版上升三法形态。

至此，主力的意图已经非常明显，即继续拉升别无选择。

此后，该股先是封上一字板，接着又来一次冲高。

当然，主力游资采用涨停回调再涨停的方式，有一个明显的好处，即可以避开龙虎榜，以免暴露踪迹。毕竟在基建热炒行情下，板块热度本身就比较高，已经不需要游资主力亲自现身来带动股价。

三、量价形态维度

量在价前。游资可能是这个世界上最看重成交量的一个群体。对于游资来说，价格跌下来，可以再拉上去，但成交量没了，就可能意味着人气散了，这个就很难再搬回来。而在股价启动前，随着主力资金的介入，成交量也必然会呈现相应的变化。即在主力向上拉升时，成交量出现明显的放大，随着股价的回调（主力洗盘），成交量也会同步萎缩。当成交量萎缩到一定程度后，随着股价的突然大幅上攻而放大，则意味着股价将启动新一轮的上攻。

下面来看一下东安动力的案例，如图 4–20 所示。

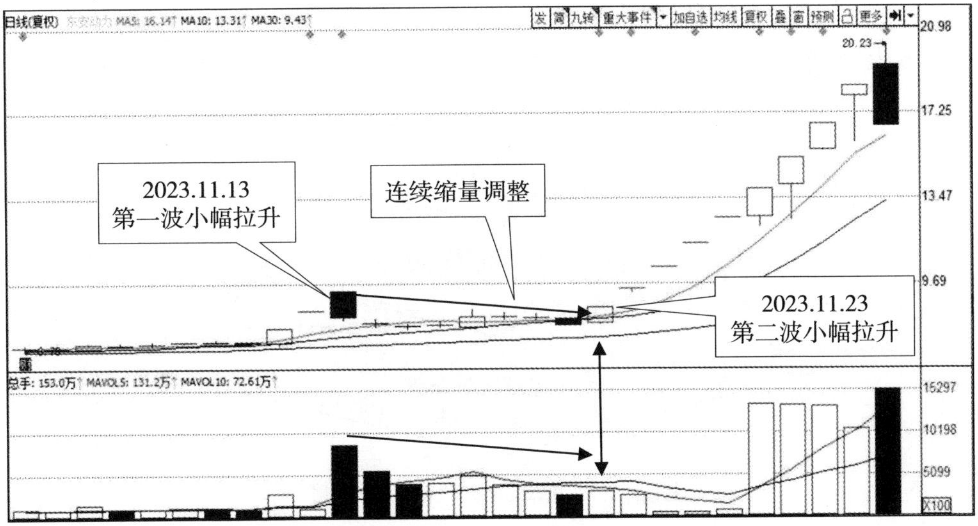

图 4–20 东安动力（600178）日 K 线走势图

从图 4-20 中可以看出，东安动力的股价在 2023 年 11 月中旬经历了一波小幅拉升，该股股价连续拉出两个涨停板后，于 11 月 13 日涨停高开后回落，成交量同步出现了放大态势。此后的几个交易日，该股股价持续振荡走低，成交量也同步出现了明显的萎缩态势。

2023 年 11 月 23 日该股股价温和放量上攻，并以涨停报收。

东安动力在 11 月 23 日大幅上攻之前的成交量变化，其实就是主力入场洗盘所留下的痕迹，也是投资者可以追踪的量价形态。

第三节　基本面选股

从游资的角度来看，其所要求的基本面选股方法与常规的或者说价值投资的基本面选股是完全不同的。同时，在选好股票后，还要做好排除工作，剔除不能参与的个股。

一、基本面选股维度

游资炒作股票的基本面选股主要从以下三个维度进行，如图 4-21 所示。

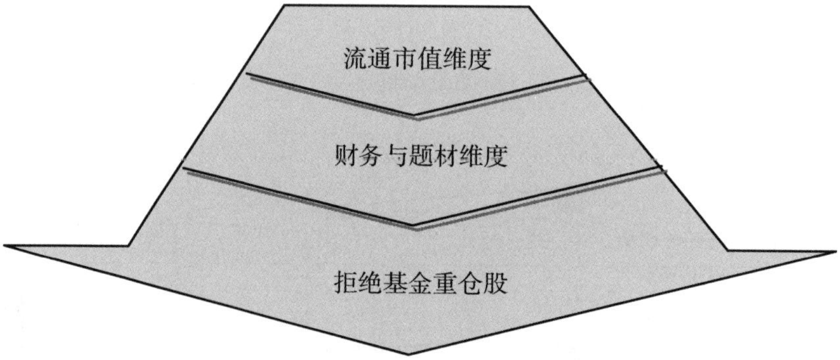

图 4-21　基本面选股的三个维度

1. 流通市值维度

尽管游资资金实力都较强，但这种强还是针对普通散户而言的。目前较大规模的游资手中的资金也不过几十亿元，而且从投资安全和监管角度来看，也不可能将所有的资金投入到一只股票上。

一些大盘股，自然会被游资排除在外，除非遇到特殊的行情。

在实战操作过程中，游资所选的投资标的多在 50 亿元到 100 亿元之间。一般具有如下两个特点。

第一，盘子相对较小。这里的盘子主要指的是股票的流通盘，而非总股份数。大盘股往往有大量的主力基金和庄家驻守，游资很少参与这类股票。但游资所挑选的股票，也并非盘子越小越好。若盘子过小，流通性就可能不足，这样游资进去拉升之后，很可能短期内找不到接收方，自己也就成了股东，这肯定不是游资要的效果。盘子的大小肯定要适中，这里的适中，主要是考虑游资自己实力水平的前提下而定义的。持有几千万资产的游资和十几亿资产的游资，所选的盘子肯定是不一样的。

第二，流动性要好。回顾一下之前讲解的几只大幅拉升的股票就可以发现，这些股票的流动性极佳，在拉升的后期，每日的换手率高达 20% 以上，这样游资想要进出就会变得很容易。投资者需要清楚一件事，游资炒作股票的主要目标是盈利，是能够兑现的盈利，而不是将股价拉升至高位。其实对于这些游资来说，将股价拉升起来相对比较容易，但如何能出来才是关键的。

比如在 2023 年年底到 2024 年年初，游资热炒冰雪旅游概念时，市场上的大龙头股票长白山的市值，在经历了 6 个涨停后才 70 亿元左右。

2. 财务与题材维度

从财务指标方面来看，游资炒作的股票并不需要有多好。事实上，财务指标优秀的企业往往都会有大量基金驻守，游资很难有抢筹拉升的机会或者游资拉升也会面临对基金砸盘的风险。游资所选拉升的股票基本面很多都是比较一般的，甚至有些还是亏损股。其实就是很多投资者都认为股票基本面不行，不敢追高，才让游资获得了机会。

题材方面则是游资最为看重的一点。财务数据可以不好看，但一定要有题材、有概念。最好能够给人以想象的空间。想象空间越大，游资操作的空间也越大，股价上升的空间也就越大。人形机器人概念是最近刚刚兴起的热门概念。特斯拉、三星等国际巨头纷纷入局人形机器人行业。正因如此，人形机器人概念成为 2024 年上半年的一个热门炒作概念。直接持有中国工业机器人十大品牌商之一嘉腾机器人 19.8% 股权的东方精工，一时间成为市场的焦点，如图 4-22 所示。

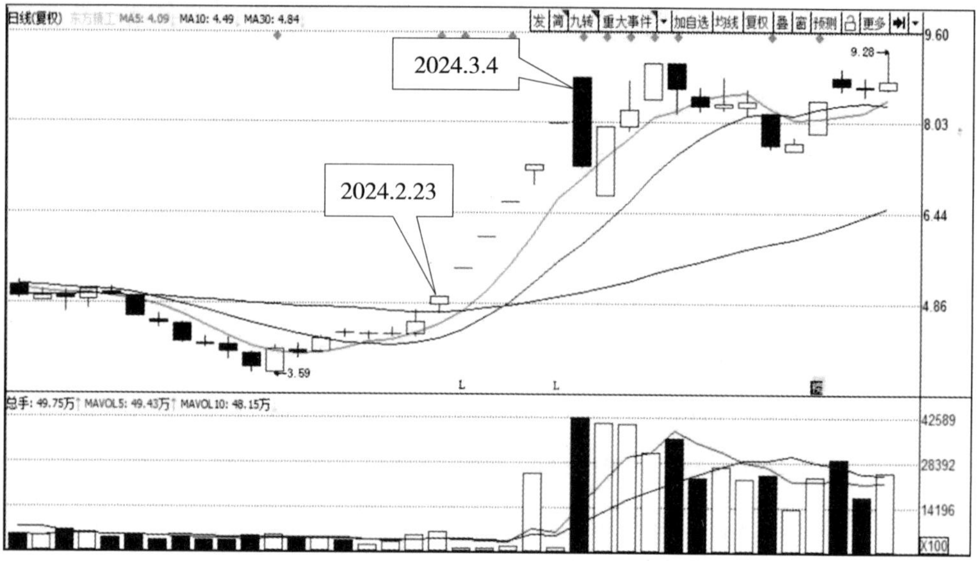

图 4-22　东方精工（002611）日 K 线走势图

从图 4-22 中可以看出，在新质生产力概念的刺激下，2024 年 2 月 23 日东方精工强势涨停，此后该股股价更是连续拉出 6 个涨停板，成为新质生产力的龙头股票。

3 月 4 日该股股价高开后，因抛盘过大而打开涨停，此后该股股价经过调整又出现了一波反弹走势。

该股股价在几个交易日内就实现了 80% 以上的涨幅，由此可见题材概念带给股价影响之大。

3. 拒绝基金重仓股

如前所述，游资在选择炒作股票时，往往都会避开基金重仓股。基金重仓的股票，一般业绩都是相当不错的，但这类股票因为有基金长期驻守，游资很难获得股价走势的支配权。很可能会出现一种情况，即游资刚一拉升股价，基金则会向下打压股价，而且基金手中的股票数量还非常大，这就为游资拉升股价造成了极大的困难。

二、负面清单

前面章节介绍了基本面选股所应重点考虑的三个维度。不过，有些股票只要涉及了负面清单所列的条款，即使能够满足上述三个维度的要求，也不能考虑。通常来说，负面清单所列的条款应该包括但不限于以下几条，如图4-23所示。

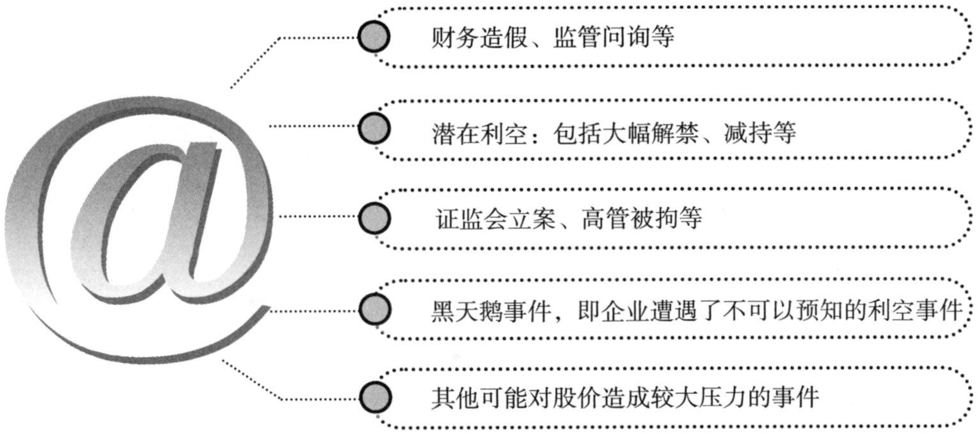

图 4-23　基本面选股负面清单项目

第五章
游资经典操盘逻辑

做事必须有章法。在投资领域，这种章法就是操盘的基本逻辑。做交易的主要依据是什么？为何要买入这只股票？为何要卖出这只股票？把这些最基本的问题想清楚后，交易就会简单很多。很多游资都将自己走向成功之路的过程，形容为“悟道”。其实这里的“悟道”就是搞清楚这些基本的问题，真正地形成了自己稳定的操盘逻辑，不会随意交易股票，不会“随波逐流”了。

第一节 知名游资经典交易逻辑

几乎每个成名的游资，都有其独特的交易逻辑。正是这些操盘逻辑支撑了这些游资大佬从投资小白走向成功。游资赚钱的共同核心逻辑就是两个字——投机。

随资金流而动，资金去哪里投资者就去哪里。入场前，投资者一定要弄清楚自己要的是什么。很多投资者抱着炒短线的想法入场，被套后又觉得炒中长线也不错。其实从本质上来说，这就是投资者没有想明白投资、赚钱是怎么回事。如果投资者想炒中长线，那么是否做好持股三到五年乃至十年的准备？股价如果下跌个 50%、80% 该怎么做？这些问题想清楚了吗？如果没有，还是老老实实炒短线的好！

炒短线，就是一种投机，没有其他的借口或说辞。当投资者买入股票后，如果股价没有照着预期的方向上行，这就说明投资者的判断错误，应该认赌服输。此时投资者若还在加仓，试图拉低成本，就是错上加错。从投机的角度来看，这就是再简单不过的一个逻辑。不过将其拿到股票市场，很多人就理解不了，明明是想投机一把买入了股票，可是当判断出错，股票被套牢后，又说想要做投资，想要长线持股，于是开始不停地加仓。随着股价的持续走低，当加仓无法继续的时候，又是坐等套牢。亏损幅度大了，又要割肉等。

总之，投资者需要首先将自己的短线交易行为明确为投机行为。面对错综复杂的市场，变化莫测的价格，投资者需要为股价上涨还是下跌而下注。那么投资者能做什么呢？收集足够的信息，努力训练自己的盘感，找好入场机会，预设下注失败该怎么撤出，控制好仓位就可以入场了。下面来看一下神雾节能的股价走势情况，如图 5-1 所示。

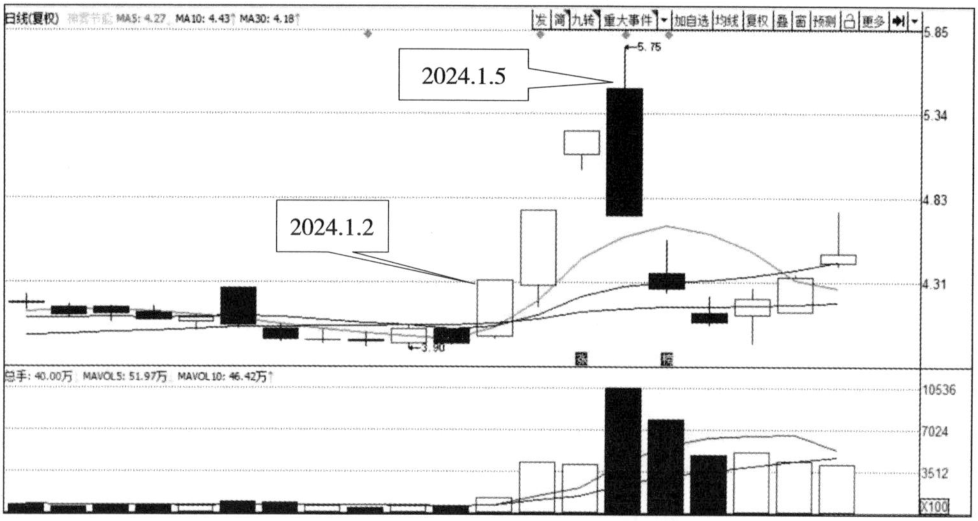

图 5-1　神雾节能（000820）日 K 线走势图

从图 5-1 中可以看出，受日本地震及核泄漏的影响，神雾节能的股价自 2024 年 1 月 2 日开始连续三个交易日以涨停报收，强势尽显。很多投资者都将其看成未来的龙头股，于是纷纷入场买入。但是在 1 月 5 日该股股价高开后冲击涨停板失败，一路下行，最终收在了跌停板。

从 1 月 5 日当天的走势来看，股价最高到达涨停板，而收盘就收在了跌停板。当日买入的投资者都面临高位套牢的窘境。对于这些投资者来说，当日的交易就是典型的投机失败。作为投资者最合理的选择就是止损认输，不要有什么做长线投资的想法。比如游资领域比较有代表性的宁波解放南路，就曾在 1 月 2 日股价打板涨停的首日入场买入了 360 万元左右的股票。次日，又把前一个交易日买入的股票全部卖出了，从龙虎榜数据来看，宁波解放南路卖出的时机应该在股价低开之后，全部卖出金额在 353 万元，说明其略有亏损就选择了出局。当然从投资者角度来看，次日明明拉出了涨停板，但宁波解放南也没有等，而是选择低开之后，就出局了。这并不是最佳的选择。不过这就是游资的典型打法，发现或感觉行情不利于自己，果断出手绝不后悔。

一、乔帮主：题材炒作逻辑

乔帮主，新生代游资之一，因仰慕天龙八部中乔峰的为人，而自称乔帮主。比较擅长股市交易中低吸操盘技术，10 年不到资产已经过亿。

乔帮主分享的炒作逻辑包括以下几方面。

第一，题材。做短线当然每天看题材。每天收集题材的时间超过了 5 个小时。这是交易者的基本功课。世上没有成功的捷径，股市相对而言已经算最公平的了，但在有些时候，要想在这个市场生存，就需要下功夫。

第二，题材炒作。市场上的题材有很多，但有些题材根本不会被炒作，或者只是偶尔炒了一下就熄火了。投资者最重要的是判断市场对这个题材的接受程度，而不是先入为主去想当然觉得哪个题材会火。除非重磅利好消息或黑天鹅事件突然而至，突然杀出来的大题材（比如 2017 年的雄安新区题材；2020 年年底出现疫情题材等），否则没有人能够凭直觉预感到哪个题材会成为市场的热点。

第三，与其投资者自己去预判热点题材，不如静待市场选出来的热点。热点之所以成为热点，就是因为市场资金的追捧。经过市场选择而出现的热点，远比投资者自己所预判的更可靠。

第四，题材炒作与市场环境。市场环境不同，题材炒作的程度也会有所不同。在极度弱势的环境中，不只是普通的投资者，就是机构或游资也会降低各自的盈利预期，见好就收，生怕没有接盘者。反之市场环境较佳时，机构和游资都会调高预期，毕竟资金入场的动力会增强很多，这时候一些热点题材炒作持续的时间会更长一些。

第五，提前研判买入股票次日走势。市场会认同这个题材吗？要考虑自己买入的涨停板，明天还会不会有人抢着买？别人为什么会抢着买？

比如在2023年11月中旬期间，市场上新能源汽车概念比较火爆，很多新能源汽车概念股都出现了爆炒行情。11月26日晚长安汽车发布了与华为合作的信息，如图5-2所示。

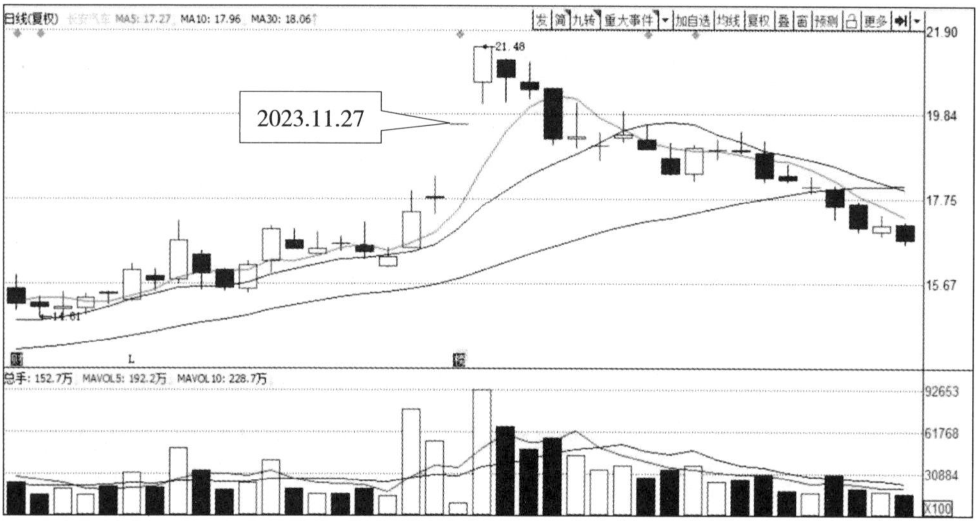

图5-2 长安汽车（000625）日K线走势图

从图5-2中可以看出，长安汽车的股价在11月27日直接以一字涨停板开盘后持续到收盘，很多投资者都没有机会买入了。与长安汽车一起涨停的还有长安汽车概念股，比如湖南天雁，如图5-3所示。

从图5-3中可以看出湖南天雁的股价自2023年11月23日开始了大幅上攻，并以涨停报收，次日该股股价高开低走，小幅回调，但成交量却出现了放大，说明当日资金博弈比较激烈。11月27日该股股价再度一字涨停，乔帮主则在27日的一字板上完成了出货（11月27日，湖南天雁登陆龙虎榜，乔帮主在卖出的榜单位置）。这点与普通投资者不同，普通投资者见到一字板很少选择主动出货的，但由于游资持有的仓位较重，在获利的情况下，涨停板出货也比较常见。

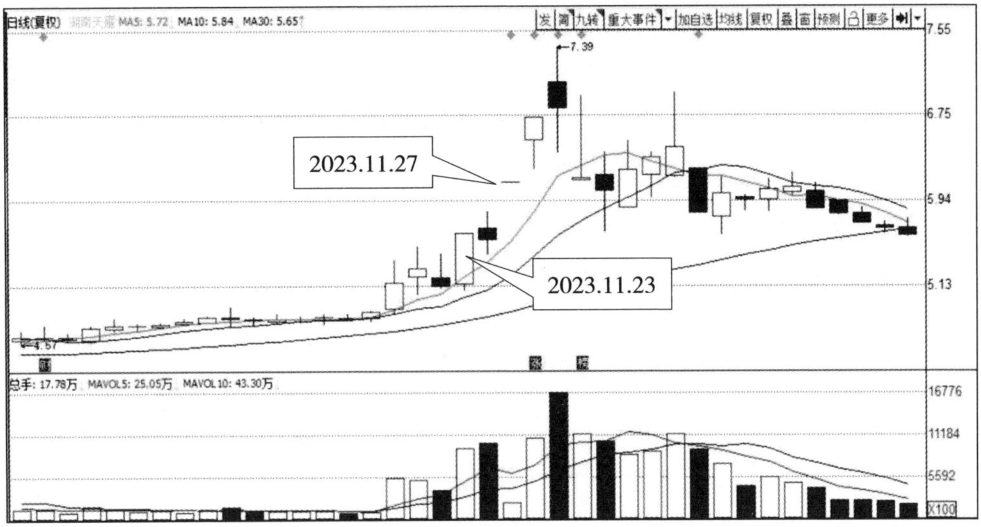

图 5-3　湖南天雁（600698）日 K 线走势图

考虑 T+1 交易规则，乔帮主的入场位应该在 23 日或 24 日入场的（因为这两个交易日，湖南天涯没有登上龙虎榜）。虽然只有一到两个交易日，但乔帮主的获利也是较为丰厚。从这次交易过程可以看出，乔帮主也只是顺应了市场情绪，即整个市场都在炒作新能源汽车，这时候很多与新能源汽车有关的热点或消息都能获得资金的追捧，乔帮主则趁机玩了一把短线。

二、赵老哥：新题材就是印钞机

赵老哥曾经说过，热点就是印钞机，新题材更是如此。市场上如果没有新题材，那么资金就会围绕老题材进行炒作。同时这种炒作一般很难持续太久，而且会呈现某些散乱和无序的情况。反之当市场上有一个炒作的主线，而且这个题材是一个较新的题材，没有被炒作的题材，那么市场上的资金自然会向这个题材进行靠拢。

一般来说，有股市、有题材的股票，交易就会特别活跃。交易这类股票才能有肉吃，吃完就应该干净地撤退，谁撤退慢，谁就要买单了。

新质生产力是 2024 年市场上开始出现炒作的典型的新兴题材。

新质生产力是创新起主导作用，摆脱传统经济增长方式、生产力发展路径，具有高科技、高效能、高质量特征，符合新发展理念的先进生产力质态。新质生产力是2023年9月习近平总书记在黑龙江考察调研期间首次提到的新词汇。2024年1月31日，习近平总书记在中共中央政治局第十一次集体学习中强调，加快发展新质生产力，扎实推进高质量发展。

2024年2月1日开始，新质生产力概念一飞冲天。新质生产力概念的大龙头股克来机电开启了强势上攻之路，如图5-4所示。

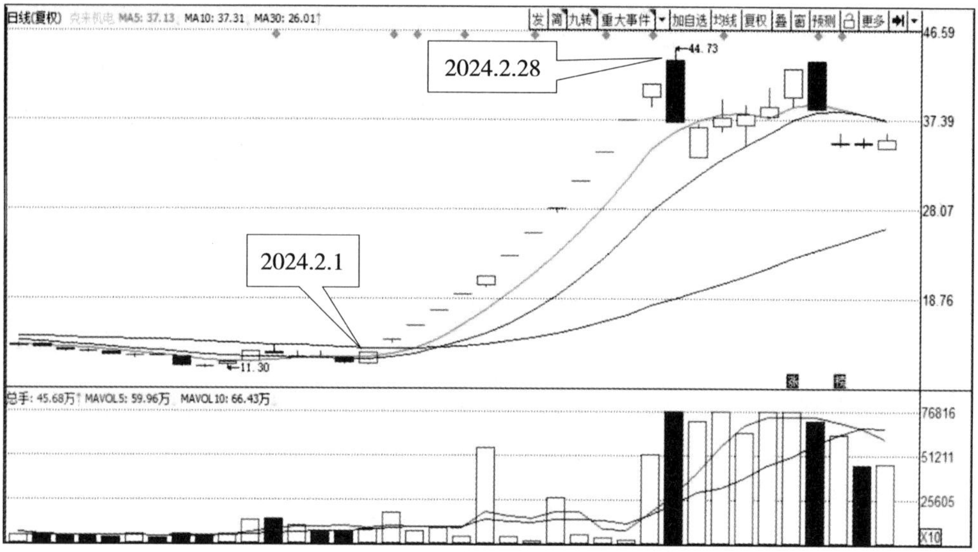

图5-4　克来机电（603960）日K线走势图

从图5-4中可以看出克来机电的股价自2024年2月1日开启涨停之路后，一口气连续拉出13个涨停板，直至2月28日才终结涨停行情。相当于该股股价在整个2月都处于涨停途中。能够及时入场买入克来机电股票的投资者都会获利颇丰。当然机会只会留给有准备、有胆量的人。克来机电涨停开启后，留给投资者做决策的时间并不多，而且投资者能够入场的时刻股价已经涨到了较高的位置。

这印证了游资大佬赵老哥所说的，新题材就是印钞机。投资的成功建立在提早判断，迅速决策的基础之上。机会稍纵即逝，投资者务必留心。

三、小鳄鱼：超短，盈亏都是超短

从以往的交易经验来看，几乎每种交易模式都有成功者，也都有失败者。很多时候，造成投资者亏损的并不是市场或者说交易计划。从本质上来看，亏损多源于投资者自身的性格、自身的情况与所采取的交易策略不相匹配。

比如一个性格较为急躁的投资者，就明显不适合进行长线投资；反之一个性子较慢的投资者，也可能无法适应短线交易。

知名游资小鳄鱼就曾说过，他自己的性格就是属于比较急躁的，发现自己做长线根本拿不住股票，于是他毅然切换到短线交易模式，并坚持到了现在。

有人认为做短线是极难的，对于多数人都是自取灭亡的一种交易策略。其实投资者在股市中，所面对的风险都是一样的。无论做长线还是短线，都是在与人进行博弈，进行心理上的较量。最大的区别在于，长线投资者需要与那些长线驻守的基金进行较量，而短线交易则更多的是与游资、普通散户进行较量。

从小鳄鱼的实际交易情况来看，隔日交易是其最大的特色。在很多强势股的龙虎榜上都能看到其交易轨迹。下面来看一下亚威股份的案例，如图 5-5 所示。

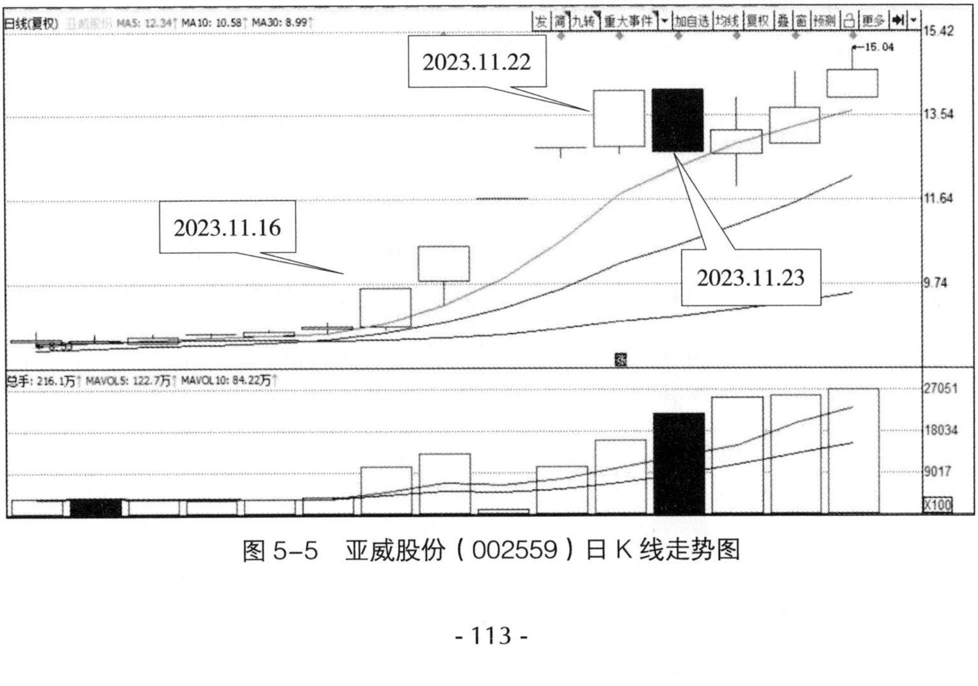

图 5-5　亚威股份（002559）日 K 线走势图

从图 5-5 中可以看出，2023 年 11 月中旬在半导体光刻胶概念热炒的加持下，亚威股份自 2023 年 11 月 16 日开始连续拉出 5 个涨停板。

11 月 22 日，该股股价拉出第 5 个涨停板时，很多游资都将其看成未来的大龙头股，纷纷入场抢入股票，小鳄鱼也参与进来了，从当日的龙虎榜数据可以看出，其买入金额超过了 5000 万元，如图 5-6 所示。

亚威股份龙虎榜数据

2023-11-22

日期：2023-11-22 总成交金额：215256.73万元， 总成交量：15730.82万股

排序	营业部名称	买入金额/万	占总成交比例	卖出金额/万	占总成交比例	净额/万
买入金额最大的前5名　买入总计 **33497.38** 万元，占总成交比例 **15.56%**						
1	中信建投证券股份有限公司上海浦东南路证券营业部	15835.90	7.36%	0.70	0.00%	15835.20
2	东方证券股份有限公司上海浦东新区源深路证券营业部	5328.84	2.48%	142.92	0.07%	5185.92
3	中国银河证券股份有限公司北京广安门证券营业部	3732.11	1.73%	19.44	0.01%	3712.67
4	华鑫证券有限责任公司江苏分公司	[illegible]	1.54%	137.71	0.06%	3180.80
5	国盛证券有限责任公司南昌金融大街证券营业部	[illegible]	1.31%	2.80	0.00%	2813.45
卖出金额最大的前5名　卖出总计 **23446.86** 万元，占总成交比例 **10.89%**						
1	国泰君安证券股份有限公司三亚迎宾路证券营业部	7.84	0.00%	10855.40	5.04%	-10847.56
2	中国中金财富证券有限公司扬州文昌东路证券营业部	97.83	0.05%	4427.85	2.06%	-4330.02
3	华鑫证券有限责任公司上海漕溪北路证券营业部	0.56	0.00%	2997.52	1.39%	-2996.96
4	财信证券股份有限公司杭州西湖国贸中心证券营业部	0.00	0.00%	2672.94	1.24%	-2672.94
5	国盛证券有限责任公司宁波桑田路证券营业部	2359.60	1.10%	2189.53	1.02%	170.07

买卖净差：**10050.52**万元

小鳄鱼

图 5-6　亚威股份龙虎榜数据（2023.11.22）

从图 5-6 中可以看出，面对 5 连板的亚威股份，小鳄鱼没有恐高，而是直接入手了 5328 万。不过次日该股股价的走势与其判断可能有了较大的偏差。11 月 23 日亚威股份的股价低开之后，只是略做反弹，就呈现了振荡走低态势，并最终封上了跌停板。小鳄鱼也是毫不犹豫，直接将手中的筹码全部出清，如图 5-7 所示。

从图 5-7 中可以看出，小鳄鱼当日卖出金额达到了 5168 万。考虑两个交易日的股价波动，小鳄鱼应该是将 11 月 22 日买入的股票全部出清了。当然这笔交易小鳄鱼并未盈利，可能还要亏损 200 万左右。也就是说，不只在盈利的时候，小鳄鱼会做超短交易，即使出现了亏损，他也在坚守“当日买，次日卖”的超短交易。

亚威股份龙虎榜数据

2023-11-23

日期：2023-11-23 总成交金额：283089.88万元，总成交量：21613.57万股

排序	营业部名称	买入金额/万	占总成交比例	卖出金额/万	占总成交比例	净额/万
买入金额最大的前5名　买入总计 **22595.45** 万元，占总成交比例 **7.98%**						
1	东方财富证券股份有限公司拉萨金融城南环路证券营业部	4779.07	1.69%	1961.04	0.69%	2818.03
2	华鑫证券有限责任公司西安分公司	4688.20	1.66%	25.38	0.01%	4662.82
3	东方财富证券股份有限公司拉萨团结路第一证券营业部	4376.72	1.55[illegible]	[illegible]	0.69%	2424.83
4	广发证券股份有限公司广州马场路广发证券大厦证券营业部	4267.35	1.51[illegible]	[illegible]	0.05%	4112.30
5	中信建投证券股份有限公司上海浦东南路证券营业部	4113.85	1.45%	2811.26	0.99%	1302.59
卖出金额最大的前5名　卖出总计 **26451.15** 万元，占总成交比例 **9.34%**						
1	东方证券股份有限公司上海浦东新区源深路证券营业部	4.81	0.00%	5168.24	1.83%	-5163.43
2	国盛证券有限责任公司宁波桑田路证券营业部	290.73	0.10%	4011.13	1.42%	-3720.40
3	海通证券股份有限公司温州锦绣路证券营业部	7.22	0.00%	3955.13	1.40%	-3947.91
4	华鑫证券有限责任公司江苏分公司	3.96	0.00%	3222.61	1.14%	-3218.65
5	华泰证券股份有限公司合肥怀宁路证券营业部	63.54	0.02%	3189.40	1.13%	-3125.86

买卖净差：-3855.69万元

小鳄鱼

图 5-7　亚威股份龙虎榜数据（2023.11.23）

四、炒股养家：弱水三千只取一瓢

股市中从来不缺少概念、热点。每个交易日，在不同的时段都有若干概念或热点因为受到资金的关注而出现异动拉升的情况。区别只在于，拉升的时间与幅度不同。有的热点能够持续几个交易日，甚至十几个交易日，而另外一些热点则可能只持续十几分钟，甚至几分钟。

当面对频繁波动的市场，此起彼伏的热点，不可能全部都熟悉，全部都要参与其中。弱水三千只取一瓢。投资者只选自己熟悉的、看得懂的行情进行操作，盈利的概率才会高。否则就可能面临参与越多，失误越多，亏损越大的情况。

每个人的精力都是十分有限的，知识储备也是十分有限的，面对股票市场上几千只股票，谁也不可能面面俱到。很多时候，当看到市场上某个热点出现异动了，就想跟进，其实就是在打一场没有任何准备的仗，失败的概率是非常高的。反之若只是选择投资者自己熟悉的领域、熟悉的股票去操作，则成功的概率无疑会大很多。

很多时候，如果可以尝试放弃一段时间的操作，放弃某些盘中认为是机会的操作，放空投资者自己的心态，也许会更加容易看清市场的本来面目。

市场并不是多劳多得，投资者的时间和精力要更多地用在可能获得收益的方向上才是上策。

在具体操作方面，需要把握好以下几点。

第一，坚持在自己能看懂行情时出手。市场上大部分行情或者盘中的板块、个股异动都是杂乱无章的，不只是散户投资者看不清楚，游资也未必能看懂。但是，投资者要知道，自己所追求的是盈利，而非看得懂所有的行情。看一下龙虎榜数据，即使是最活跃的游资，也不会天天交易、逢涨停就上，而是像一个猎手一样，在自己熟悉的猎物出现时，突然发动攻击，并一击致命。

第二，交易不一定盈利，但不交易一定不会亏损。当你过滤到自己熟悉的行情后，就会发现，适合自己出手的理想机会并不多。很多投资者也许会对盘中不断涌现的热点跃跃欲试，总是将错过一些热点看成是自己的重大损失。大家要清楚，即使再热门的题材， 再好的大龙头股，也会有游资被套。也就是说，股票交易，盈利与亏损就是一个概率事件，而当投资者不交易时，一定不会亏损，则是确定性事件。

第三，交易不是赌博，不是一锤子买卖。投资者要在市场上长期生存，而不是赚一笔就跑。因此，我们不仅需要交易，还需要在交易中不断地完善自我、更新自我，以期在未来交易中塑造更强大的自我。因此，适当地抽出时间，空仓观望，以不相干利益人的视角来审视市场，则会让自己进步得更快。

第二节 游资经典炒作策略

当投资者追求的热点发生变化时，调仓换股不要觉得卖出是一种负担，其实卖出意味着更多的机会，哪怕是卖飞了。

一、做主升龙头股

对龙头股要有一颗尊敬的心，必有厚报。忍一步海阔天空。每个热点，高潮过后的消退期，都会留一个活口。只有活口，才有交易的机会。

——赵老哥

跟风股则没有这样的机会，这就是投资者要尽量选择龙头股的原因所在。

一波行情起来后，最终只会塑造一到两只的大龙头股。这个龙头股就是这一波段炒作的风向标。板块内其他个股的炒作都会看这只龙头股的眼色。很多游资在入场时，并不能确认自己持有的股票是否能够成为一波行情的大龙头股。因而当行情演绎几个交易日后，真正的大龙头股现身时，很多先前没有介入的游资就会入场抢筹。

当然按照游资的理论，真正持续性较好的大龙头股，并非是那种开始就是天天一字板的股票，而是上升初期每天都有入场和离场机会的股票。只有这样，游资才能产生接力效应，股票才有可能成为大龙头股。而且在游资的意识中，所谓的龙头股，都是股价连续三个交易日以上涨停后才能看出来的。其实这时候也是很多投资者因畏惧高点而不敢介入的时刻。这就是普通散户与游资最大的差距。不过这并不意味着抢入这类股票有多安全。事实上，很多游资抢入的股票的仓位都不是很大。

比如龙虎榜上的常客，赵老哥抢入很多股票涨停板的资金额度也就两三千万的水平，除非特别看好的股票，才会过亿。对于散户而言，这个资金量已经很大了，对于这些顶级游资来说，这个资金量可能连总仓位的 5% 都不到。说到这里，大家应该明白游资是如何控制亏损或回撤的。很多时候，这些游资并不按照个股股价回调几个点作为止损点，而是通过仓位控制来回避风险的。投资者可以想一下，一只股票的总仓位不到 5%，那么即使再下跌，也不会对总资金产生太大的影响。而普通散户在操盘时，总是会一时冲动搞个全仓，一旦出现判断错误，就要全仓被套。这种情况下，还敢抢龙头吗？这就是差别。

当然抢龙头也并不是看见有三板以上股票就可以抢，还要考虑当时概念的发酵程度。最简单的方法还是要看涨幅榜上该热点板块内涨停个股的数量、板块整体涨幅情况等。只有整个板块涨停个股数量增加并且相关联的领域不断被挖掘，才能说明这个概念还将延续，这时候才能考虑抢大龙头股的情况。

比如 2024 年的超级大牛股艾艾精工就是这个情况。2024 年 3 月新质生产力概念愈演愈烈，先前的大龙头股东方精工热潮退后，市场急于寻找新的大龙头股。于是艾艾精工就当仁不让地成为新的领涨品种，如图 5-8 所示。

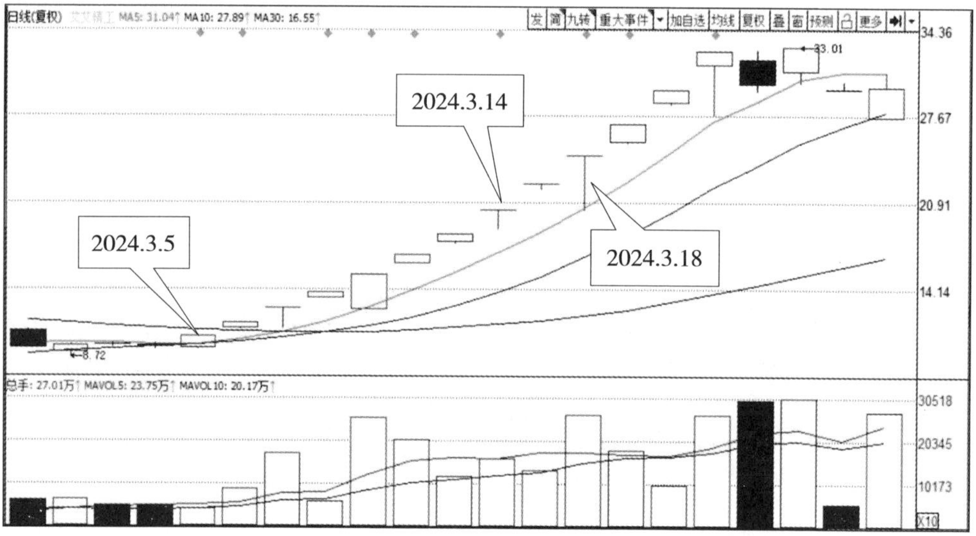

图 5-8 艾艾精工（603580）日 K 线走势图

从图 5-8 中可以看出，艾艾精工的股价自 2024 年 3 月 5 日起开始启动了上升走势。此后更是连续拉出了 13 个涨停板，成为市场上绝对的大龙头股。很多初始没有入场的游资，往往在股价上攻过程中就参与交易。比如 3 月 14 日艾艾精工的龙虎榜上出现了很多顶级游资的身影，如图 5-9 所示。

艾艾精工龙虎榜数据

2024-03-14

日期：2024-03-14 总成交金额：86897.66万元， 总成交量：4797.20万股

排序	营业部名称	买入金额/万	占总成交比例	卖出金额/万	占总成交比例	净额/万
买入金额最大的前5名　买入总计 **3556.28** 万元，占总成交比例 **4.09%**						
1	高盛（中国）证券有限责任公司上海浦东新区世纪大道证券营业部	982.77	1.13%	0.00	0.00%	982.77
2	华泰证券股份有限公司天津东丽开发区二纬路证券营业部	763.33	0.88%	0.00	0.00%	763.33
3	中国银河证券股份有限公司绍兴证券营业部	605.41	0.70%	0.00	0.00%	605.41
4	中信证券股份有限公司杭州市心北路证券营业部	603.65	0.69%	0.00	0.00%	603.65
5	东方财富证券股份有限公司拉萨金融城南环路证券营业部	601.11	0.69%	0.00	0.00%	601.11
卖出金额最大的前5名　卖出总计 **4586.40** 万元，占总成交比例 **5.28%**						
1	国泰君安证券股份有限公司昆明人民中路证券营业部	0.00	0.00%	1667.27	1.92%	-1667.27
2	海通证券股份有限公司深圳分公司华富路证券营业部	0.00	0.00%	1008.73	1.16%	-1008.73
3	东莞证券股份有限公司北京分公司	0.00	0.00%	724.07	0.83%	-724.07
4	国盛证券有限责任公司宁波桑田路证券营业部	0.00	0.00%	605.02	0.70%	-605.02
5	财通证券股份有限公司杭州上塘路证券营业部	0.00	0.00%	581.31	0.67%	-581.31

买卖净差：-1030.12万元

图 5-9　艾艾精工（603580）龙虎榜（2024.3.14）

在 3 月 14 日的龙虎榜上，国内顶级游资赵老哥常用的营业部中国银河证券绍兴营业部、华泰证券天津东丽开发区二纬路营业部的席位双双进入买入榜前三位，这说明该只股票已经显露了龙头本色，赵老哥已经笃定该只股票未来还拥有较大的上升空间，并先开启了抢龙头股之路。

此后该只股票一路狂飙。

二、做补涨

补涨必定是一轮情绪发酵高潮过程中的延续，不断延续的大前提是这轮周期中没有出现巨大的亏钱效应（主升 + 高位振荡两个阶段）。其实这也是很多投资者喜欢参与超级大龙头股炒作的原因。超级大龙头股，因为资金介入比较深，即使股价出现了调整，常常会在高位振荡，而不会像其他股票一样迅速地由连续涨停直接过渡到连续跌停。超级大龙头股涨停终结后，常常会出现高位横向振荡态势，而此时又是补涨龙头股形成或开始发力的时段。

通常来说，补涨龙头股的涨幅高度多会弱于主升龙头股（通常为主升龙头股高度的 60%～80%）。而且如果主升龙头股上升幅度不大，也可能无法激活补涨龙头股。

以 2023 年上半年的影视传媒概念为例。受 2023 年年初电影市场景气度提升的影响，文化传媒概念掀起了一波炒作。上海电影成为第一波炒作的大龙头股，如图 5-10 所示。

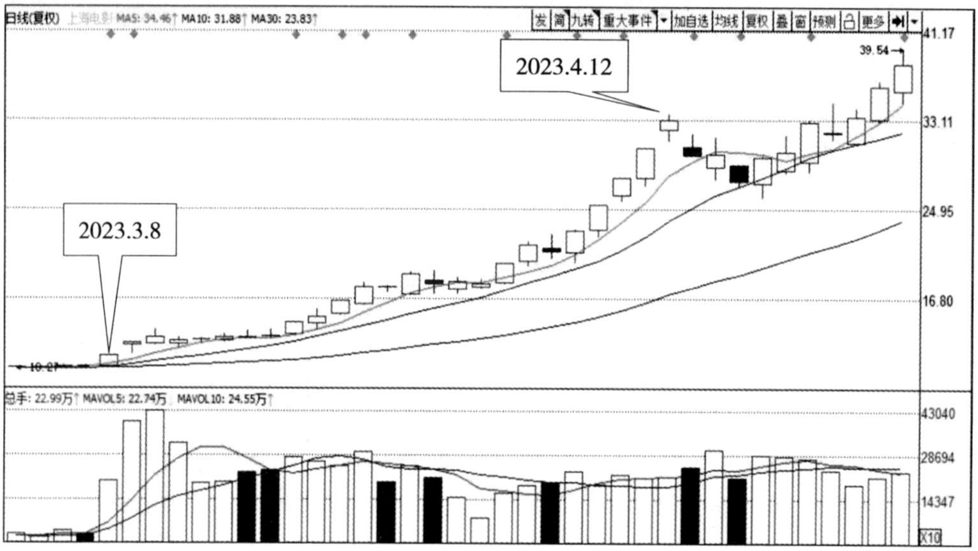

图 5-10　上海电影（601595）日 K 线走势图

从图 5-10 中可以看出，在文化传媒概念开始热炒模式后，上海电影一马当先成为率先涨停个股，并成为该波热炒的领涨龙头股。查看当日的龙虎榜可以看出游资的动向，如图 5-11 所示。

从图 5-11 中可以看出，从 2023 年 3 月 8 日的龙虎榜数据可以看出苏南帮常用的东莞证券四川分公司、章盟主常用的财通证券杭州解放东路强势登顶。

也就是说，从 3 月 8 日股价一启动，上海电影就成为游资争抢的目标。此后该股股价一路被众多游资追捧，股价一直上涨至 4 月 12 日才出现明显的触顶回落迹象。不过此后该股股价也并未出现大规模的回落，而是呈现了高位振荡模式，这也从侧面说明了游资介入比较深。

上海电影龙虎榜数据
2023-03-08

日期：2023-03-08 总成交金额：22308.61万元，总成交量：1983.60万股

排序	营业部名称	买入金额/万	占总成交比例	卖出金额/万	占总成交比例	净额/万
买入金额最大的前5名　买入总计 **6021.22** 万元，占总成交比例 **26.99%**						
1	机构专用	2212.34	9.92%	0.00	0.00%	2212.34
2	东莞证券股份有限公司四川分公司	1322.40	5.93%	0.00	0.00%	1322.40
3	财通证券股份有限公司杭州解放东路证券营业部	1034.26	4.64%	0.00	0.00%	1034.26
4	世纪证券有限责任公司佛山分公司	905.03	4.06%	0.00	0.00%	905.03
5	宏信证券有限责任公司成都紫竹北街证券营业部	547.18	2.45%	0.00	0.00%	547.18
卖出金额最大的前5名　卖出总计 **2580.72** 万元，占总成交比例 **11.57%**						
1	中原证券股份有限公司上海第一分公司	0.00	0.00%	693.61	3.11%	-693.61
2	国泰君安证券股份有限公司宁波民安东路证券营业部	0.00	0.00%	671.20	3.01%	-671.20
3	中信证券股份有限公司总部(非营业场所)	0.00	0.00%	456.94	2.05%	-456.94
4	中国国际金融股份有限公司上海分公司	0.00	0.00%	383.92	1.72%	-383.92
5	国泰君安证券股份有限公司泰州鼓楼南路证券营业部	0.00	0.00%	375.05	1.68%	-375.05

买卖净差：**3440.50**万元

图 5-11　上海电影龙虎榜数据（2023.3.8）

在上海电影这个主升龙头股开始横向振荡时，补涨龙头股启动了。上海电影是在电影市场全面转暖的背景下启动的，随着炒作的兴起，炒作的方向逐渐由影视过渡到整个文化传媒领域。中国科传作为文化传媒领域的传统龙头股，也开始启动了，如图 5-12 所示。

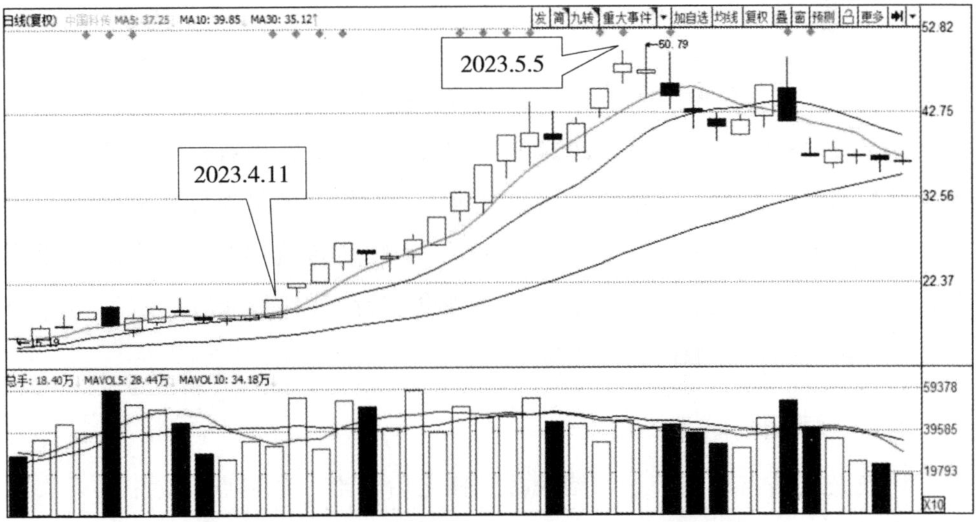

图 5-12　中国科传（601858）日 K 线走势图

从图 5-12 中可以看出，中国科传的股价自 2023 年 4 月 11 日强势启动，此后更是连续拉出多个涨停板。大家知道，前一个文化传媒大龙头就是在 4 月 11 日封上最后一个涨停板，4 月 12 日触顶回落。而中国科传恰在此时接过了上海电影的大旗。这从另一方面也说明了市场炒作文化传媒概念的热潮并未衰退。上海电影从 3 月 8 日到 4 月 12 日的总涨幅达到了 220% 以上，而中国科传自 4 月 11 日开始的最终涨幅也达到了 170% 以上。

再来看一下中国科传在 4 月 11 日的龙虎榜数据，如图 5-13 所示。

中国科传龙虎榜数据

2023-04-11

日期：2023-04-11 总成交金额：64356.85万元，总成交量：3232.73万股

排序	营业部名称	买入金额/万	占总成交比例	卖出金额/万	占总成交比例	净额/万
买入金额最大的前5名 买入总计 **17341.64** 万元，占总成交比例 **26.95%**						
1	国泰君安证券股份有限公司上海江苏路证券营业部	7126.22	11.07%	0.00	0.00%	7126.22
2	财通证券股份有限公司杭州上塘路证券营业部	3286.54	5.11%	0.00	0.00%	3286.54
3	兴业证券股份有限公司厦门湖里大道证券营业部	2900.61	4.51%	0.00	0.00%	2900.61
4	华泰证券股份有限公司总部	2463.90	3.83%	0.00	0.00%	2463.90
5	万和证券股份有限公司北京分公司	1564.39	2.43%	0.00	0.00%	1564.39
卖出金额最大的前5名 卖出总计 **7370.01** 万元，占总成交比例 **11.45%**						
1	上海证券有限责任公司上海分公司	0.00	0.00%	2802.31	4.35%	-2802.31
2	海通证券股份有限公司北京阜外大街证券营业部	0.00	0.00%	1367.50	2.12%	-1367.50
3	招商证券股份有限公司上海浦东新区浦东南路证券营业部	0.00	0.00%	1335.25	2.07%	-1335.25
4	长城证券股份有限公司南京童卫路证券营业部	0.00	0.00%	978.05	1.52%	-978.05
5	国信证券股份有限公司辽宁分公司	0.00	0.00%	886.90	1.38%	-886.90

买卖净差：**9971.64**万元

图 5-13　中国科传龙虎榜数据（2023.4.11）

从图 5-13 中可以看出，2023 年 4 月 11 日的龙虎榜数据章盟主常用的国泰君安上海江苏路、上塘路常用的财通证券杭州上塘路强势登顶。

也就是说，从 4 月 11 日股价一启动，中国科传就作为补涨龙头股成为游资争抢的目标。此后，该股股价一路被众多游资追捧，股价一直上涨至 5 月 5 日才出现明显的触顶回落迹象。

三、做切换

切换必定是出现在市场情绪大幅受挫之后。当一个热点概念中的龙头股接二连三地自高位跳水后，并没有同概念或相关板块内的股票接下上升的大

旗，那么聚集在该板块内的情绪与热度也会随之消散。此时市场上的游资就会重新考虑新的热点。特别是要关注那些二线热点能否成为新的投资主线。

切换的本质是改变共识。也就是说聚焦在先前热点板块的关注度、情绪等全部转入另外一个热点板块。

比如在 2023 年 1 月上旬，整个市场的投资主线仍集中在新能源汽车领域。每天都有多只新能源汽车概念股涨停。其中天龙股份更是连续拉出了 10 个涨停板，如图 5-14 所示。

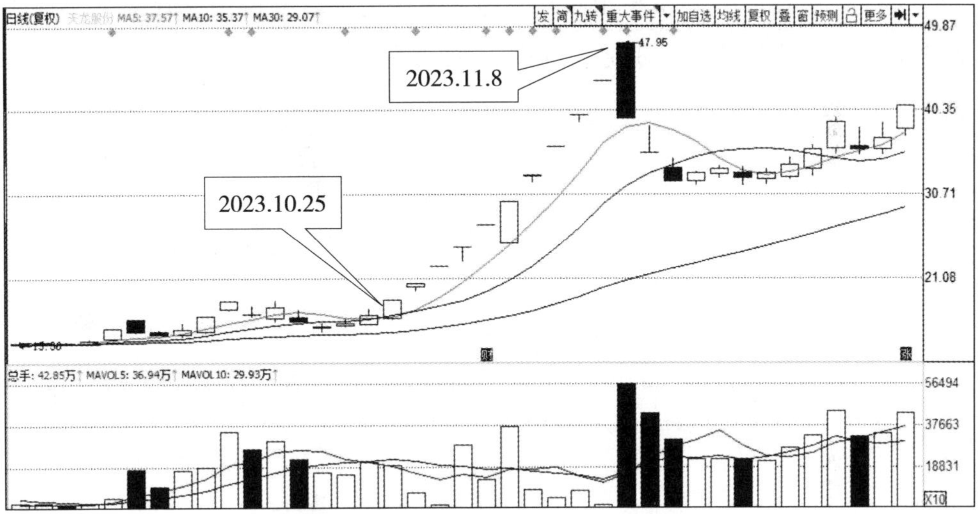

图 5-14　天龙股份（603266）日 K 线走势图

从图 5-14 中可以看出，天龙股份自 2023 年 10 月 25 日开始接过来新能源汽车概念的大旗，成为一段时间里市场炒作的总龙头股，该股股价曾连续拉出 10 个涨停板。与此同时，市场上还有多只新能源汽车概念股或与之有关的汽车零部件概念股，比如通达电气、凯众股份、东莞控股等。此时新能源汽车概念就是整个市场炒作的主线，投资者想要追高，也以追龙头股为宜。当然此时市场上也有其他概念被炒作，并出现涨停板的情况。比如以天威视讯为代表的算力概念股，以龙韵股份为代表的传媒概念股等。

不过在天龙股份的涨停还在延续的时刻，炒作新能源汽车概念就会比其他概念成功的概率更高。毕竟天龙股份所代表的不仅仅是新能源汽车这一个市场热点，而是整个市场。此时，这只股票已经成了市场炒作的标杆和总龙头股。

反之到了 11 月 8 日，天龙股份终结了连板，并直接走向了跌停。那么此后投资者必须做好热点切换的准备。若相关新能源汽车概念股全部开始终结涨停，没有新的股票来挑大旗，投资者就可以将注意力放在下一个能够成为市场炒作主线的热点概念上。也许是算力概念，也许是传媒概念，但这还需要市场的检验，只有市场情绪到位了，新的市场炒作主线、市场总龙头股才会出现。从具体的操作来看，在新能源汽车之后，皇庭国际代表的半导体概念走出了一波强势上升走势，如图 5-15 所示。

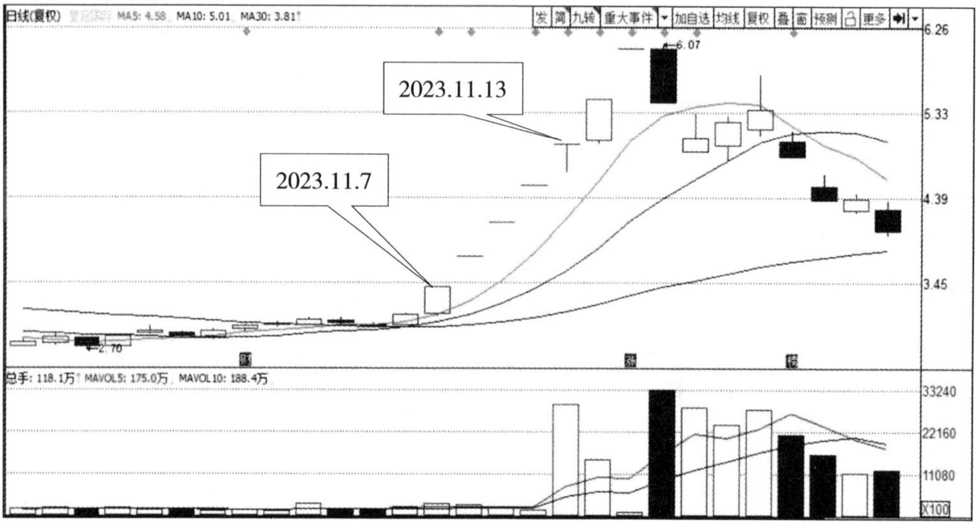

图 5-15　皇庭国际（000056）日 K 线走势图

从图 5-15 中可以看出，自 2023 年 11 月 7 日开始，以皇庭国际为代表的半导体概念被热炒。11 月 8 日新能源汽车概念退潮后，皇庭国际更是连续走出了三个一字板强势尽显。这就让很多想要跟进的资金无从下手。到了 11 月 13 日，该股股价一字板打开后，才有资金的流动。此后该股又连续拉出了 3 个涨停板，一度成为市场的大龙头股。对于喜欢参与短线操作的投资者来说，从新能源汽车概念切换到半导体概念似乎是一个不错的选择。事实上，也确实有很多游资从先前的新能源汽车概念切换到以皇庭国际为代表的半导体概念上。

当然，尽管皇庭国际与之前的天龙股份都曾成为市场的热门股票，但性质又有所不同。由于皇庭国际在拉升过程的放量不足，参与资金不多，这也就无法有效地形成资金的接力效应，而且尽管同期也有一些半导体概念股票涨停，但却没有超过 4 个涨停板的，甚至来拿 3 个涨停板的都没有，这也就意味着半导体概念的炒作是无法达到新能源汽车概念的水平的，这都是想要参与炒作的投资者需要了解的。

四、龙头股二次启动

正常情况下，被炒作的龙头股票，游资在撤出后，一般是不愿意再回炉炒作的。主要有以下几点原因。

第一，每波行情炒作都会在高位套牢大量的散户。若再度炒作这些龙头股票，先前被套牢的散户就会离场，这将极大不利于游资的拉升。也就是说，这时候游资炒作这些股票，有帮助散户“解套”的可能。

第二，高位套牢盘的存在，限制了炒作空间。股价一旦拉升至前期高点位置，套牢盘涌出，游资只有把这些套牢盘全部吃掉才能继续拉升，这显然与游资的“花小钱，办大事”思路不符，因而也没有游资愿意这样做。

第三，游资炒作的本质是人气、是散户的情绪。过气的股票，自然人气也会消散，再想聚拢这些人气是很不容易的事。与其炒作这些老旧题材的股票，不如去寻找新题材的股票。

在有些情况下，游资还是会尝试回炉这些老龙头股的，以期实现老树发新芽。一般来看，这些股票会具有以下几个典型特征。

第一，市场热点的演绎，又重新回到以前龙头板块的身上，这就很容易让人产生一定的联想。比如以岭药业在 2020 年到 2022 年期间，被游资反复拉升了几波。这主要是源于以岭药业的连花清瘟胶囊在抗击新冠中的作用，而且还被不断地发现新的功效，这都为游资提供了新的炒作理由。同时只要疫情没有彻底消散，这种炒作一般就不会彻底结束。

第二，随着时间的推移，原来被龙头股票套在高位的散户已经割肉离场了。这时候，当新概念出现时，也可能再度引发炒作热情。

第三，被贴上“妖股”标签的个股。市场上有很多频繁被拉升大幅上攻的股票，可能没有理由或者某个不太沾边的消息都能引发股价的大幅上攻。这类股票与大盘形势、外围环境毫不沾边。这样的股票往往会被贴上“妖股”的标签。其实很多游资还是很喜欢操作这类妖股的。妖股必然自带妖气。很多散户即使不持有这类股票，也愿意跟踪这类股票，一旦妖风刮起，这些散户也愿意入场分一杯羹。比如兰石重装等股票，就是在上市后经常被炒作的股票。

第四，次新股相对更容易引发第二波炒作行情。通常情况下，新股上市后，即使引发了一波上升行情，但相对而言，套牢盘并不算多，而且由于新股或次新股的可流通股份相对较少，这样再度拉升相对比较容易。比如 2023 年的新能源汽车概念股、抖音传媒概念股等。

面来看一下引力传媒的股价走势情况，如图 5-16 所示。

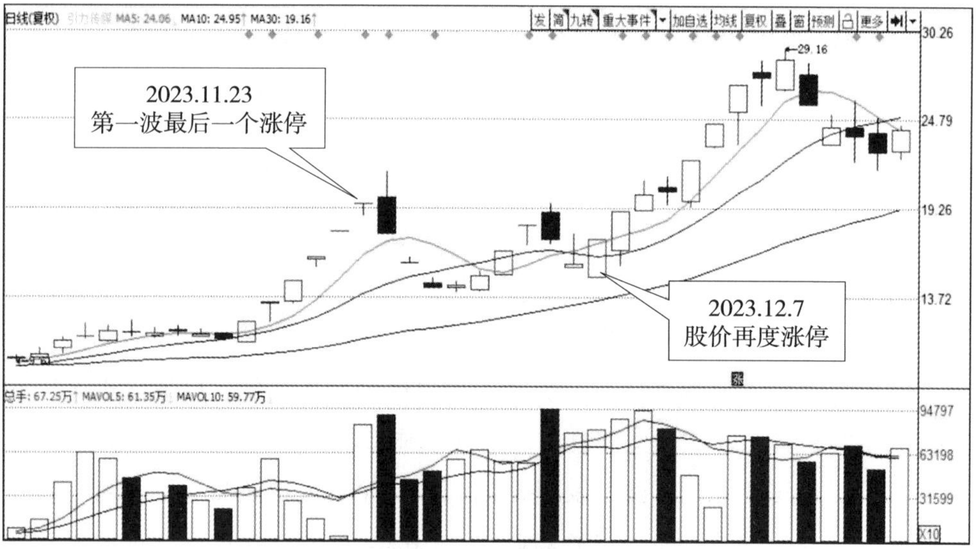

图 5-16　引力传媒（603598）日 K 线走势图

从图 5-16 中可以看出，2023 年 11 月中旬，抖音传媒概念成为市场热炒的对象。引力传媒成为这一段时间内游资炒作的标杆。该股股价在连续拉出 6 个涨停板后在 2023 年 11 月 23 日收出了最后一个涨停板，随后该股股价转入了回调整理行情。其实在引力传媒横向盘整这段时间内，市场炒作主线仍是围绕抖音传媒概念展开的。在与其他概念股票一起炒作一段时间后，市场的热点又一次回到引力传媒身上。该股自 2023 年 12 月 7 日开始，启动了新一波的上升浪潮。

很多游资又在此时纷纷入场买入该股。不过引力传媒的第二波浪潮与其他被炒作股票还有点不一样。先来看一下引力传媒 12 月 8 日的龙虎榜，如图 5-17 所示。

引力传媒龙虎榜数据

2023-12-08

日期：2023-12-08 总成交金额：150490.44万元，总成交量：8681.85万股

排序	营业部名称	买入金额/万	占总成交比例	卖出金额/万	占总成交比例	净额/万
买入金额最大的前5名 买入总计 **13642.09** 万元，占总成交比例 **9.07%**						
1	机构专用	4247.81	2.82%	0.00	0.00%	4247.81
2	瑞银证券有限责任公司上海花园石桥路证券营业部	3183.11	2.12%	0.00	0.00%	3183.11
3	国泰君安证券股份有限公司总部	2283.61	1.52%	0.00	0.00%	2283.61
4	国盛证券有限责任公司宁波桑田路证券营业部	2143.01	1.42%	0.00	0.00%	2143.01
5	中信证券股份有限公司上海分公司	1784.55	1.19%	0.00	0.00%	1784.55
卖出金额最大的前5名 卖出总计 **12627.84** 万元，占总成交比例 **8.39%**						
1	中信证券股份有限公司上海分公司	0.00	0.00%	3799.95	2.53%	-3799.95
2	国泰君安证券股份有限公司总部	0.00	0.00%	2681.82	1.78%	-2681.82
3	财通证券股份有限公司杭州上塘路证券营业部	0.00	0.00%	2508.66	1.67%	-2508.66
4	华福证券有限责任公司上海静安北京西路证券营业部	0.00	0.00%	1945.48	1.29%	-1945.48
5	东方财富证券股份有限公司拉萨金融城南环路证券营业部	0.00	0.00%	1691.92	1.12%	-1691.92

买卖净差：**1014.25**万元

图 5-17 引力传媒龙虎榜（2023.12.8）

从图 5-17 中可以看出，引力传媒封上涨停板的主要拉升资金分别来自瑞银证券上海花园石桥路、国泰君安总部、国盛宁波桑田路、中信证券上海分公司等机构。其中只有宁波桑田路为典型的游资，而瑞银证券上海花园石桥路、国泰君安总部为典型的境外机构资金。此后众多游资开始纷纷入场抢筹，共同推升了该股的第二波上升浪潮。

第三节　游资入场逻辑

入场逻辑，即买入股票的基本判断依据。游资在买入股票时，首先考虑的其实还是风险问题。把风险控制在一定范围之内，就相当于有了稳固的后方，然后投资者再图进取，才有可能成功。

一、宁可错过，不可做错

行情不好的时候，不要入场。这是一条金科玉律。不要试图逆势而动，只需静待市场可操作空间的到来。即使 2018 年单边下跌的市场中，也有几波适合做短线突击的时机，每次大约 15 个交易日左右。也就是说，投资者只要把握这几个时机就可以，其他时间不要动。

市场上的机会有很多，能够抵御市场的诱惑，才能成为一个真正的交易者。对于新手交易者更是如此。在很多时候，并不是投资者所设定的交易系统不够好，或掌握交易技巧、交易技术不够丰富，而是因为克服不了市场的诱惑。比如某个交易者设定了规范而科学的交易计划，尤其是比较严苛的入场条件。当投资者开始交易时，第一次可能真的等到了交易机会，并迅速入场而出现了盈利。接着市场在很长时间没有可交易的机会（按照投资者设定的条件），此时看着市场的波动，生怕错过一些机会，最终因难以抵御诱惑而匆匆进场，最后的结果，往往可想而知。先前的盈利被蚕食不说，还将损失更多。

短线交易者需要明白以下几个问题。

第一，游资是通过短线交易获利的，这不假。但游资并不是通过每天都进行频繁的交易获利的。游资也是只做他们能看得懂的行情，在自己拥有较大把握时才出手，并不是什么行情都可以做。

第二，游资靠的并不是某一次炒作的获利而实现资金快速积累的。游资所依靠的还是资金的复利效应来实现资产增长的。也就是说，只要资金能够持续增长，慢一点儿也是可以接受的。对于游资来说，减少资金损失，才是实现资金持续增长的关键。

第三，市场上从来不缺少炒作的概念，所以投资者更不用因为错过某个概念或题材的炒作而遗憾。只要投资者的资金还在，就还有参与的机会。反之若投资者的资金没了，再多的机会也就不属于你了。

二、攻在量中，退在量后

股价的加速上行，必然会伴随着成交量温和有序的放大而展开，当然这种温和放量也可能是在股价底部出现爆发性放量之后，然后再出现温和放量的。总之，随着成交量温和的放大，股价也会逐步走高，在这一阶段往往是投资者入场的较佳时刻。当股价来到顶部区域后，有两个较为明显的滞涨信号，也是投资者应该离场的信号。

其一，量价同步上升一段时间后，出现缩量回调，而后再度放量上攻，可能股价会创下新的高点，但成交量却不会创出新高，就是通常所说的顶部量价背离。这是一个较为明确的筑顶信号，投资者应该做好退出的准备。

其二，股价进入顶部区域放量滞涨后，成交量出现萎缩态势，这也是股价可能会出现回调的一个信号。

下面来看一下惠发食品的案例，如图 5-18 所示。

从图 5-18 中可以看出，惠发食品的股价自 2023 年 11 月 24 日强势涨停后，一路连续拉出 8 个涨停板。该股股价的涨停过程中，投资者几乎每天都有入场机会。伴随着每日涨停板而来的是，成交量的持续放大。用游资大佬赵老哥的一句话来说：只有经过市场检验的股票，才能成为真正的龙头。也就是说，只有成交量出现明显的放大，而且股价还能封上涨停板的，才是真正的龙头股。一只股票即使持续涨停，即使都是一字板，也很难成为市场的龙头股，这类股票很可能会出现“一放量，股价就下跌”的情况。从这点上来看，惠发食品从其上攻伊始，就带有一些龙头股的属性。

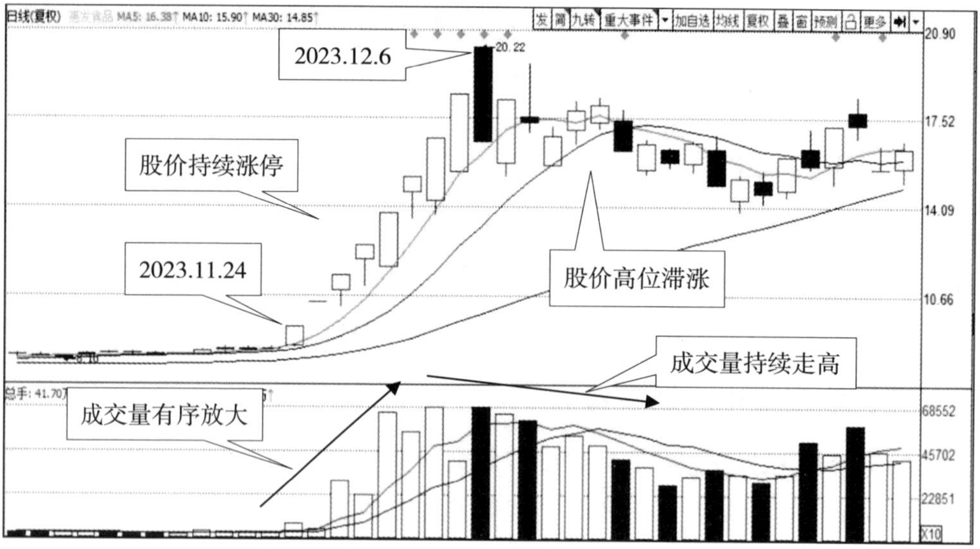

图 5-18　惠发食品（603536）日 K 线走势图

到了 12 月 6 日，该股的涨停板被砸开了，成交量出现了异常放大，则股价却无力再封涨停板了，这就是股价见顶的明确信号。投资者此时就不宜再入场了。

三、龙头，还是龙头

站在游资的角度来看，炒短线是非常容易的。个股交易活跃就可以考虑追涨，追板块龙头股就会相对安全。当看着市场上有超跌个股，出现反攻迹象时，投资者入场抢一把短线就走。这些超跌个股，即使反弹也会十分有限，投资者不要把修复行情当成趋势的反转。

这些看似简单的操作技法，对于普通散户来说，执行起来会非常的困难。

第一，恐高，这是散户的一个通病。不敢买强势领涨股，宁愿买跟风股，也不买龙头股。原因当然是跟风股更便宜。但是这些跟风股上涨时，涨幅没有龙头股大，下跌时却可能跌的比龙头股多。内在的原因在于龙头股有大量资金介入，他们出货比较费力，总要振荡才能完成出货，而做跟风股的游资都是打一枪就跑，很容易就把散户给套住了。

第二，做超跌股反弹走势时，总是期望自己捕获一只开启了上升趋势的牛股。反弹了也不愿意走，结果只能是到手的利润又丢了。其实绝大多数的超跌反弹股，到大阳线出现，反弹行情就结束了，后面只能是不断地蚕食投资者先前获得的利润。

第三，并不是散户看不懂行情。有些时候，散户自己也清楚当前的行情就是下跌趋势中的“诱多”走势，但就是管不住手。一时不参与交易，心理就受不了。总之就是控制不住交易的欲望。

正是以上三点，造成了散户持续不断地亏损。由此可见，在短线交易过程中，什么时候能够握住大龙头股，或者敢于抢入大龙头股，才能够说明散户心理更加成熟了。

下面先来看一下芯能科技的案例，如图 5-19 所示。

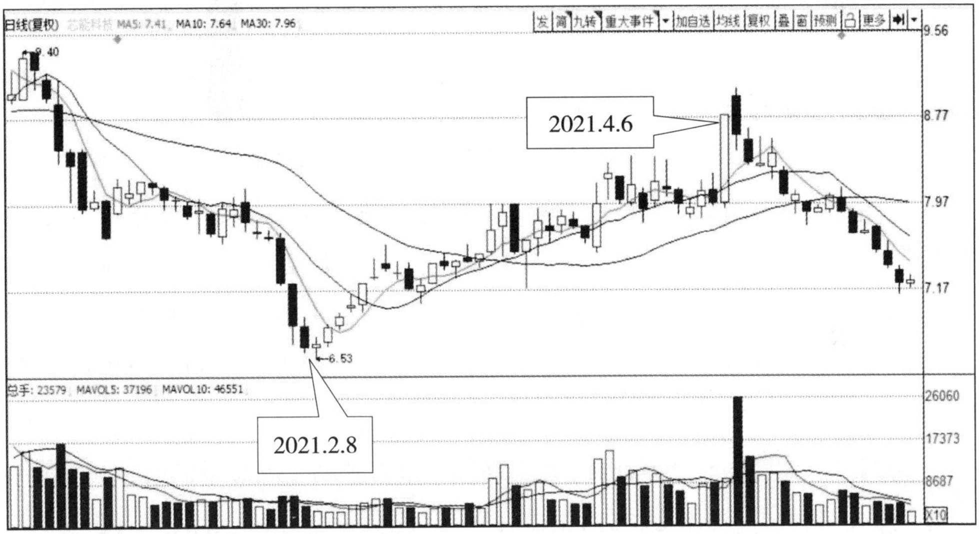

图 5-19　芯能科技（603105）日 K 线走势图

从图 5-19 中可以看出，芯能科技的股价经过一波漫长的下跌后，自 2021 年 2 月 8 日开始启动了振荡反弹走势。此时很多投资者见到股价已经进入触底反弹走势，于是投资者开始入场买入股票，想要坐等股价迎来大幅上升的时刻。特别是 2021 年 4 月 6 日，该股股价强势涨停的时刻，很多投资者将其看成快速上攻的信号，实质上这就是典型的反弹终结的信号。此后该股股价又重新进入下行通道。

再来看一下长白山的案例，如图 5-20 所示。

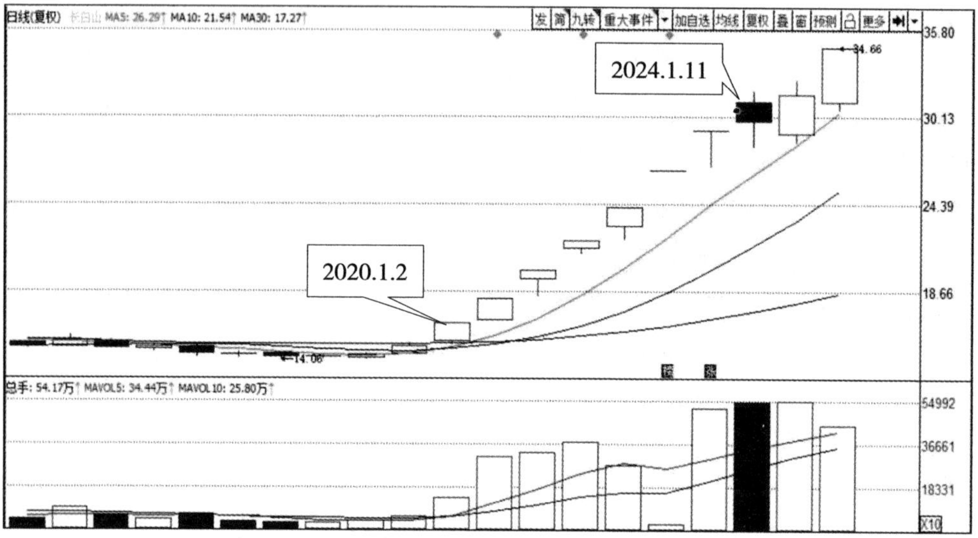

图 5-20　长白山（603099）日 K 线走势图

从图 5-20 中可以看出，在冰雪旅游热的推动下，自 2024 年 1 月 2 日开始，长白山强势涨停，并成为冰雪旅游概念的龙头股，一口气连续拉出 7 个涨停板。此时长白山不仅是冰雪旅游概念的龙头股，更是整个市场的大龙头。资金介入较深，每日的成交量都比较高，这就为资金的进出提供了充足的机会。

2024 年 1 月 11 日，长白山的股价终结了连续涨停，成交量同时创出新高。不过当日，股价并未出现大幅下跌态势，这说明资金介入较深，不仅有很多资金出来，其实也有很多资金在进场。此后该股股价强势调整两个交易日后，重新开始涨停。这就是大龙头股与普通股票的区别。普通股票一旦涨停终结，股价就可能迅速转入下行通道，甚至连续跌停，而大龙头股则会呈现高位振荡态势。

第四节　游资离场逻辑

从游资的角度来看，每笔交易也并不是要找所谓的最高点。最高点卖出，永远都是可遇而不可求的，作为投资者也要熟悉游资的离场逻辑。

一、留三分予人

不必收割所有的利润，要尽可能留一部分给其他人。这是很多游资操盘时推崇的原则。事实上，这也是很多游资之所以资金快速倍增的法则。没有追求绝对的最高点卖出，也就相当于与最大风险做了一个切割。当游资的资金产生盈利时，及时撤出，从而回避风险最高的阶段，这就是游资离场所遵循的基本逻辑。

下面来看一下音飞存储的案例，如图 5-21 所示。

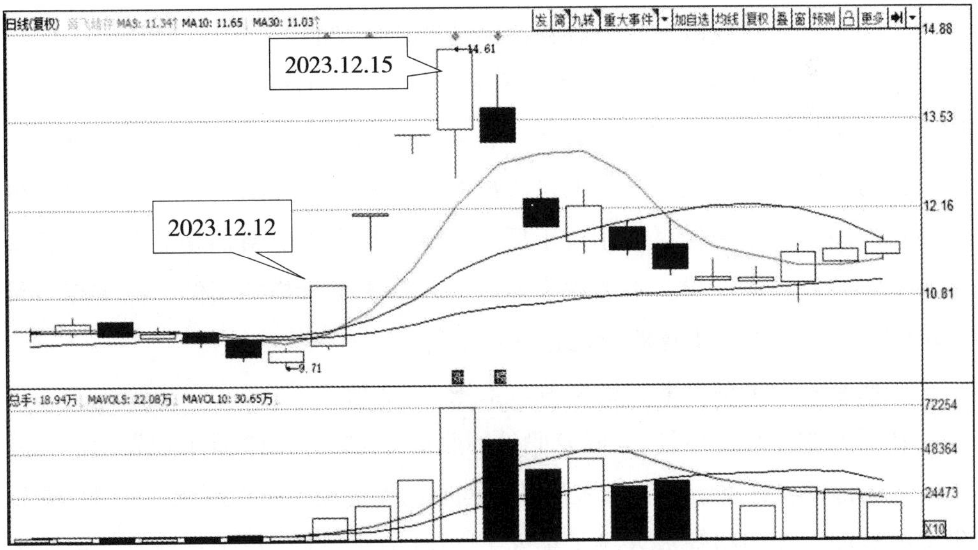

图 5-21　音飞存储（002708）日 K 线走势图

从图 5-21 中可以看出，音飞储存的股价自 2023 年 12 月 12 日开始启动上攻，并连续拉出 4 个涨停板。按照大多数投资者的理解，股价能够强势涨停，就没有必要卖出股票，毕竟次日还可能会就继续上攻。但在这 4 个涨停板形成过程中，不断有游资离场。先一步离场的资金尽管没有卖到最高点，但也回避了风险，股价自 12 月 18 日（16 日、17 日周末休市）开始下跌，在回避风险的同时，也实现了资金的保值与增值。

二、有利润则退，有机会则进

很多牛股都是一路上攻的，这就让很多投资者产生一种错觉，认为很多游资可以从一开始入场后，一路拿着股票直至股价触顶回落。其实绝大多数游资都不是这样操作。在前一个或几个交易日买入股票后，若其后股价冲击涨停时，很多游资都会先选择将先前买入的股票卖出，这点与普通投资者的操作并不相同。

游资与普通投资者最大的不同就是资金量较大。只有在股价冲击涨停时跟风盘才会上来，游资此时出货才会比较容易。至于后面股价是否直接封上涨停板，这不是重要的。当前最重要的是，将浮盈的收益兑现。如果手中的股票无法卖出，即使再多的浮盈收益也是没有意义的。

游资卖出股票后，如果发现股票的做多氛围仍旧很浓，市场情绪仍在，那么这些游资就可能再度重新买入。在同一交易日内，游资甚至会出现低位卖出，高位买进的情况。其实低位卖出时，相对前一交易日买入价格仍是盈利的；而高位买入时，可能相对于后一个交易日卖出价格仍是盈利的。这就是典型的游资操作逻辑。不考虑当前的买入与卖出价格的高低，而重点考量市场的情绪是否能够支撑股价的进一步上行。

下面来看一下威龙股份的案例，如图 5-22 所示。

从图 5-22 中可以看出，威龙股份的股价在 2023 年 12 月下旬发动了一波快速上涨行情，各路游资争相入局。从该股的龙虎榜上可以看出，12 月 20 日华宝证券深圳新闻路强势入场（买入了 2044 万），12 月 21 日该营业部卖出了 1389 万后又买入了 1925 万。由此可见，该路游资对该股股价走势的看好。

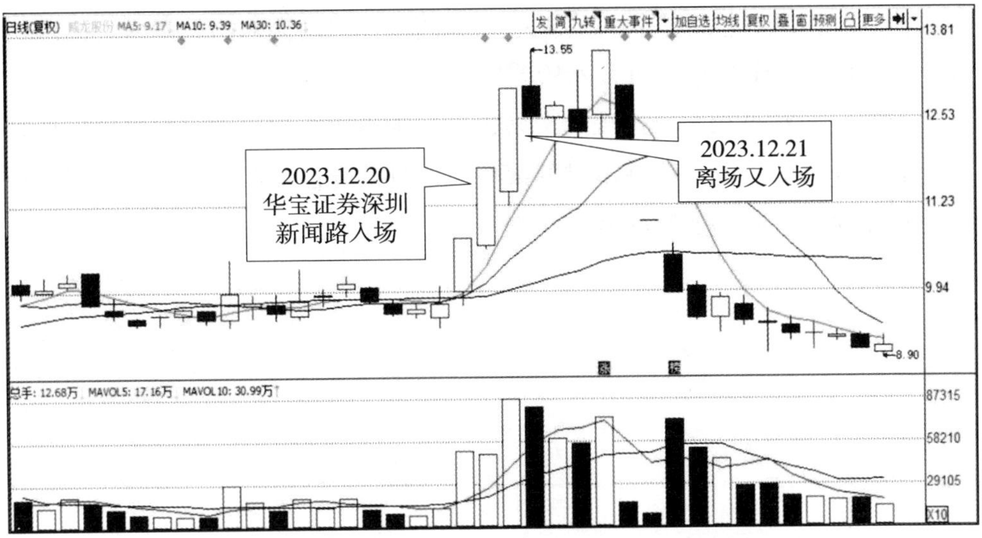

图 5-22　威龙股份（603779）日 K 线走势图

不过从该营业部 12 月 21 日的操作中可以看出，尽管该路游资对股价走势比较看好，但仍是先卖出了 1000 多万的股票，而后股价回封涨停时，又买入了 1000 多万。这就是游资的典型操作，没有执着于看涨（一直持有），也没有执着于看跌（直接全部卖出），而是随着市场情绪的变化，执行了卖出与买入操作。

三、等待、择时与轻仓

从理论上来说，市场环境不佳时，耐心等待就是最佳的选择。其实对于普通投资者来说，并没有那么大的盈利压力，也不像很多游资资金量都非常大。大体量的资金，必然有一个资金的机会成本在里面。这些游资需要经常地寻找机会，有时候还必须主动地去检验各类题材或概念的市场情绪。比如一只股票的价格起来了，有时候游资也可能没有十分的把握，但也会参与一下，以免踏空整个行情。有时候为了测试市场的承接力，还必须抛出手中的一定量的筹码等。相反，对于普通散户来说，根本不用这么麻烦，只需耐心地跟进即可，也不用去试盘。当然散户那点儿资金也根本起不到任何试盘的作用。散户只需看着盘面资金的交锋，然后加入胜利一方即可。也就是说，在大部分时间里，投资者都可以处于离场状态，只需做到耐心等待机会的出现，然后选择一个合适的机会入场即可。

当然，面对每天不停出现的交易机会，很多短线交易者是很难做到坚持空仓的。轻仓交易也是一种不错的策略。通过低仓位参与交易，不仅可以检验交易计划，还可以培养盘感。

第六章
交易执行系统

交易执行系统看似简单，执行起来却非常的困难。通过对交易环境的判断，合理控制节奏与仓位，适时通过交易获利，就是游资交易执行系统的全部。

第一节　市场情绪及热点判断

市场交易的环境不同，市场热点的情绪不同，具体的交易计划必然也会有所不同。在确定交易计划前，需要先对市场环境有个清晰地判断。

一、强势环境选牛股

在强势的市场环境中，买入的逻辑是因为赚钱效应下的资金不断地进入，越是强势的板块、强势的标的，被资金选中的概率就越大，交易选股的核心在于选择强势标的。

行情好的时候，多做强势股，市场情绪好，强势股有着极高的溢价，连板成为常态。但是一旦情绪周期向下走的时候，需要多等待，等待一个低吸的机会，恐慌砸盘的机会，这样的成功率很高。

比如在 2022 年 4 月启动的一波上升趋势中，新能源以及新能源汽车概念股成为绝对的领涨力量，带动了大盘走出了一波两个多月的上升行情，如图 6-1 所示。

从图 6-1 中可以看出，此波段大盘指数的上升走势，持续了两个多月的时间。对于中长线投资者来说，这种两个多月的上行走势几乎可以忽略不计，但对于短线或超短线交易者来说，这已经足够进行一波积极地操作了。

在新能源板块、新能源汽车、锂电池以及盐湖提锂板块内，股票价格强势上攻者众多。很多股价都出现了翻倍的态势。比如新能源汽车概念股浙江世宝的股价更是翻了数倍，如图 6-2 所示。

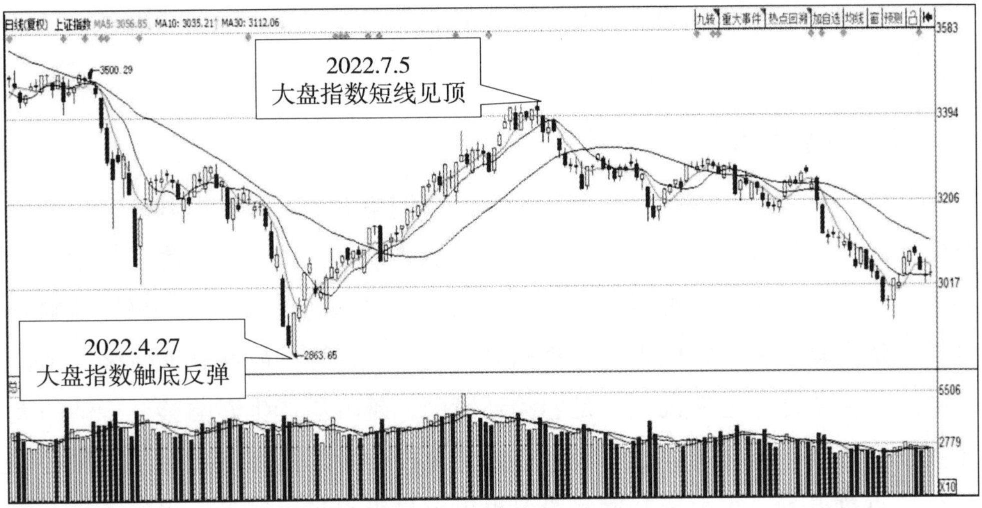

图 6-1　上证指数日 K 线走势图

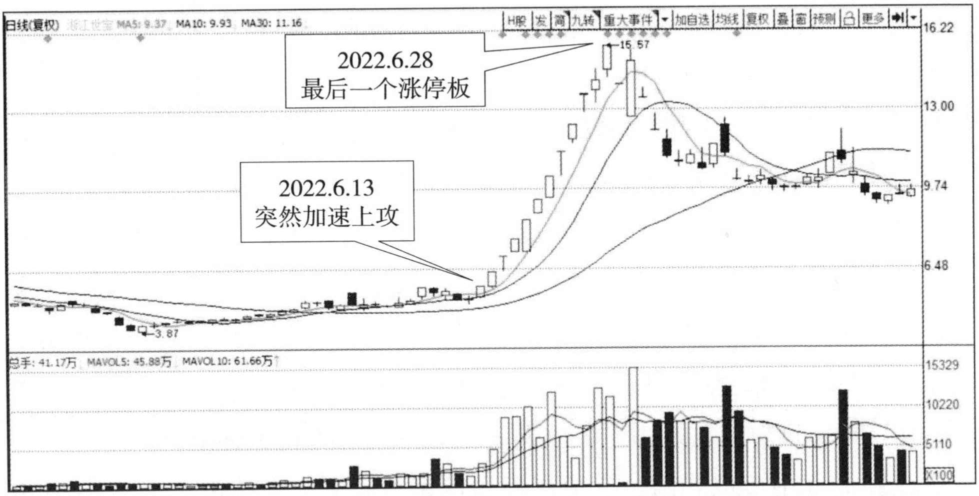

图 6-2　浙江世宝（002703）日 K 线走势图

从图 6-2 中可以看出，作为汽车零部件生产企业的浙江世宝的股价自 2022 年 6 月 13 日收出第一个涨停板后，一口气连下 12 个涨停板，一时风光无二。相对其他时段来说，在大盘呈强势上攻周期时，强势股的涨停将会更加容易，毕竟场外资金踊跃入场，谁都想抢到强势股，这也就成就了很多翻倍龙头股。

投资者此时最佳的投资策略就是选择强势股买入，而非等待其他股票的补涨。

二、弱势环境找超跌股

在弱势环境中，大盘走势趋于弱势，此时需要不断减仓、轻仓，买股的逻辑是因为市场亏钱效应的扩散导致恐慌盘不断地宣泄。如果恐慌情绪宣泄殆尽，只要少量买盘就可以推动上涨，就像是急跌之后的深 V，疯狂地砸盘之下，就会有大量的抄底资金，恐慌之中，一个标杆的崛起就能带来一个像样的反弹。从这点上来说，越是弱势环境中，越容易产生影响整个行情的大龙头、标杆企业。在弱势的环境中，市场上投资者的关注点更容易聚焦在一两个板块热点上，主力拉升这些股票也更容易吸引到跟风盘。当然大幅上攻时，最好处于股价疯狂砸盘之后。

以之前的大盘走势为例。在 2022 年 4 月期间，随着大盘的持续走低，很多个股的股价都遭到了极度打压。特别是房地产板块内的股票，受房地产市场环境不佳、金融环境收紧的影响，很多房地产企业的流动性都受到了较大的影响。因而整个房地产板块内的股票都呈现出明显的单边下跌行情。

2022 年 3 月中旬，银保监会表示，持续完善“稳地价、稳房价、稳预期”房地产长效机制，积极推动房地产行业转变发展方式，鼓励机构稳中有序地开展并购贷款，重点支持优质房企兼并收购困难房企的优质项目，促进房地产企业良性循环和健康发展。受此消息刺激，很多房地产企业终结了长线走低行情，开始反转上攻，阳光城就是其中一只，如图 6-3 所示。

从图 6-3 中可以看出，房地产板块代表性股票阳光城在 2022 年 3 月中旬以前经历了一波长时间的下跌走势，股价已经被打压至极低的位置，整个市场都不再看好这只股票了。

2022 年 3 月 17 日，阳光城的股价在利好消息的刺激下，直线拉升被封上涨停板。此后的几个交易日，该股股价更是连续涨停。由此可见，这种超跌股票一旦启动上攻，确实可以爆发强大的力量。知名游资宁波解放南、小鳄鱼等均参与了这波行情。

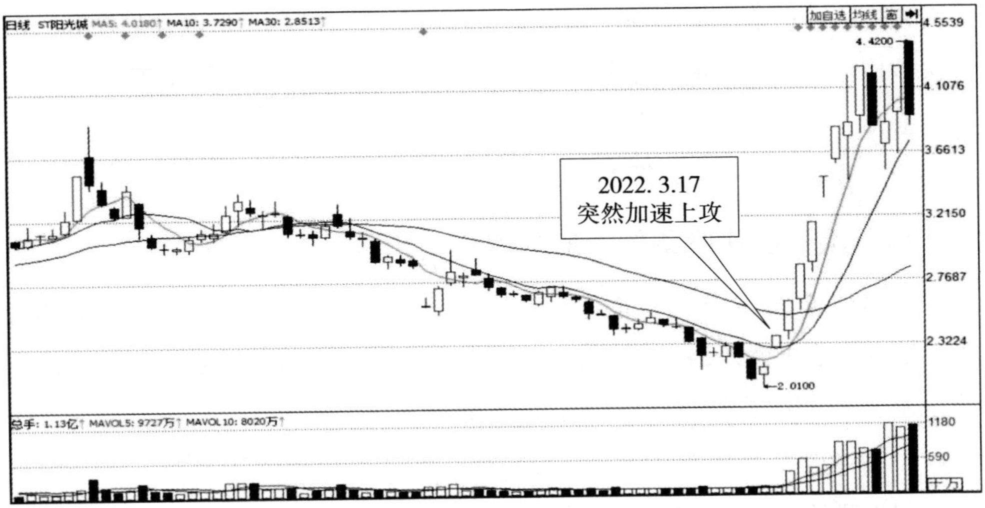

图 6-3　阳光城（000671）日 K 线走势图

三、感知市场情绪变化

今天某一题材出现共振涨停，一下子十几只股票都涨停了，投资者可能以为一波行情来了，但是第二天就可能出现集体的共振出货，从而出现板块的整体回调。对于经验不足的投资者来说，这种行情确实是很难把握的。当市场上同一板块内多只股票出现了涨停板，说明市场情绪的焦点集中在该板块，投资者应该积极追涨。可是当投资者追涨之后却发现，次日整个板块又都陷入了回调，也就是说投资者前一个交易日高位追涨某只股票后，次日就可能不得不亏损离场。这里面的内在逻辑投资者需要清楚以下几点。

第一，整个市场环境如何。如果整个环境不佳，也没有一个清晰地炒作主线，那么整个市场的资金就可能因缺乏供给目标而无的放矢。此时盘面上就容易出现热点分散，且轮动较快的现象。

第二，被炒作的热点并不是新兴概念，且之前已经被炒作很多轮了，此时只是因为没有新热点，才把原有热点翻出来炒作一番，背后也缺乏基本的逻辑支撑，最后只能是昙花一现。

比如在 2023 年 12 月到 2024 年 1 月期间，市场上多次出现光伏概念、固态电池概念的炒作行情，但整个炒作行情持续时间都非常短，几乎都是一日游行情。这些概念固然属于容易吸引投资者眼球的热点概念，但因其多被多次炒作，且没有出现支撑大幅炒作的利好消息，因而持续性都不算太好。

总之，面对汹汹而来的炒作浪潮，投资者需要清楚其背后的原因，要探究其是否有能够支撑起长期炒作的逻辑。

四、游资操作股票的一般顺序

知名游资 92 科比属于最近几年较为活跃的新兴游资。其常用营业部为兴业证券南京天元东路。其在论述交易股票的问题方面，有过相对较为详细的论断，可以作为投资者选股操作的参照。

1. 关于首板股

首板股的把握是最为困难的。首先要对新闻有个敏感度，要自己去关注、吃透新闻内容后再找相关个股。看各只股票的综合情况，如题材锲合度、盘子大小等。一般有大基金或庄家驻守的股票还是尽量要少碰的。

2. 接力股

很多连续涨停的接力股，已经不是靠题材或什么基本面支撑了，其靠的就是一个人气。只要有人气，股价就能上去，就能涨停。人气一散，股价想要再冲击涨停也就难了。这也是我们经常看到的一种情况。比如在市场环境一般的条件下，连板股走势较强，可这个时候市场环境突然转暖，整个市场大幅上涨，这些连板股却出现了纷纷跳水的情况，其实这就是因为市场环境转暖后热点增加，人气难以聚集在接力股身上造成的。

3. 注册制新股

按照游资领域通常的惯例，注册制新股一般都是在市场行情切换时做。若市场环境不佳，没有什么炒作题材时，或者整个市场环境恶劣，大盘大幅走低时，注册制新股有时会成为游资短期攻击的目标，不过通常没有太大的持续性。

4. 被淘汰的题材

多数情况下，被淘汰的题材还能上涨，主要是有些资金被深度套牢了。

针对这类股票，投资者要秉持一种思路，如果进场了只能做超短线，反弹就离场，千万不要恋战。

5. 炸板股

有涨停的股票，就会有炸板股。但有的炸板股很快又回封了，有些则就此开启了下跌通道。这里主要看的就是股性活跃程度，有无主力庄家驻守等。如果有强庄驻守的股票，炸板了就很难再回封了，而有些小市值股票，若股性活跃，人气较高的话，则可能很快回封。总之，投资者在操作时，还需保持观望，只有确实走出回封的态势才能入场，不要提早入场。

从这些游资的交易记录来看，他们追涨题材股、热点股的同时，也确实在热点不明确的情况下，炒作了注册制新股。游资 92 科比常用的营业部就曾参与了注册制新股坤泰股份的炒作，如图 6-4 所示。

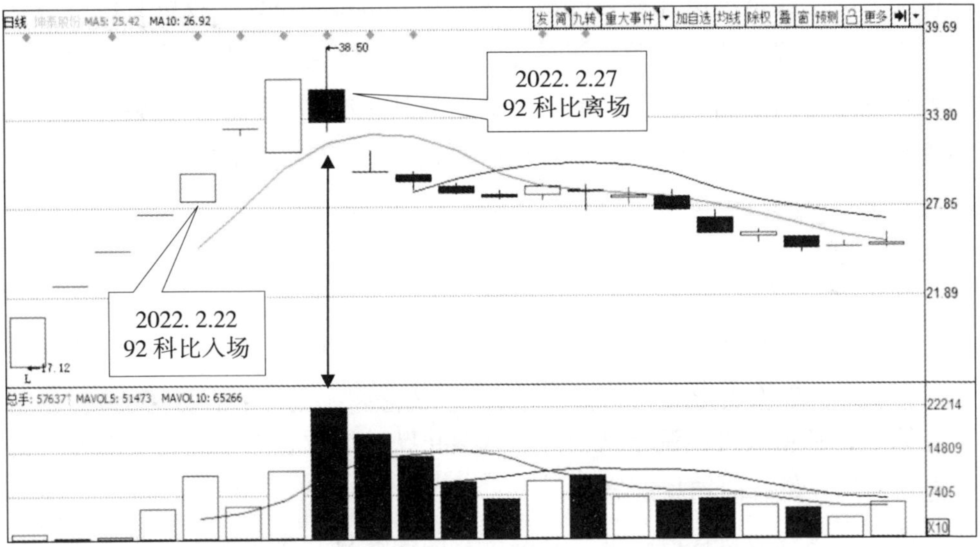

图 6-4 坤泰股份（001260）日 K 线走势图

从图 6-4 中可以看出，在 2023 年 2 月下旬，坤泰股份作为注册制新股成为游资攻击的重点。自 2023 年 2 月 16 日，该股上市后，连续收出多个涨停板。

2 月 22 日游资 92 科比常用的兴业证券股份有限公司南京天元东路证券

营业部买入了1840万元。2月23日、24日该股股价连续两个交易日涨停，游资92科比选择了持股观望操作，没有卖出股票。2月27日该股股价冲高回落，成交量异常放大，游资92科比则趁机出逃，卖出了2167万元。整个交易盈利17个点以上。其后该股股价出现了一波下跌走势。从这点也可以看出，上攻图中的股票一旦放量就会出现较大的杀伤力。

第二节　节奏与控仓交易

做股票最讲究的就是节奏。一张一弛才是真正的交易者。全年无休每天都在交易的，就是不懂交易为何物的人。只要市场在下跌，投资者就应该空仓观望，不要试图预测市场会何时止跌。事实上，总有一些机构或所谓的投资大师试图预测市场的底部，但换来的也只是一次又一次的“打脸”。市场下跌的时候，往下看市场不是在一天完成止跌的，不要急于抄底。逆势而动，成功的概率很低。

一、乔帮主：预判与跟风的体验

很多有一定经验的投资者总喜欢对市场、个股的走势、回调或上涨的幅度进行预判。最为典型的一些论调包括以下几类。

第一，感觉股价回调至某一价位就会止跌，该位置有较强的支撑力（依据包括：均线位、前期高点等）。

第二，感觉股价还有一波上升幅度，因为这只股票的基本面非常好，网上看好这只股票的人非常多等。

第三，今天的利好消息与这只股票太贴切了，今天这只股票必然会涨停。

总之投资者在交易过程中，尤其是短线交易过程中，并没有根据市场的大环境、个股临盘的走势以及市场情绪进行分析，而完全是一厢情愿地做出预判。预判本身不会造成损失，但若依据预判进行买入与卖出操作就会给投资者造成较大的损失。

跟风则是在先前的预判基础上，对盘面进行跟踪，发现股价朝着有利于自己的方向运行时，可择机少量入场买入。这里有一点一定要记住，如果股价朝着相反的方向运行，一定不要补仓，这是做超短线的大忌。

乔帮主对预判与跟风曾有过这样的一个体验："我账户回撤的90%都源于预判。股价跌到某个点时，预判他一定会上涨。某只股票在某天一定会涨停等。"

二、ASKING：低吸与追涨的概率

一般来说，每一次冲动，每一次分时拉起之后的追买，大多都是市场的陷阱，专为投资者设计的。

很多人都在纠结于低吸与追涨，不清楚哪种操作方法赢面更大一些。其实两者之间相差不大。关键还是要看投资者自己应该用哪种方法更加熟练。

知名游资 ASKING 曾这样论述追涨与低吸："追涨的精髓在于股价启动上涨瞬间做出判断，并及时入场，需要更多的勇气、判断与临盘感觉；低吸则需要更多的理性判断，低吸有更多的思考时间。若低吸成功，自然收益要比追涨高很多。"

通常来说，低吸应该以处于回调中的大龙头股为主，而追涨则以第一次放量向上突破 5 日均线的品种为宜。比如在 2023 年 10 月，新能源汽车概念炒作浪潮中，圣龙股份一马当先成为炒作的龙头股，如图 6-5 所示。

从图 6-5 中可以看出，在新能源汽车概念的推动下，圣龙股份的股价在 2023 年 9 月 28 日完成了此波攻势的第一个涨停。此后该股股价更是连续走出了多个涨停板，龙头风采尽显。

此时想要进行低吸的投资者就可重点关注该股，寻找较佳的低吸机会。10 月 12 日该股平开后低走，如图 6-6 所示。

从图 6-6 中可以看出，圣龙股份在 2023 年 10 月 12 日早盘平开后，直接下行，最大跌幅达到 7.85%。不过股价很快出现了反弹迹象，且在反弹过程中，买盘积极入场。从当时的市场情绪来看，整个市场的焦点仍聚焦在圣

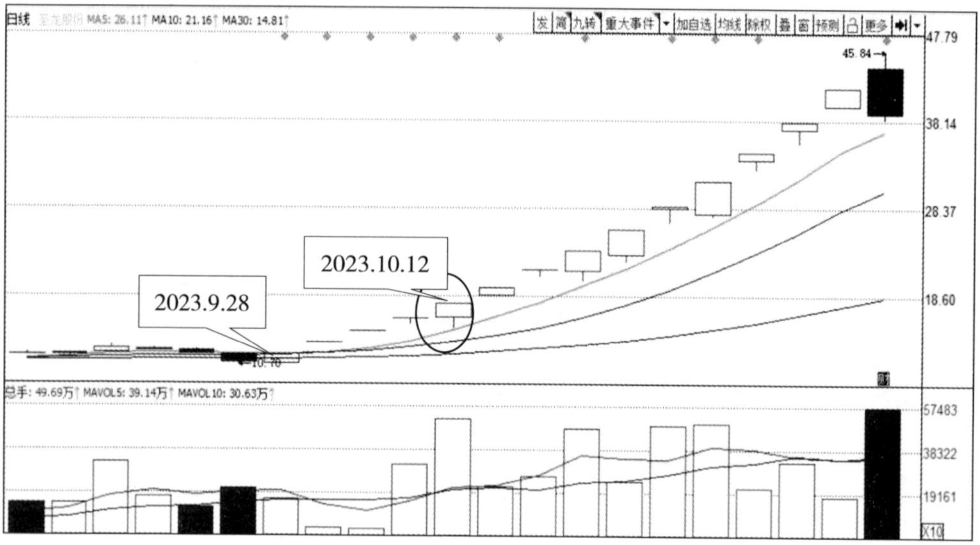

图 6-5　圣龙股份（603178）日 K 线走势图

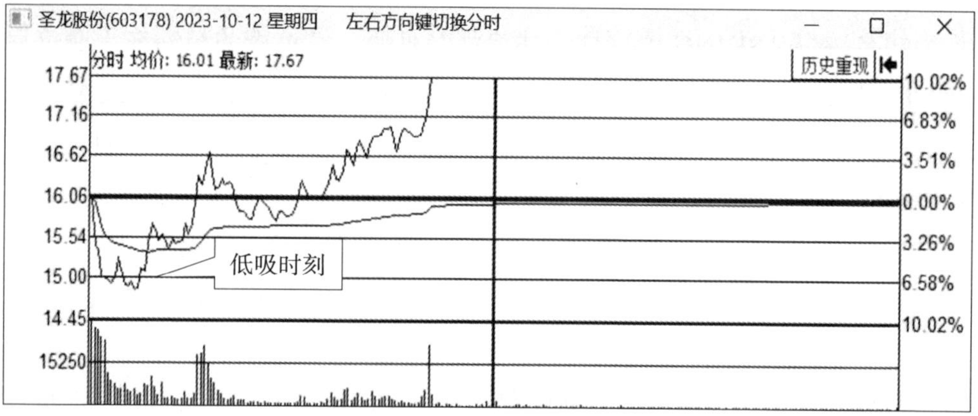

图 6-6　圣龙股份（603178）分时走势图

龙股份身上，这是一个较佳的低吸时刻。在股价分时线开始触底反弹，且买盘开始踊跃入场时，投资者就可以择机入场低吸。不过鉴于该股股价已经很高了，必须时刻控制好仓位。

下面再来看一下富佳股份的案例，如图 6-7 所示。

从图 6-7 中可以看出，2023 年 10 月下旬，在特斯拉机器人研发消息的刺激上，A 股市场上兴起了一波炒作机器人概念的浪潮。2023 年 10 月 24 日

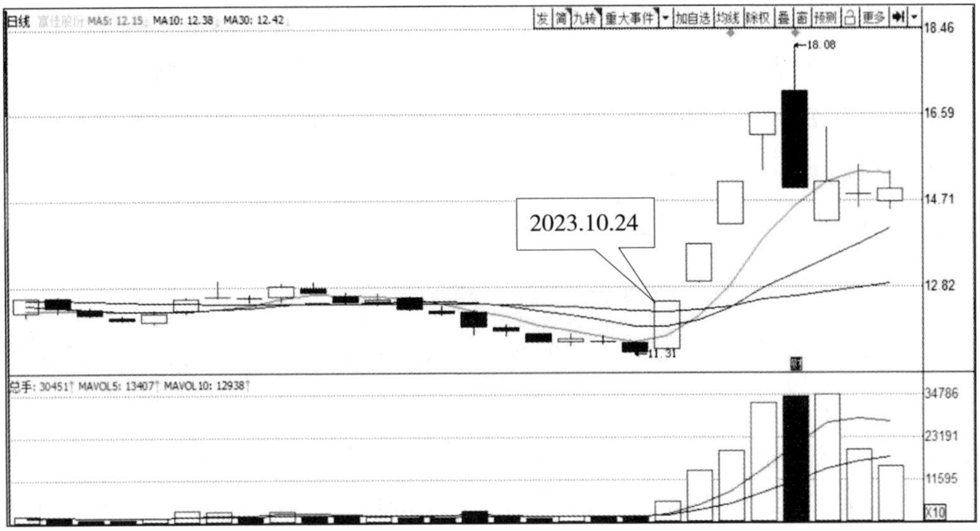

图 6-7　富佳股份（603219）日 K 线走势图

该股股价强势放量向上突破了 5 日均线，想要追涨的投资者可在当日积极追高买入该股，如图 6-8 所示。

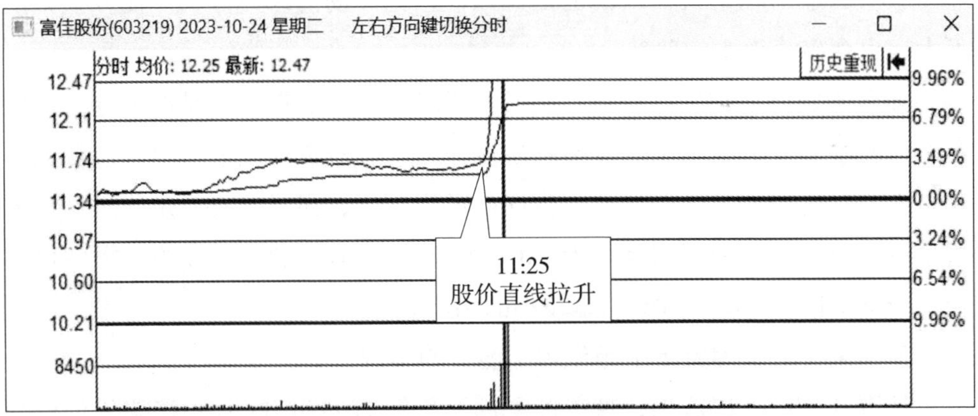

图 6-8　富佳股份（603219）分时走势图（2023.10.24）

从图 6-8 中可以看出，富佳股份的股价在 2023 年 10 月 24 日开盘后，呈现出明显的振荡上升态势。不过，整体涨幅并不是很大。

在时间 11：25 之后，富佳股份的股价开始被大幅拉升，股价分时线拐头直冲涨停板。想要追涨的投资者就应该在这一时刻入场买入该股。当然富佳股份给散户留下的时间不足 3 分钟，很多散户可能还没有反应过来，股价就已经封上涨停板了。从理论上来说，最好的追涨就是这种即将拉升至涨停板的股票。买入时最好能够坚持“不触及涨停不买入”原则。当然这个时候买入存在很大的失败因素，即因为操作速度稍慢，主力大单就会排在自己的前面，但此时的安全性可能是最好的。

三、涅槃重生：达到三分之一就算重仓

短线交易，特别是多数游资所采取的追涨热点的交易方式，往往都伴随着高度的风险。于是，很多投资者在交易过程中，都比较看重止损位的设置。其实在这类热点题材股的交易过程中，止损位的设置是非常困难的。这些热门股票在拉升过程中，常常伴随着幅度较大的振荡。这些振荡一方面是由于游资之间激烈博弈产生的结果；另一方面也是主力资金在清洗浮筹，为了将意志不坚定者清出场外而采取的行动。很多游资在操盘过程中，并没有设置严格的止损位。他们更多依靠的是盘感。即感觉市场情绪还不错，就拿着股票，即使股价已经出现了大幅回调也是如此；感觉市场情绪不好，即使亏损幅度不大，也会出清手中的股票。

知名游资涅槃重生在应对亏损或回撤时，采取的策略就是严控仓位。即在一只股票上投入的仓位绝对不超过三分之一。多数情况下，单只股票只有 10% 左右的仓位。不光是涅槃重生如此设计仓位，很多游资都是通过这种方法来应对风险的。单只股票只有 10% 的仓位，即使出现 30% 的亏损，也才相当于整个持仓亏损了 3% 仍是较小的幅度。

下面来看一下涅槃重生操作理工能科的案例，如图 6-9 所示。

从图 6-9 中可以看出，理工能科的股价在 2022 年 11 月初接着信创概念热炒时，发动了大幅上攻走势，并出现了连续 3 个涨停板。知名游资涅槃重生就参与了这波炒作，从龙虎榜中可以清晰地看出其交易路线，如表 6-1 所示。

从表 6-1 中可以看出，涅槃重生交易理工能科期间只有短短的 3 个交易日。其中在 11 月 2 日执行了买入操作，金额仅为 278 万。这对于一路知名游资来说，金额并不算高，只能属于一次单纯地试盘行为。

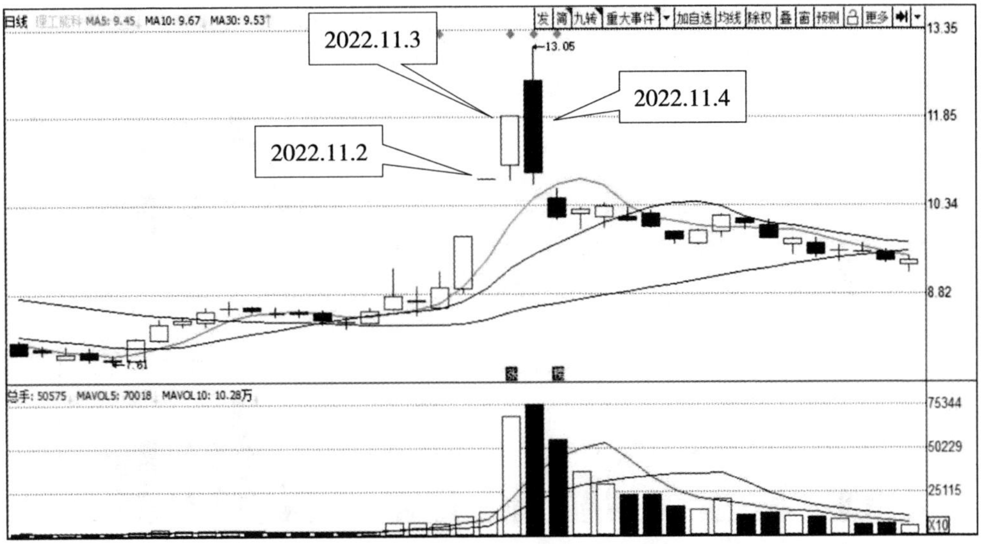

图 6-9　理工能科（002322）日 K 线走势图

表 6-1　涅槃重生理工能科的交易记录

交易日期	买入金额	卖出金额	交易盈亏
2022.11.2	278 万	——	——
2022.11.3	1202 万	229 万	——
2022.11.4	——	1303 万	52 万

11 月 3 日涅槃重生卖出了部分仓位，可能感觉整个市场情绪还可以，又买入了 1200 万的股票。这个 1200 万其实对于这些动辄几个亿、十几个亿资金的游资来说，金额并不算高，根本连 10% 的仓位都不到。

11 月 4 日理工能科的股价冲高回落，涅槃重生清空了仓位。整个交易过程，涅槃重生动用了 1500 万左右的资金，盈利为 50 万，收益率为 3% 左右。对于游资来说，这就是比较典型的一次操作。

四、炒股养家：掌握好节奏才是关键

节奏的问题，首先是心态的问题。一步错，步步错。当一个人在出现重大亏损时，往往先想到的是如何快速地挽回亏损，于是急急忙忙地调仓换股。并且确认另一只股票，正好存在这样一个机会，于是义无反顾地进去了。可

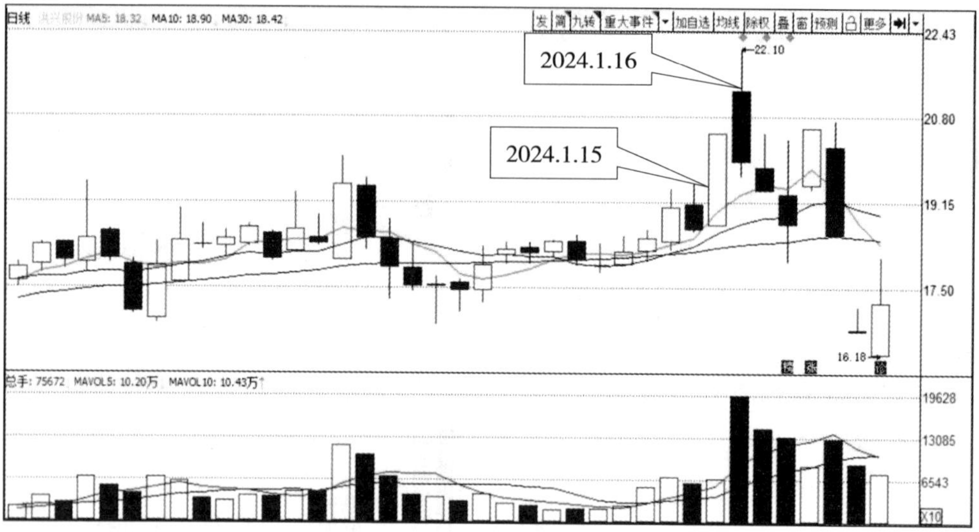

图 6-10　洪兴股份（001209）日 K 线走势图

是这种时候往往都是主力刻意为散户挖的坑，而且是连续的坑。投资者之所以卖出股票，就是主力想让投资者感到这只股票已经没有希望了。其实这往往是主力拉升前最后一次的诱空。而投资者买入的股票，恰恰是主力的一个诱多。在正常情况下，投资者的心态若非常平和，则很容易识破这种伎俩，但在心态失衡时，可能主力的一些简单的套路都能迷惑投资者。

下面来看一下炒股养家操作洪兴股份的案例，如图 6-10 所示。

从图 6-10 中可以看出，洪兴股份的股价在 2024 年 1 月前，一直呈现了横向振荡运行态势。2024 年 1 月 15 日，服装纺织概念被热炒，洪兴股份顺势登上了涨停板。

次日该股股价高开后冲高回落，并就此出现了一波大幅下跌走势。从该股的走势可以看出，1 月 15 日特别是 1 月 16 日的股价走势更像主力的一次诱多行为，再看一下当日的分时走势情况，如图 6-11 所示。

如图 6-11 中可以看出，从洪兴股份 2024 年 1 月 16 日的分时走势来看，该股股价在前一交易日涨停的基础上，大幅高开后继续冲高，很多投资者将考虑该股股价当日存在涨停的可能，于是纷纷入场买入。主力或先前入场的游资则趁机出货向下打压股价。此时资金的流出一般有两个目的：其一，前一交易日的盈利需要兑现，当时追涨的资金较多，正是出货兑现利润的好机会；其二，测试市场的承接力和情绪情况，当卖盘将股价砸落后，若能迅速被拉起，则说明市场承接力较强，存在很多场外资金入场想要买入股票。此时先前卖出股票的投资者也可能反手做多再买入股票。反之，若卖盘涌出后，市场无力将股价再度上拉，则说明承接力不佳，抛盘只会越来越多，投资者最好不要再入场了。

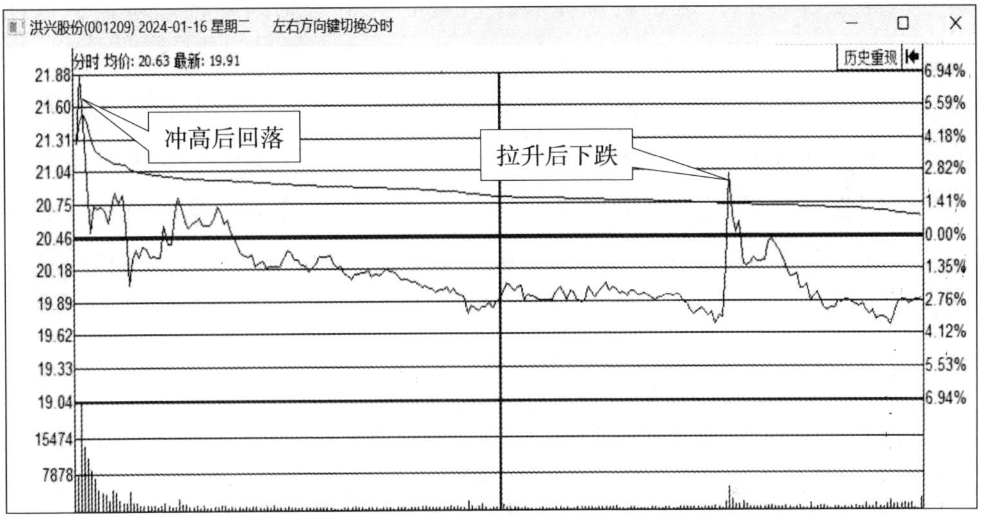

图 6-11　洪兴股份（001209）分时走势图

至于午盘之后，资金快速向上拉升股价，则更多的属于一次单纯地诱多行为，毕竟这只股票不是前期的大龙头股，并没有那么高的热度，这种突然拉升若没有额外的利好消息，是很难拉升至涨停板的。这类股价分时线接下来的走势，只能是重新振荡走低，甚至是再创新低。

早盘追涨时，观察市场承接力，看抛盘涌出后市场的反应，其实就是考验投资者的市场控盘节奏的时候。能不能准确掌握市场脉搏，就看投资者对市场的理解了。

五、瑞鹤仙：没有必涨的形态

市场是博弈后的结果，实际上就是多空实力的对决，这是本质。并不存在刚开始悟道的超短线交易者头脑中的“必涨形态”，这很重要。这也是很多投资者按照非常经典的看多形态买入股票后仍旧会亏损的原因。不是说这些形态没有意义，只是作为一名成熟的投资者必须从自己的头脑中，抛弃“应该上涨”“必涨”这种概念。市场无时无刻存在着多空的博弈，不到最后一步，谁是赢家真的很难说。

当然，这里有一点需要注意，作为投资者，特别是短线交易者，应该抛弃的是必涨形态，这也就意味着投资者心里不要见到某种形态，就孤注一掷，想要一把赢下全部。总是幻想着找到必涨的形态，赢更多资金，最后往往是亏得最惨。任何时候，都要对股市心存敬畏。倒不是说，所有的技术分析或量价形态都毫无意义。这些形态有时候确实能够发出一些买入信号，但这并不等同于必涨信号。只是说这些信号的出现股价上涨的概率更大一些，不是不存在下跌的概率。投资者在买入时，同样需要控制好仓位，设置好止损位。

下面来看一下知名游资瑞鹤仙操作开创电气的案例，如图 6-12 所示。

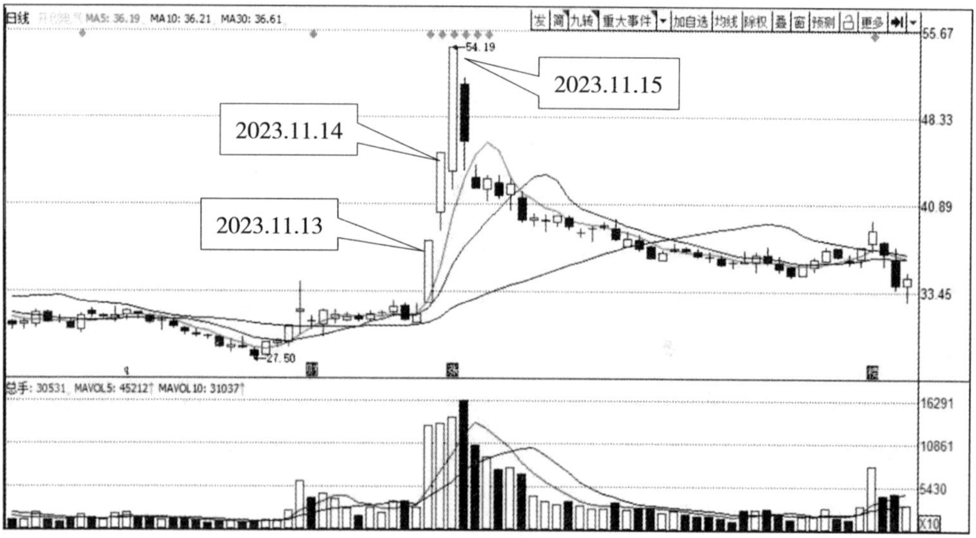

图 6-12　开创电气（301448）日 K 线走势图

从图 6-12 中可以看出，在 2023 年 11 月中旬，跨境电商概念热炒的浪潮下，11 月 13 日开创电气强势涨停，此后该股股价更是连续拉出涨停板。在开创电气这边上涨过程中，知名游资瑞鹤仙也是积极参与了炒作。瑞鹤仙常用的中国银河证券宜昌新世纪证券营业部的交易记录如表 6-2 所示。

表 6-2　中国银河证券宜昌新世纪证券营业部开创电气交易记录

交易日期	买入金额	卖出金额	交易盈亏
2023.11.13	754.74 万	18.82 万	——
2023.11.14	1019.17 万	751.68 万	——
2023.11.15	——	1104.78 万	82.55 万

从表 6-2 中可以看出，瑞鹤仙交易开创电气期间只有短短的三个交易日。其中 11 月 13 日执行了买入操作，金额仅为 754.74 万，当日卖出的 18.82 万，也许是其先前买入试盘的股票，也许是其他交易者的交易记录。金额不大，我们可以直接忽略。

11 月 14 日瑞鹤仙卖出了部分仓位，可能感觉整个市场情绪还可以，又买入了 1019 万的股票。这个 1019 万，其实对于这些动辄几个亿、十几个亿资金的游资来说，金额并不算高，根本连 10% 的仓位都不到。

11 月 15 日开创电气的股价再度振荡涨停，瑞鹤仙清空了仓位。整个交易过程，瑞鹤仙动用了 1000 多万左右的资金，盈利为 80 万，收益率还是不错的。从之前的游资交易记录来看，尽管游资动用的资金量较大，动不动就把股价推向了涨停板，但每次的交易盈利比例都不算特别高，也就几个百分点，但架不住资金的复利滚动效应啊！投资者在操盘时，也要放弃那种想要一口拿下几十个点的想法。

第三节　通过交易获利

好的体系应该是，能上涨固然好，如果下跌则有相应的对策。比如中线持股的，要有详尽的加仓逻辑；题材持股的，要有根据龙头股的表现买卖的逻辑，大方向上的仓位控制逻辑，这样遇到大跌也不会恐慌。

大跌应该如何应对，其实要点也不在应对，而在于如何防范。但凡大跌之前一般都有先兆，比如赚钱效应下降，市场情绪不佳等。

股票是科学，讲究的是入场，因为入场决定投资者的出场；股票是艺术，讲究的是投资者对情绪的控制。

股票买卖需要讲究定力，定力源于投资者的坚持、认可的价值观以及操作体系。

一、寻找并固化交易模式

每个投资者应该清楚自己的交易体系，比如低吸模式、半路拦截模式、打板模式等。每个模式都没有对错之分，但每个模式都有不同的操作要领，越专注犯错的概率就越低。

固化自己的交易模式，专注自己的交易模式，给自己的交易模式定下框框，不断地去完善，这样才能在节奏上把握更加自如。每种交易模式都有成功的范例，也都有失败的教训。比如所谓的低吸模式，很多人看到股价回调就低吸，结果往往被套牢在高位或半山腰。在短线强势股或龙头股交易过程中，所使用的低吸模式更多地被应用在大龙头股回调时采取的交易模式。这类股票具有如下几个特点。

第一，必须是整个市场中的龙头股，涨停板至少要 4 个以上。

第二，股价回调时，无论股价涨跌，成交量都会非常大，不能出现下跌有量而反弹无量的情况。

下面来看一下长白山的案例，如图 6-13 所示。

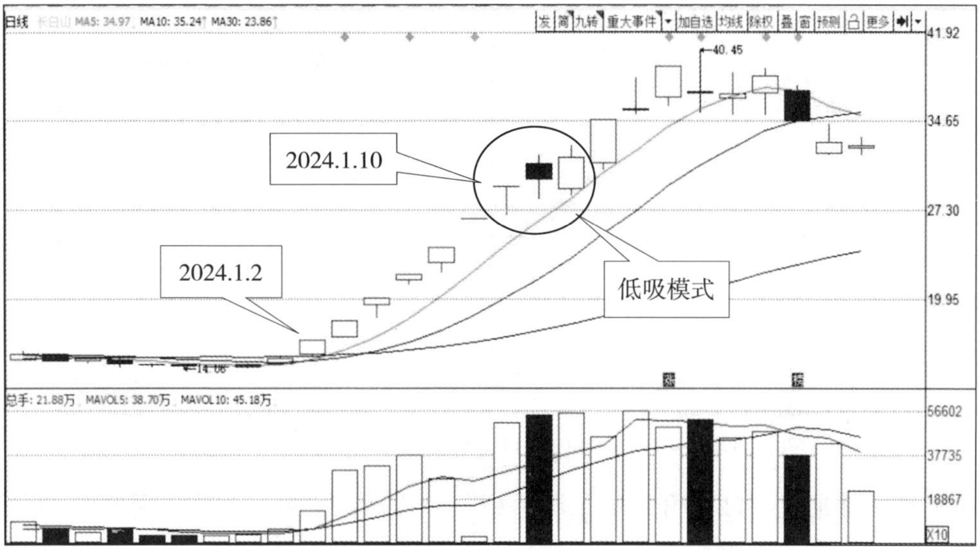

图 6-13　长白山（603099）日 K 线走势图

从图 6-13 中可以看出，在 2023 年年底到 2024 年年初时段，受东北冰雪旅游热的影响，冰雪旅游概念龙头股长白山自 2024 年 1 月 2 日启动了连续涨停走势。到了 1 月 10 日，该股股价已经连续第 8 个涨停板了，龙头股风采尽显。

相比与其他几个交易日的涨停板有所不同，当日该股股价出现了回调，但最终仍封上了涨停板，说明该股的人气非常之高。次日该股股价高开低走，收出一根假阴线，股价出现了较大的波动。不过从当日成交量可以看出，尽管成交量出现了放大，但却并未出现异常的天量，说明市场资金仍旧十分看好该股。其实这两个交易日，也是喜欢进行低吸操作投资者的最佳时机。

先来看 1 月 10 日的分时走势情况，如图 6-14 所示。

从图 6-14 中可以看出，长白山的股价在早盘打开涨停板后，出现了回落走势，但股价回调至前日收盘价上方时，因受到了较强的支撑重新开始振

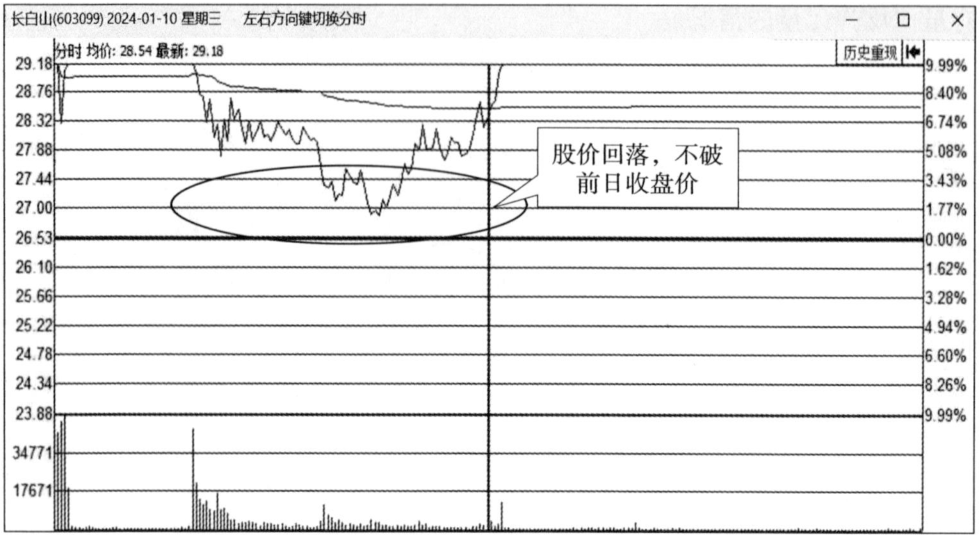

图 6-14　长白山（603099）分时走势图（2024.1.10）

荡上涨，并通过几波拉升回封了涨停板。股价回调之际，其实就是最佳的低吸时机。只是投资者还有一点需要注意，低吸的仓位必须控制好，最好不要超出一成仓位，且如果被套牢绝对不能加仓。

很多投资者见到股价已经连续收出 8 个涨停板，就会有畏高情绪不敢入场。其实这种高位板要比 2～3 个涨停板更安全一些。2～3 个涨停板后，如果股价不能涨停，则很容易直接转入跌停模式，而这种 8 连板的股票，因为资金深度介入，想要出去并不容易。因而终结连板后，常常会出现高位振荡态势，此时投资者离场就会更容易。

二、不动明王：顺势而为，反弹三定律

知名游资不动明王比较擅长以成交量为主的战法，拥有超强的大局观，以板块内股票的强弱关联为判断依据。不动明王的最经典观点："在下跌趋势改变前，维持对趋势下跌的判断；在上升趋势改变前，维持对趋势上升的判断。"

同时，他也提出了反弹三定律。

第一，成交量逆转。

第二，5 日线收复。

第三，强势板块出现。

第三条在判断反弹时，尤为重要。很多次反弹夭折，本质上就是缺少强势板块。只有存在强势领涨板块，聚焦市场情绪才能带领大盘走出低谷。

下面来看一下大盘指数在 2022 年 4 月前后的走势，如图 6-15 所示。

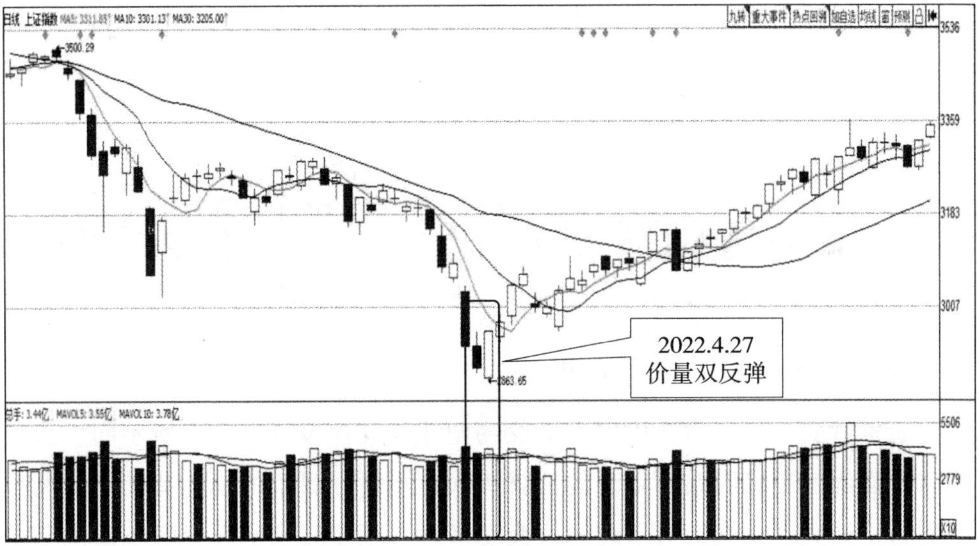

图 6-15 上证指数日 K 线走势图

从图 6-15 中可以看出，上证指数的股价在 2022 年 4 月下旬出现了大幅下跌走势，且出现持续加强态势。4 月 27 日大盘指数在触及阶段底部 2863.65 点后出现反弹走势，成交量同步出现放大。此后大盘指数很快向上突破了 5 日均线，标志着大盘出现反弹迹象。与此同时，新能源概念成为反弹急先锋，短期内出现了大幅反攻走势，如图 6-16 所示。

从图 6-16 中可以看出，新能源 ETF 指数在 2022 年 4 月 27 日触及阶段底部后出现反弹走势，多只新能源概念股出现了涨停潮。新能源概念就此展开了一波上升行情，很多新能源概念股出现了翻倍走势。由此可见，4 月 27 日大盘指数的反弹，在很大程度上属于短线趋势的反转。

图 6–16　新能源 ETF 日 K 线走势图

三、炒股养家：永不止损

游资炒股养家所遵循的逻辑和交易纪律与其他投资者还有所不同。炒股养家曾强调，看好股票的上涨趋势就买入，不看好股票的趋势就卖出，没有所谓的止损概念。其实对于超短线交易来说，很多时候所设置的止损位其实反而用途并不是很大。股价急速上攻时，回调的力度也可能是非常大的，有时候甚至会出现从涨停到跌停的情况。这时若设置 10%～15% 的止损位就会把自己振出场。如果觉得股票走势还可以的话，即使出现了一定的亏损，但因为仓位控制较好，对整个资金的影响也不会太大。也就是说，按照炒股养家的逻辑，针对个股的涨跌是可以不设止损位的，但由于个股所占的仓位很低，这就相当于给自己的资金加了一个保险。

下面来看一下炒股养家常用的华鑫证券上海茅台路营业部操作华海诚科的案例，如图 6–17 所示。

从图 6–17 中可以看出，2023 年 11 月中旬先进封装概念走强，华海诚科的股价在 2023 年 11 月 17 日强势涨停。次日该股股价再度高开高走，有一种再度冲击涨停的感觉，很多资金于是纷纷跟进入场。炒股养家常用的华鑫证券上海茅台路营业部也在其中，如图 6-18 所示。

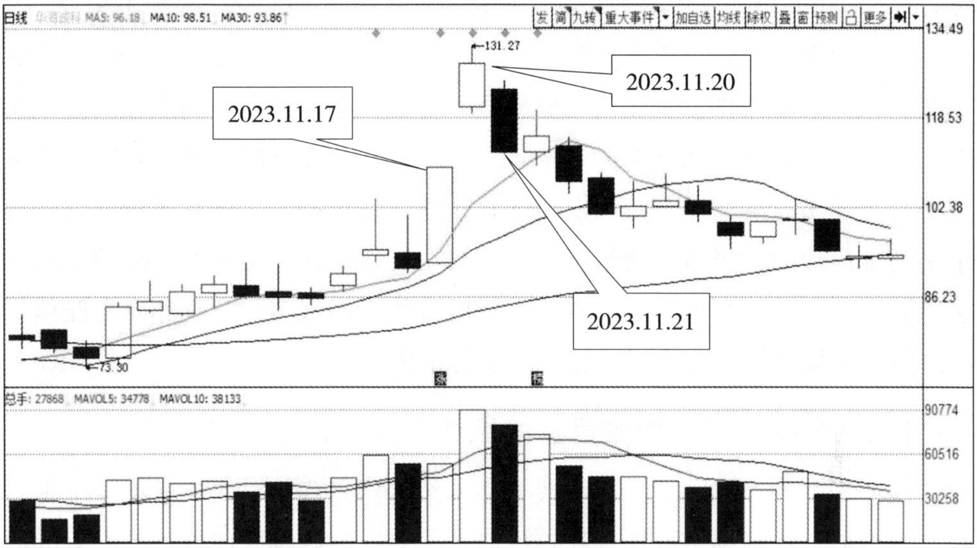

图 6-17　华海诚科（688535）日 K 线走势图

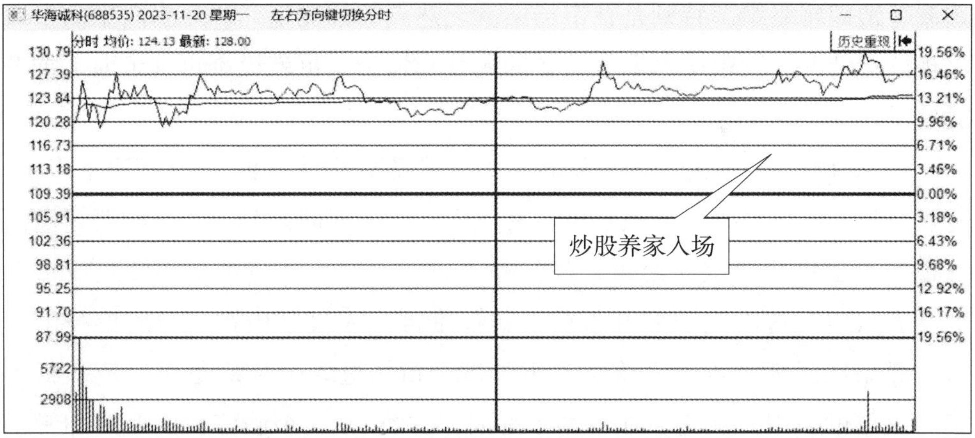

图 6-18　华海诚科（688535）分时走势图（2023.11.20）

从图 6-18 中可以看出，尽管华海诚科在 11 月 20 日高开 10 个点以上，且盘中一度冲击涨停，很多游资入场抢筹，但因为抛盘太多，最终没有封上涨停板。这就为次日股价的走势蒙上了一层阴影。炒股养家当日入场买入了 1424 万元。

次日即 11 月 21 日，该股低开低走。很多资金第一时间感觉该股已经走坏，于是纷纷抛出手中的筹码，炒股养家当日卖出了 1332 万，亏损了 92 万元。相对入场金额亏损幅度在 6.5% 左右。也就是说，在股价趋势走坏时，炒股养家就执行卖出操作了，而没有机械地等待股价下跌至所谓的止损线。事实上，也没有投资者会将 6.5% 设为止损线的。很多游资都是秉持着这个方法来买入与卖出股票，而不是固定地设置止盈位和止损位。毕竟游资都是随着市场情绪而动的，当市场情绪不佳时，离场就是最佳的选择，而无须等到股价跌破止损线。止盈也是这个概念，在股价能封住涨停板就继续拿着股票，反之就先离场等待，而不是上涨了多少再止盈。

四、92 科比：不做放巨量的股票

按照现行的市场情况，一只股票在连续涨停过程中，成交量都会呈现温和放大态势。特别是一些连续涨停的股票，若涨停停顿，成交量若没有继续放大（成交量放大也应该处于相对温和的放大），一旦放量过头，则意味着这波行情即将终结。特别是在市场不缺乏热点的情况下，一旦上攻中的个股出现放量情况，则很难再聚集大量的人气和情绪，也就很难再继续向上推升股价了。

说到这里有一个和大家理解相反的情况需要说明一下。通常情况下来说，若盘面热点较少时，市场热点更容易集中在高连板股票身上，这类股票涨停开板后，也更容易重新聚集人气，并回封；反之，若市场全面转暖或热点百花齐放时，这类高位股开板后，就很难再将人气集中在一只股票身上，这类股票回封就会异常困难。这也是整个市场进入普涨后很难出现多板连续的股票的原因。反之，在市场不好时，这类 10 几个涨停板的股票却常常出现。

下面来看一下游资 92 科比常用的兴业证券股份有限公司南京天元东路证券营业部交易泰永长征的案例，如图 6-19 所示。

从图 6-19 中可以看出，在 2023 年 1 月中旬，泰永长征成为游资攻击的重点。自 2023 年 1 月 12 日，该股股价连续收出多个涨停板。1 月 17 日、1

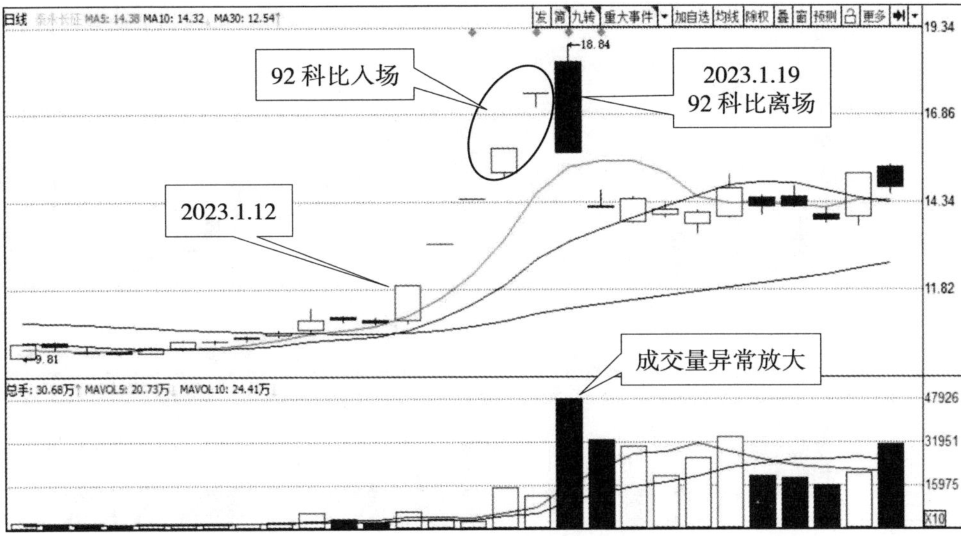

图 6-19　泰永长征（002927）日 K 线走势图

月 18 日，92 科比常用的兴业证券股份有限公司南京天元东路证券营业部买入了泰永长征 1512 万元。1 月 19 日该股股价冲高回落，成交量异常放大，92 科比则趁机出逃，卖出了 1516 万元。整个交易并没有赚到钱，但也没有出现太多的亏损。其后该股股价出现了一波下跌走势。从这点也可以看出，上攻图中的股票一旦放量就会出现较大的杀伤力。

五、ASKING：尽量避开午盘拉升的股票

按照目前的股市交易时间安排，大多数投资者交易的时间集中在早盘、午盘和晚盘。从投资者来看，早盘交易有利于选出当日的强势股、主流热点板块等，交易的人比较多；午盘的交易则需特别注意，从以往的经验来看，临近午盘收盘时拉升的股票，往往在下午开盘时间内就会形成一天里的最高价，这与很多机构投资者的操作手法有一定的关系。投资者尽量避开午盘交易；晚盘则是为下一个交易日做准备，参与交易的人也不少。

下面来看一下中青宝的案例，如图 6-20 所示。

从图 6-20 中可以看出，中青宝的股价在 2023 年 10 月 18 日创出阶段高点后振荡走低。到了 11 月 8 日，该股股价又一次来到了 10 月 18 日高点附近，

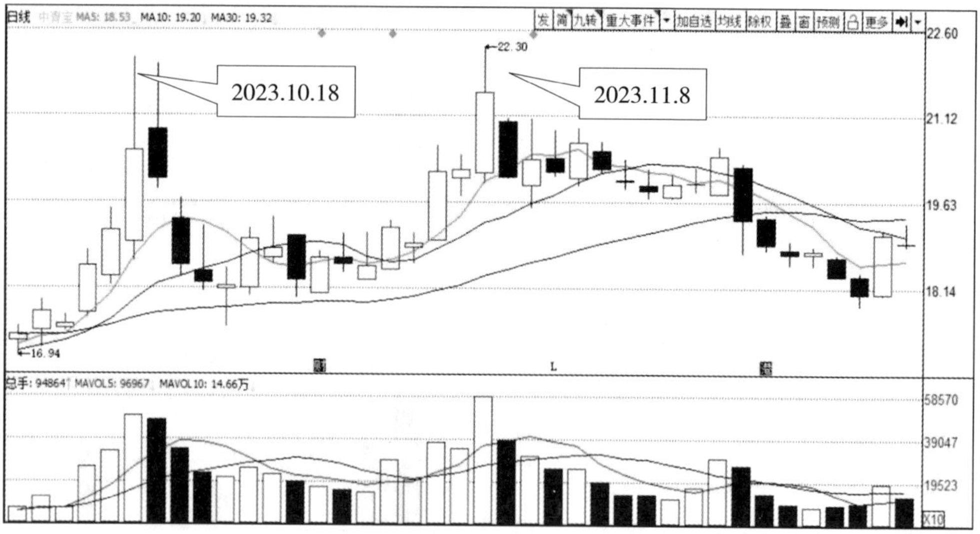

图 6-20　中青宝（300052）日 K 线走势图

给人一种即将突破前高的感觉，很多投资者跃跃欲试。再来看一下当日该股的分时走势情况，如图 6-21 所示。

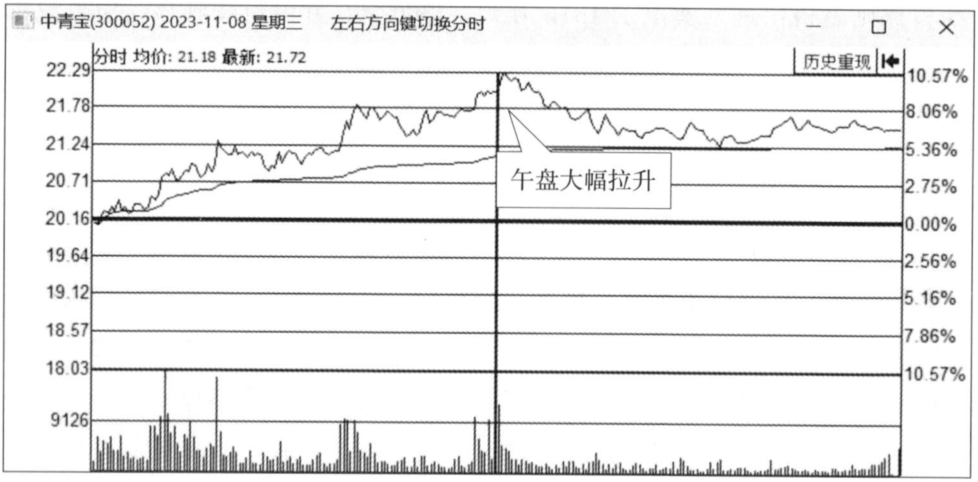

图 6-21　中青宝（300052）分时走势图（2023.11.8）

从图 6-21 中可以看出，中青宝的股价在 2023 年 11 月 8 日平开后振荡走高。临近午盘时段，该股股价被加速拉升。很多投资者将其看成即将大幅拉升的前奏。

午间休市结束后，很多资金开始排队买入，直接推升了股价迅速走高。不过股价拉升一波后，迅速拐头向下，振荡走低。午间开盘后的价格就成了当日的最高价，也成了该股一段时间内的最高点。

六、赵老哥：首板打板买入

赵老哥曾经创造出八年一万倍的股市奇迹。但在回顾自己初期交易时，赵老哥曾经做过以下这样的总结。

第一，买入点的选择。初期的交易中，八成以上的交易以首板打板买入为主，遇到连板强势股会持续滚动操作。

第二，卖点。首板涨停的股票，次日若不能快速冲击涨停板，则需立即卖出；若出现低开低走形态，则要止损了结。无论高开高走还是低开高走都要分批卖出。

第三，做好分仓。每天能够操作的股票在 2～3 只左右。

第四，亏损单不隔夜。买入的股票此时出现亏损情况，一定要第一时间出货了结，不要等股价反弹。

下面来看一下赵老哥常用的中国银河证券绍兴营业部操作宏英智能的案例，如图 6-22 所示。

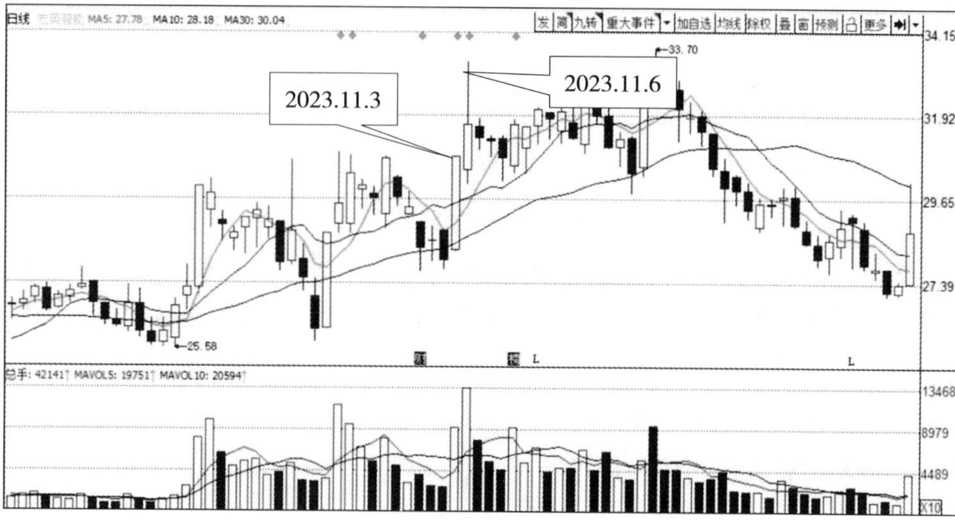

图 6-22　宏英智能（001266）日 K 线走势图

从图 6-22 中可以看出，在 2023 年 11 月初，受机器人概念热炒影响，宏英智能的股价一路振荡上行。

2023 年 11 月 3 日，宏英智能的股价强势涨停，次日该股股价低开大幅振荡。此后该股股价又振荡了一段时间后，重新进入下行通道。

从该股的龙虎榜数据中可以看出，赵老哥也参与了该股的炒作。赵老哥在 11 月 3 日，买入了 508 万元的股票，下一交易日（11 月 6 日），卖出了 507 万元。再来看一下宏英智能在 11 月 6 日的分时走势情况，如图 6-23 所示。

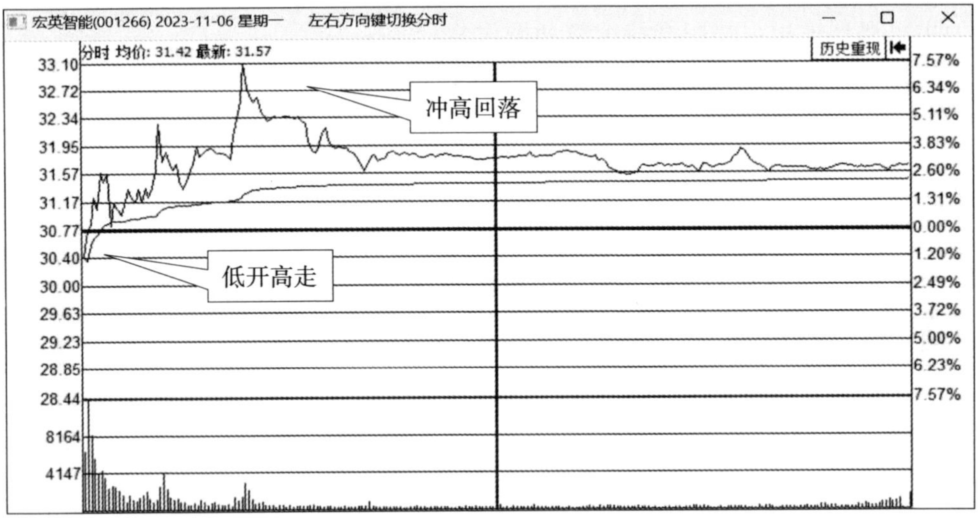

图 6-23　宏英智能（001266）分时走势图（2023.11.6）

从图 6-23 中可以看出，宏英智能的股价在 11 月 3 日涨停的基础上，11 月 6 日并未高开而是低开，这就为当日的走势蒙上了一层阴影。按照赵老哥的操作习惯，他很可能在早盘低开冲高时就出货了，否则以当日的走势，他也不应该以略亏终结交易。其实这在很多投资者来看，属于典型的失败交易，毕竟后面随便一个卖点都能盈利。但有些时候，交易模式、交易纪律的执行要比盈亏本身还重要。不看好后市就一定要卖出，不要为了 1% 的可能收益，毁掉自己辛辛苦苦建立的交易系统。有时候错误的盈利，比正确的亏损更危险，毕竟我们要在股市中长期生存下去。

第七章
资金管理体系

对于一般人来说，不建议进行配资操作，不建议加杠杆，不建议负债，任何没有做好最坏打算的人，在这个市场里多半是无法生存的。

——来自众多游资大佬的建议

第一节　现金、风险与机会

正确看待现金、风险与机会，是资金管理体系要解决的首要问题。很多投资者的失败，其实就是不能正确理解三者之间的关系。将现金看成负担，不停地寻找交易机会，所以最后总是交易越多，亏损越大。

一、现金不是风险，股票才是

对于进入股市时间较短的，还没有锤炼出自己盈利方法的投资者来说，空仓是最难的。很多投资者恨不得每日交易、每日都满仓交易。股市中有这样一句话，新手看到的都是机会，老手看到的都是风险。每日冲击涨停的股票，能够带给投资者的多数是风险，而非赚钱的机会。主力资金就是靠一波一波的冲击动作来引诱散户上钩的。倒不是说投资者不应该入场交易，不入场交易，如何能扩大盈利，如何能锤炼自己的技术。在进入股市初期，应该注意以下几个问题。

第一，满仓的风险。新手更容易满仓，这是投资领域的一个通病。越是经验不足的投资者，越容易对自己的操作充满信心，总是满仓交易。这在投资领域是最大的风险。一旦踏错某只股票的节奏，就可能让投资者损失惨重。

第二，鼓励正确的交易行为，及时修正错误的交易行为。市场不会说谎，当投资者判断正确的时候，就会产生盈利；判断错误的时候，就会出现亏损。在判断正确时，进行加仓操作；而判断错误时加仓，就是错上加错。

第三，在机会不好时，要空仓等待。《康熙王朝》中有这样一句台词："雄心的一半是耐心。"这句话在股市交易中同样适用。好的猎手一定会等着最佳的机会出现才开枪，乱开枪的猎手不仅无法打到猎物，还会吓跑猎物。在把握最大的时候出击，才是明智之选。

第四，交易不会让资金增值，成功的交易才会。换句话说，投资者进入股市的目标不是交易，而是让资金增加。如果你的交易行为无法让资金增加，那么不如让资金躺在账户里。

第五，正确认识复利效应。这是一个被反复提及的概念，但很多投资者还是不能准确地理解。从游资的角度来说，复利效应的精髓并不在于判断正确时都获得多少盈利，而是在判断错误时，能够将亏损的幅度控制在何种程度。

二、买入机会，卖出风险

看到盈利机会入场，见到风险加大就离场。这是很多游资在操作过程中所遵循的交易法则。这些游资并没有按照规范的止盈与止损系统进行操作，而完全根据临场的盘感，股价走势情况进行判断。其实对于短线或超短线交易者来说，这也许是最合理的一种选择。股价短线波动瞬息万变，而强势牛股的走势在很大程度上又受到了临场的市场情绪所影响。当市场情绪起来的时候，即使股价短线出现了较大的回调，也可能被拉升而起；反之，当市场情绪不振时，即使股价仍能维持在高位，也可能很快就出现跳水走势。此时若过分拘泥于预先设定的止盈位或止损位，只会让自己更加被动，错失盈利或遭受更多的损失。

1. 入场的理由：盈利的机会出现

盈利机会，是短线交易者入场的唯一理由。当然很多投资者对这句话的理解还有所不同。比如有的投资者将股价出现超跌的个股，定义为盈利机会出现；也有的投资者会将处于上升趋势中的个股定义为盈利机会出现。不过相对而言，超跌个股也只是存在反弹的可能，其更大的可能还是要继续赶底，毕竟"熊市不言底"，一底之后还有更低的"底"。从游资角度来看，还是处于强势上攻周期的个股才是最佳的标的。

如图 7-1 所示，铭普光磁的股价自 2023 年 5 月中旬出现触底反弹走势，到了 5 月 30 日，该股股价向上放量突破了 30 日均线，标志着股价正式进入了强势上升周期。对于短线交易者来说，此时该股继续走高的概率要远远大于下行的概率。买入这类股票赚钱的机会要远远大于其他股票。

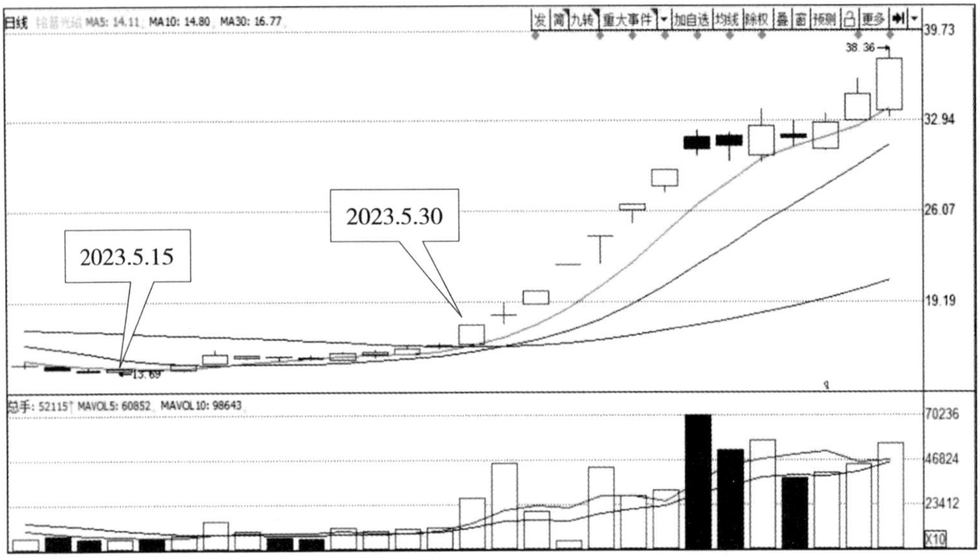

图 7-1　铭普光磁（002902）日 K 线走势图

2. 离场的理由：风险出现

风险出现，是卖出股票的唯一理由。不能因为盈利或亏损多少来判断是否应该卖出股票。当股价出现持续上攻走势时，很多投资者只是单纯地以股价涨幅较大或达到止盈点而作为卖出股票的理由。其实过早卖出只会让自己损失后面更多的利润，而风险出现，却因为股价没有达到止盈位或止损位而拒不卖出时，就可能让到手的利润溜走或者让自己遭受更大的损失。

下面来看一下大庆华科的案例，如图 7-2 所示。

从图 7-2 中可以看出，大庆华科的股价自 2024 年 1 月中旬出现了触底反弹走势，并出现了大幅反攻走势。1 月 26 日该股股价更是强势涨停。很多投资者将其看成潜在的牛股或短线强势股，于是纷纷入场买入该股。

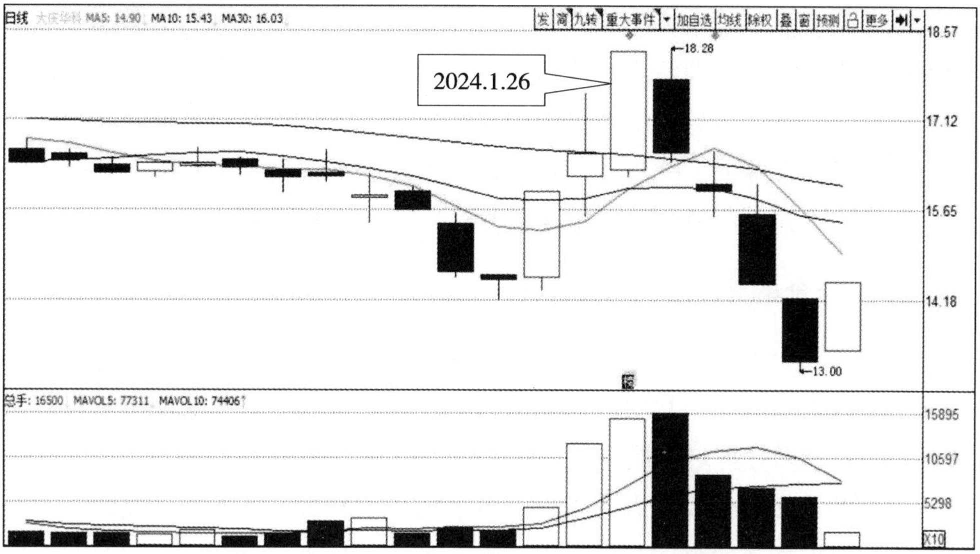

图 7–2　大庆华科（000985）日 K 线走势图

次日也就是 1 月 29 日，该股直接低开低走，呈现了较为较大的风险，如图 7–3 所示。

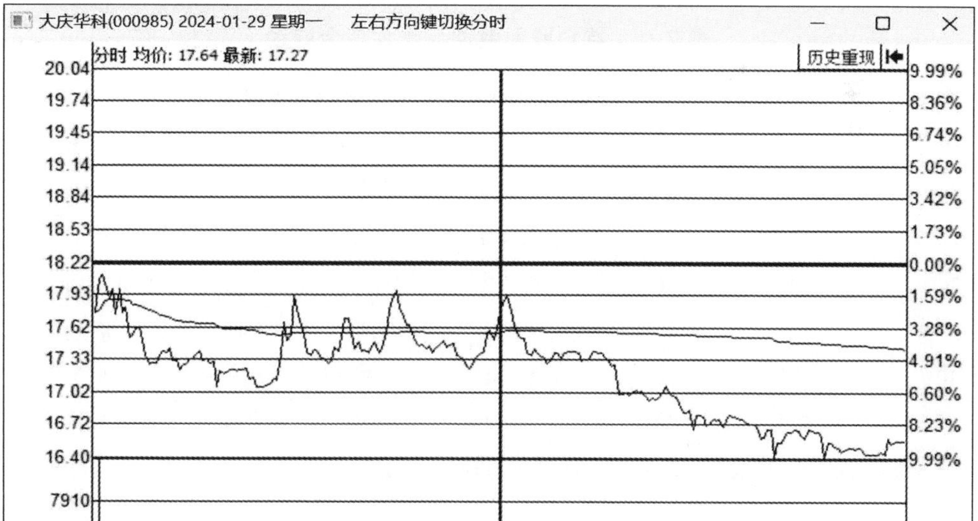

图 7–3　大庆华科（000985）分时走势图（2023.1.29）

从图 7-3 中可以看出，大庆华科的股价在 1 月 29 日低开之后，出现了一波短暂的冲高后立即转入回调走势，并跌破了均价线。很多投资者感觉到了某些风险，整个市场的情绪出现了某些回落。于是先知先觉资金开始选择了出逃。尽管有些前一交易日入场的资金出现了小幅的亏损，但还是会坚定地选择离场。其实这种操作也让投资者避免了其后更大的损失。

三、分仓的本质是分散风险

分仓，并不是简单地将投资者的资金分散到多只股票上，而是要根据市场环境确认买入股票的仓位。比如买入的逻辑是市场情绪的崩溃低点，其实没有人能够准确把握这个低点的，这时的分仓其实就是分批建仓。

分仓的核心，使投资者买入价尽可能地接近底价。买入的个股数量，能够大致体现投资者的整体胜率水平，不至于在一只股票上摔倒。游资控制风险，并不是靠止损位来完成的而是靠分仓。当持仓的众多股票中的一只出现大幅下跌时，不至于对本金产生较大的影响。如下表 7-1 所示，为持仓股票数据对整个资金净值波动影响。

表 7-1　持仓股票数据与账户资金变动

其中一只股票跌幅	不同股票持仓量对应的账户资金波动					
	1	2	3	4	5	6
5%	5%	2.5%	1.67%	1.25%	1%	0.83%
10%	10%	5%	3.34%	2.5%	2%	1.67%
20%	20%	10%	6.67%	5%	4%	3.34%
30%	30%	15%	10%	7.5%	6%	5%
40%	40%	20%	13.34%	10%	8%	6.67%
50%	50%	25%	16.67%	12.5%	10%	8.34%

注：此表位假定一只股票出现跌幅，而其他股票持平的情况。

从表 7-1 中可以看出，如果投资者全部资金持仓 1 只股票的话，那么这只股票的跌幅就是投资者整个持仓的亏损。也就是说，在这种情况下，投资者的投资生命在很大程度上是与某只股票捆绑在一起的。当投资者持仓的股票大于 1 只的时候，账户对单只股票的风险应对能力开始逐渐增强。当投资者持仓 5 只股票时，即使某只股票出现了 50% 的跌幅，对投资者整个资金的影响也在 10% 左右的水平，这种损失也是容易挽回的。

四、满仓，必须慎之又慎

满目的满仓，很容易陷入被动和恐慌。股价稍有回调，很难拿得住。一次失手，可能导致下次情绪更为崩塌，更加偏向满仓出手，如此形成恶性循环。

满仓，对于交易系统的执行力要求非常高，且满仓必然会面临的一个结果就是最大的收益率曲线波动率，这是无法避免的。对于很多还没有磨炼出自己较为成熟的交易系统的投资者来说，避免满仓是最佳的选择。

游资大佬炒股养家认为不是不可以满仓，但选择满仓的时候，至少符合几个条件：市场情绪热情高涨，板块是主流板块，个股是其中龙头股，握有先手优势，有利润在手，感觉少买 100 股都亏损的时候，一年不过 4～5 次。

下面来看一下大盘走势情况，如图 7-4 所示。

图 7-4 上证指数日 K 线走势图

从图 7-4 中可以看出，上证指数的股价自 2023 年下半年开始呈现出了明显的单边下跌趋势。在这波下跌过程中，尽管也伴随着一些反弹走势，但整体上并未激起太大的浪花。在这段时间操作的投资者从投资安全角度考虑，觉得不应该采取全仓操作。

知名游资退学炒股对于满仓操作有着一段比较客观的论述：找到自己适合的持仓方式，设置一个回撤线，资金在回撤线之上则全仓，资金到了回撤线则分仓，回撤线根据资金最高点变动，大概 10 个点左右的幅度。这样既能保证攻击性又能防止大幅回撤。

第二节　保留再战的能力

善留预备队，是很多兵家制胜的秘诀，这也成为投资者在市场上生存的不二法门。

一、炒股养家：决不能把盈利做成亏损

大家习惯把股票账户的盈亏叫“浮盈”与“浮亏”。也就是说，在没有将账户中的股票换成钱之前，一切的盈亏都是虚的。但在实战操作过程中，这种思想就会对交易产生直接的影响。在账户已经产生盈利的情况下，不愿意离场，还想要更高的盈利。有了 10%，还想要 15%；有了 15%，又想要 20%。当盈利开始回撤时，还想等着盈利的回升。到了盈利回落到 5% 左右，又想等等看；盈利来到了 -5%，还想着股价的回升。其实所有的一切都源于投资者自己主观内心的想象。

纵观各路游资的操作记录就可以发现。这些游资每笔收益其实也并不是特别高，即使这些游资参与了翻倍股的炒作，也只是获得了一到两个涨停板的利润而已。很少有游资能够将股票一直从底部拿到顶部。这不仅仅是风险的问题，其实也是游资操作的一种哲学思想。让大家都有利可图，这样的股票才能走得长远。反之那些一字板上去的股票，反而更容易套人，更难走高。

根本原因在于，钱都让一路游资挣了，其他游资又有谁愿意当“接盘侠”呢？从普通散户角度来看，每笔交易只要能有几个点的收益就可以了。只要保障每笔都能盈利即可。长期下来这种复利效应就足以让投资者的资金滚动起来。在交易过程中，必须坚持这样一个观点：绝不能把盈利的变成亏损的。

拿到投资者能够拿到的利润，留一份给市场、给其他投资者，才会获得稳定的收益。下面来看一下中船汉光的案例，如图 7-5 所示。

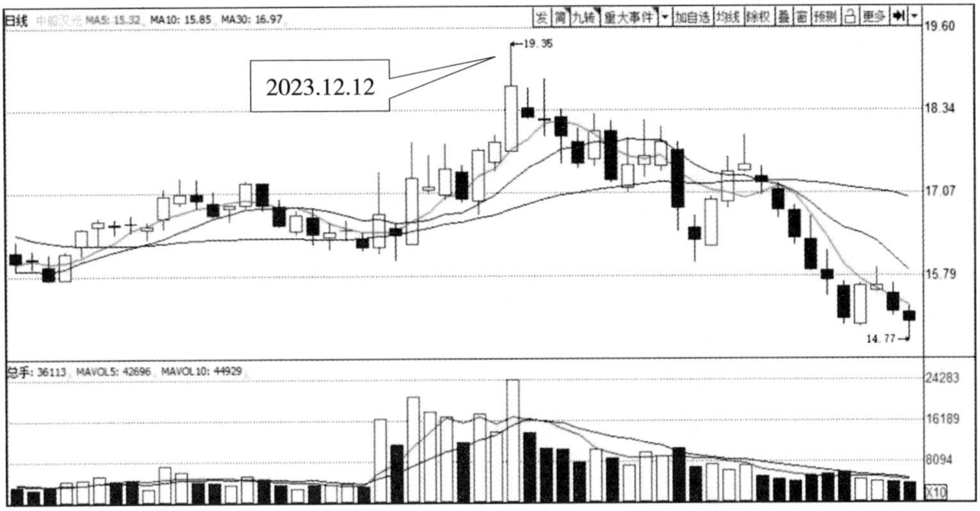

图 7-5　中船汉光（300847）日 K 线走势图

从图 7-5 中可以看出，中船汉光的股价自 2023 年 12 月初出现了小幅振荡反弹走势。很多投资者看见股价 K 线在 30 日均线位置获得支撑后，反向突破了 5 日均线，于是投资者纷纷入场买入股票。

当股价上攻至 12 月 12 日时，该股已经有了 10 个点左右的涨幅。很多投资者仍坚定地看多该股的后市，继续持股待涨。

此后该股股价不仅没有继续上攻，反而出现了振荡下跌走势。如果投资者不能见好就收，就会将到手的利润全部吐出。

市场就是这样残酷。它不以投资者的感觉或意识为转移。当市场资金、情绪不再支持其上涨时，就会转入下行通道。投资者想要在市场中生存，能做的就是顺应市场、顺应趋势、顺应情绪。

二、龙飞虎：动态仓位管理

龙飞虎的名号在今天已经远不如赵老哥、章盟主、炒股养家等人显赫，但在十多年前，却也是一个传奇的存在。其常用席位为：华泰证券股份有限公司南京六合彤华街证券营业部。

龙飞虎在1996年入市，在开始阶段也曾经历多次毁灭性打击，但还是坚持了下来。在2008年股灾之后，资金量迅速走高，一年之内翻了十倍有余，从此实现财务自由。

龙飞虎曾经公开分享过一些投资与操盘的思路。比如其动态仓位管理思想，还是非常值得普通投资者学习的。

龙飞虎的动态仓位管理主要针对的还是从整体上控制资金的回撤幅度，谋求低速、稳定的上行曲线。

在投资品种选择方面，以热门活跃品种为主。投资品种的活跃度是一个非常重要的指标。对于喜欢短线交易的投资者来说，投资品种缺乏活跃度，就相当于白白浪费自己的子弹和生命，是没有价值的。活跃的交易品种才会有波动，才会有操作空间。

除了短线活跃度较高的热门交易品种外，一些中线反复活跃的品种也是可以考虑的。例如最近几年的华为概念、新能源车概念、光伏概念等都是被多次反复炒作，也是投资者可以考虑的一个方向。

在总体仓位方面一般控制在3～6成左右。次日开盘后，如果老仓能够表现得非常强势，则会考虑开一次新仓。此后若新仓能够封上涨停板，则可考虑再抢入一部分新仓。如果行情较佳的话，持仓的仓位可能就会接近8成，这就相当于满仓运行，此时就会考虑卖出部分仓位。一般来说，除非老仓股票能够涨停，否则都要进行减仓或清仓操作。在一天临近尾盘时段，要努力将仓位控制在5成左右。这里还有一些需要根据市场环境调整的因素，如果行情不佳，老仓出现了亏损，则必须谨慎开仓。第一次开立新仓后，若仍无法实现盈利，则必须限制开仓，直至收盘。反之若市场行情向好，做多氛围较浓，仓位可以适当增加。

三、灯心人：建立备用金规划

灯心人是股市中一个传奇的存在。在2015年股灾之后，参加实盘大赛，在一年半的时间里，将5000元的资金滚动到40万元，实现了80倍的增长。正当所有人都将其看成未来游资领域的又一新星时，却因连续中止超级大牛股的涨势，而获得“核按钮”的绰号。

在灯心人的操盘过程中，经历了多次被打倒，又多次卷土重来。建立备用金规划，是其常用的秘密武器。

灯心人的备用金提取规划也比较简单，只是按照资金量提取一定的比例来实现的，即当资金量为10万时，提取1万元作为备用金；资金量达到20万时，提取2万元作为备用金，以此类推。当资金量达到100万元时，提取的备用金也将达到55万。此时投资者就不容易再被市场所击败了。

备用金规划，是投资者在股市中长期生存的保证。当自己主要投资账户资金出现大幅亏损无力再战时，就可以利用备用金账户的资金再战股市。

第三节　严控回撤，留有余地

严控回撤，并不是简单地止损，而要通过合理的分仓与仓位控制，对整个资金的回撤进行有效的控制。

一、仓位是短线操作的核心

短线交易者都把止盈位与止损位看得非常重。于是就常常出现这样一种情况：股价上攻前的波动，常常将止损位击穿，而不得不割肉离场。待自己割肉离场后，股价又重新上涨。另一种情况是，股价刚刚开始上升又因为触及止盈位，而错过了后面一大波上升幅度。归根结底，这就是没有掌握短线交易的精髓。

从游资的角度来看短线交易，只有市场情绪变化，而没有所谓的股价波动的高低之分。事实上，当回顾这些短线上攻的股票就可以看出，很多股票在上升过程中都会出现幅度极大的波动，地天板、天地板频频出现。这也就意味着我们通常所设置的止盈位与止损位并不能起到太大的作用。也就是说，游资更加关心的是市场上的情绪高低，若情绪出现消散，则会坚决出货，哪怕股价跌停也要出货。反之，若市场情绪仍然很高，即使股价出现大幅下跌，也不会卖出，而可能会继续买入。

当然在这里有一个问题需要明确。相对于散户，游资有更为明显的优势，即游资可以通过将手中的筹码抛出以检验市场承接盘情况，并进而预判情绪有无发散，而散户则只能通过盘中的交易量变化来研判市场情绪。这里有一点还要注意，我们要观察的是成交量变化，而非简单的价格波动。

无论是游资还是普通的投资者，交易风险控制都是必须要考虑的优先事项。而在游资的交易体系中，风险控制主要是通过仓位控制来完成的，而非止盈位和止损位。

回顾之前很多的游资交易记录可以看出，很多游资在进入某只股票抢筹时，第一笔投入的金额都非常少。后面的交易可能会投入几千万资金，但第一笔也就在几百万到一千万的水平，其实这就是在试盘，也是在检验自己的判断。如果第一笔入场的资金出现了亏损，那就可以大致认为自己的判断存在失误，后面也就没有了继续投入的基础。

概括起来，大致的短线仓位控制应该保持如下的比重。

首先，单只个股投入的金额一般不应超过总仓位的 20%。

其次，在单只股票仓位投入方面，应该按照如下的比例分批入场：第一笔 10%；第二笔 20%；第三笔 20%；第四笔 30%。剩余的 20% 为轻易不会投入的备用仓位。

同时，投资者必须保证在前一笔盈利的基础上才能投入第二笔。如果行情振荡不明，也可以像游资一样，进行滚动交易，即前一笔有盈利后兑现利润后撤出。然后，机会出现时再度进入。毕竟短线强势上升的个股，波动也是非常大的。

短线交易从本质上来说，是一种风险极高的交易活动，投资者只有通过极为严格的仓位控制才能在市场上生存下来。大家不要有一夜暴富的心态，更不要想在一只股票上暴富。毕竟大家是要在股市中长久生存。错误的方法，可能让投资者一次或两次成功，但以后就可能面临更大的损失。

比如2015年的大牛市中，很多投资者都使用了杠杆资金，在股价上升时，固然盈利规模急剧放大，股价一旦转入下跌，由于使用了杠杆资金而让自己先前的盈利一夜归零。

总之投资者是要在市场上长期生存的，而不仅仅是为了一笔或两笔的盈利。要想长久的生存，合理管控仓位就是第一步，也是最重要的一步。

二、五成仓位闯天下

股市是一个充满变数的场所。无论你当前的操作多么顺利，也要考虑瞬时降临的风险。以控制风险为中心的操作思路，可能会让投资者错过一些盈利的机会，特别是在强势的市场环境中，其他投资者都收获满满，而你可能只是获得了为数不多的利润。不过半仓运行却可以让投资者规避市场上较大的风险，确保自己的仓位不会出现大阴线。控仓包括如下几点。

第一，这里的五成仓位并非是一直保持不变的仓位。通常来说，每个交易日的收盘时段，仓位维持在30%～60%左右即可。在节假日或周末前的最后一个交易日会更低一些。从以往的经验来看，节假日往往是影响盘面信息高发的时段，为了降低风险，就需要合理地控制仓位。

第二，手中没有老仓位的情况下，第一个交易日开仓的仓位占比绝对不能超过30%。次日只有先前的仓位实现盈利后，才能开新的仓位。若老仓位出现亏损，则应该将重心放在如何调整先前仓位的占比，是低吸加仓还是减仓乃至清仓。总之不入新仓，就可以为操作老仓位赢得时间和空间。

第三，除非先前入手的老仓位当日涨停，否则当老仓位出现盈利时，一定要分批次减仓，确保将盈利收到手中。在减仓时，若市场环境较佳，可考虑入手新仓，若环境不佳，则不宜入手新仓。

第四，下午时段，若上午入手的新仓开始出现亏损，则需加速老仓位的离场，确保临近收盘时段整体仓位维持在 5 成左右。

第五，早盘开盘后，若发现市场环境不佳，全天存在大幅走低的风险，则宜第一时间卖出所有老仓位，离场等待时机。

总之，短线交易过程中，最怕的是在原有仓位已经出现套牢的情况下，试图通过增加新仓拉低整个持仓的成本线，然后寄希望于市场的全面转暖，以实现解套。这是极端错误的交易方法，很多散户都是因此而被深度套牢的。

三、分仓 + 模式，小资金滚动的密码

游资 92 科比对于小资金滚动有这样一段论述："再小的资金也需要分仓管理。同时需要找到一种能够稳定盈利的模式，并不断地打磨这种模式。同时严控加杠杆行为，本人极度厌恶加杠杆。"

通过分仓来控制回撤和风险，确立成熟稳定的交易模式来提升盈利能力和水平，是很多小资金滚动起来的密码。

尽管在股票投资领域有多种交易模式或成功的范式可供选择，但有一个事实却非常明显：第一，面对众多交易模式，投资者还是无所适从，不知道选择哪种交易方法好；第二，面对波动剧烈的股市，总是做着随大流的选择，没有自己的主见；第三，总是喜欢听别人的意见来选择自己的交易模式。

总之，以上种种都是没有形成自己独立交易模式的结果。至于创建属于自己的交易模式这件事，需要从以下几个角度入手。

第一，根据个人的性格特征，选定一种或几种交易模式。性格较为急躁的投资者不适合做中长线交易；性子较慢的投资者，则不适合做超短线交易。

第二，通过实战来检验自己的交易模式。在交易过程中，不断总结交易系统存在的问题，不断修正，直至形成一套稳定的交易系统，并使成功率获得提升。

第三，通过盈利积累对交易系统的信心，并将其打造更为纯熟。

四、控制回撤，还是控制回撤

回撤是复利的天敌。作为想要在股市中长久生存的投资者，不断地通过积累复利效应实现资金的增值是其唯一的途径。通过观察多数游资的操盘记录可以发现以下这样几点。

第一，游资也不是每笔交易都盈利。

第二，游资的每笔盈利并不是都能获得较大盈利幅度，且以获得 1 个点到 3 个点之间的盈利幅度为多。

第三，游资所产生的大幅利润其实还是源于每个交易日点滴的积累，且最主要的是，其控制回撤较好。由于游资多采用分仓交易，即使单只股票出现较大的亏损，也没有对整个资金仓位产生较大的影响。

回撤不仅影响投资者的操作心态，更影响投资者复利的延续。在市场环境不利的情况下，适当空仓，阶段回撤也是一种必要的方法和手段。

第八章
复盘系统

复盘是收盘后，再度将市场运行的情况以及各个热点的启动再度回顾一下。明确哪些股票资金流进活跃，哪些股票资金流出主力在逃，大盘的抛压主要来自哪里，大盘做多动能又来自哪里等。

第一节　复盘的核心要素

复盘是每个投资者，特别是短线交易者的必修课。从需要关注的项目，复盘的基本要素逐渐过渡到对整个大盘、题材与龙头股的理解，这些都是复盘要解决的问题。

一、复盘重点关注项目

从游资的角度来看，复盘重点关注的项目，包括以下几个方面。

第一，研究热点板块。

每日的热点板块，是复盘首先需要研究的项目。具体细节包括：强势热点板块平均涨幅、涨停个股数量、涨停板个股涨停的先后时间顺序以及个股之间的联动，都是必须要考虑的！

第二，强势股图形的一致性。

强势股启动的盘面特点，分时线与 K 线。重点观察分时线、K 线以及成交量变化之间的关系。看得多了以后遇到这类形态，就容易形成条件反射。

事实上很多牛股在启动时，其图形还是具有很大一致性的。常做复盘、经常观察启动个股的分时线形态，确实可以提升临盘决策的准确性和及时性。大家知道，强势股从启动到涨停也就一瞬间，若不能及时做出决策，就可能错过了一波行情。这就是我们复盘的最大的意义。

第三，观察龙虎榜数据。

观察龙虎榜数据，重点观察买入营业部，特别是国内顶级游资常常出没的营业部。图 8-1 所示为 2024 年 2 月 28 日的龙虎榜数据。

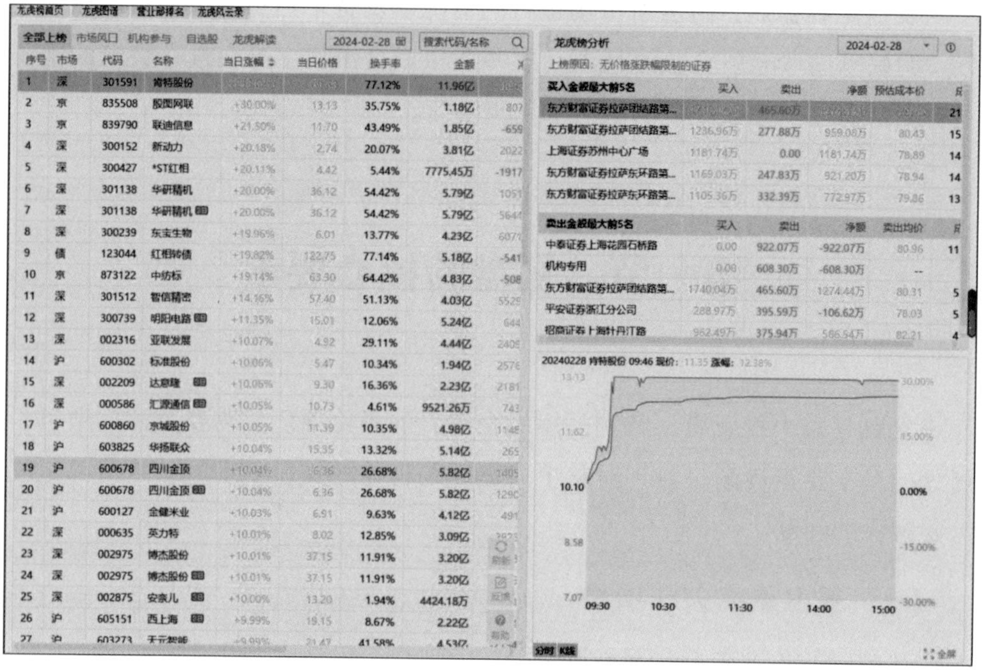

图 8-1　龙虎榜数据（2024.2.28）

如图 8-1 所示为 2024 年 2 月 28 日的龙虎榜数据（同花顺版），从该图中可以看出在当日有多只股票登上龙虎榜。点击这些股票后，在右侧窗口中会给出该股票买入交易与卖出交易最大量的营业部以及该股的走势。

其次买入与卖出金额也是重点观察的项目。买入金额越多，说明游资介入越深，未来拉升的概率也就越大。

尽管龙虎榜数据带有很大的滞后性，是当日完成交易后的数据。但用大笔资金买入的游资势必要出货，而且要出货就需要拉高股价，这是一个必然的逻辑。当然由于我国的股市是 T+1 交易规则，次日游资拉升股价时，普通散户要在下一个交易日才能卖出。这就给游资一个套散户的机会。

不过散户也不是没有机会躲过这个“坑”。观察之前的游资操盘，可以发现一个共同的特点，即大多数游资在股价进入高位后都是先将之前的筹码抛出，然后再反手买入的。当股价上升，游资抛出筹码时，就是其测试下方承接的时候。这也是散户观察盘面承接强度的一个机会。若大盘抛盘出来后，股价并未大幅走低，甚至重新冲高，则说明游资还是要拉涨停的。反之，若抛盘不多就将股价打压至较低的位置，则投资者还是应该多看少动。

总之，涨停时间与先后顺序、拉升前的技术形态，看龙虎榜找是谁拉升的，哪个游资拉升的也很重要。投资者要是能熟悉某一路游资的套路就更好了。

复盘就是要多从自己身上找问题。

前些年不是经常提及一个概念“不为失败找借口，只为成功找方法”。有些人就是身上的戾气太重，每次失败都会找各种各样的借口。比如主力太凶残、监管不得力等。其实市场上每天都有大量的盈利者，也有很多亏损者。多做复盘，多总结自己交易的得失，慢慢就会发现，交易也并不是那么难了。

二、基础复盘要素

每个人的精力都是有限的，因而在复盘时，重点关注 200 只左右的股票就可以了。

其中，以下几种类型的股票需要特别的关注。

第一，所有涨停的股票。一只股票能够涨停，必有其内在的原因。

第二，成交额或换手率前 50 的股票。

第三，跌幅榜前 30 名的股票。

第四，板块涨幅榜前 5 名的领涨股。

图 8-2、8-3、8-4 为 2024 年 2 月 5 日，沪深两市的涨幅榜。

从图 8-2、图 8-3 中可以看出，上证指数出现了大幅走低态势。特别是在盘中时段，上证指数跌幅一度超过 3.4%，两市更是出现了超千只股票跌停的局面。从涨幅榜上来看，当日的热点几乎没有，涨停股票（含连板）仅有 17 只，这说明市场情绪很差，短线交易者其实是不应该入场交易的。图 8-4 的换手率数据，也是分析资金流动和市场情绪的一个重要维度。一只股票经过一波上攻后出现成交量极具放大的情况，是需要小心的，而一些长期在低位徘徊的股票，若出现了明显的放量，则需密切关注其后的走势，毕竟存在

	代码	名称	现价	涨幅%	涨跌	买价	卖价	总手	总金额	现手	涨速	实体涨幅
1	300466	赛摩智能	5.74	+20.08	+0.96	5.74	--	49.98万	2.81亿	1219 ↑	+0.00%	+15.73%
2	600579	克劳斯	5.89	+10.09	+0.54	5.89	--	82277	4746万	2007 ↑	+0.00%	+11.13%
3	002325	洪涛股份	1.20	+10.09	+0.11	1.20	--	23.77万	2852万	2091 ↑	+0.00%	+0.00%
4	000017	深中华A	11.50	+10.05	+1.05	11.50	--	132.7万	15.01亿	7018 ↑	+0.00%	+9.52%
5	603958	哈森股份	13.92	+10.04	+1.27	13.92	--	36.77万	4.92亿	568 ↑	+0.00%	+7.08%
6	603135	中重科技	13.61	+10.02	+1.24	13.61	--	69935	9482万	399 ↑	+0.00%	+8.71%
7	600560	金自天正	13.72	+10.02	+1.25	13.72	--	74736	1.03亿	757 ↑	+0.00%	+0.00%
8	603960	克来机电	15.82	+10.01	+1.44	15.82	--	68514	1.08亿	430 ↑	+0.00%	+0.00%
9	600563	法拉电子	95.93	+10.00	+8.72	95.93	--	40311	3.69亿	74 ↑	+0.00%	+11.40%
10	000526	学大教育	51.50	+10.00	+4.68	51.50	--	83517	3.92亿	92 ↑	+0.00%	+9.95%
11	600345	长江通信	17.28	+9.99	+1.57	17.28	--	15.12万	2.54亿	398 ↑	+0.00%	+9.37%
12	601038	一拖股份	13.76	+9.99	+1.25	13.76	--	11.88万	1.56亿	282 ↑	+0.00%	+9.90%
13	601882	海天精工	24.01	+9.99	+2.18	24.01	--	52610	1.21亿	1864 ↑	+0.00%	+10.39%
14	603638	艾迪精密	14.98	+9.99	+1.36	14.98	--	63781	9040万	360 ↑	+0.00%	+11.13%
15	603032	德新科技	18.40	+9.98	+1.67	18.40	--	23.68万	4.25亿	44 ↑	+0.00%	+6.98%
16	000972	中基健康	4.63	+9.98	+0.42	4.63	--	70.72万	3.27亿	1419 ↑	+0.00%	+0.00%
17	603330	天洋新材	6.29	+9.97	+0.57	6.29	--	52.19万	3.21亿	726 ↑	+0.00%	+13.54%
18	300353	东土科技	9.42	+9.53	+0.82	9.41	9.42	70.76万	6.37亿	8 ↑	+0.11%	+7.53%
19	688301	奕瑞科技	240.00	+9.14	+20.10	237.49	240.00	17537	4.01亿	50 ↑	+0.00%	+9.59%
20	600884	杉杉股份	10.22	+8.72	+0.82	10.21	10.22	40.87万	3.96亿	4447 ↑	-0.49%	+7.58%
21	600388	龙净环保	10.88	+7.40	+0.75	10.87	10.88	28.04万	2.94亿	770 ↑	+0.00%	+7.09%
22	688617	惠泰医疗	421.30	+7.18	+28.22	421.30	421.93	7939	3.25亿	52 ↑	+0.02%	+8.03%
23	300015	爱尔眼科	13.35	+6.71	+0.84	13.34	13.35	153.2万	19.95亿	6 ↑	-0.08%	+6.89%
24	603209	兴通股份	12.12	+6.69	+0.76	12.12	12.13	83429	9645万	1195 ↑	-0.17%	+4.84%
25	600566	济川药业	31.23	+6.59	+1.93	31.23	31.24	11.29万	3.44亿	348 ↑	-0.06%	+6.95%
26	688099	晶晨股份	46.45	+6.56	+2.86	46.45	46.51	94072	4.09亿	454 ↑	-1.17%	+6.24%
27	301035	润丰股份	58.92	+6.53	+3.61	58.90	58.92	22390	1.25亿	48 ↑	+0.00%	+5.97%
28	300122	智飞生物	47.26	+6.49	+2.88	47.25	47.26	28.71万	13.27亿	5 ↓	-0.65%	+7.26%
29	002138	顺络电子	23.25	+6.41	+1.40	23.24	23.25	21.98万	4.96亿	697 ↑	-0.04%	+7.39%
30	300760	迈瑞医疗	284.34	+6.32	+16.91	284.34	284.98	79063	22.11亿	1 ↑	-0.92%	+7.30%
31	300938	信测标准	26.98	+6.26	+1.59	26.98	26.99	23941	6213万	192 ↑	+0.00%	+6.51%
32	300751	迈为股份	110.50	+6.24	+6.49	110.30	110.50	34999	3.67亿	2 ↑	-0.28%	+7.18%
33	600060	海信视像	23.25	+6.16	+1.35	23.18	23.25	11.73万	2.62亿	592 ↑	-0.17%	+6.65%
34	300374	中铁装配	16.98	+6.13	+0.98	16.98	16.99	60.31万	10.11亿	1 ↑	+0.24%	+12.30%

图 8-2　沪深两市涨幅榜（2024.2.5）

涨幅排名　DDE排名　资金流向　主力增仓　财务数据　涨停排名　上市至今排名　陆股通排名

	代码	名称	现价	涨幅%	涨跌	买价	卖价	总手	总金额	现手	涨速	实体涨幅
1	603082	C北自	29.11	-25.51	-9.97	29.11	29.12	15.77万	5.27亿	3999 ↓	-0.72%	-20.31%
2	301502	C华阳智	47.51	-20.78	-12.46	47.51	47.84	77151	3.98亿	1 ↓	+0.51%	-15.16%
3	300208	青岛中程	2.58	-20.12	-0.65	--	2.58	52.68万	1.44亿	3310 ↓	+0.00%	-14.85%
4	300405	科隆股份	4.22	-20.08	-1.06	--	4.22	36.11万	1.62亿	637 ↓	+0.00%	-17.09%
5	688659	元琛科技	6.10	-20.05	-1.53	--	6.10	92037	5862万	10 ↓	+0.00%	-18.99%
6	301040	中环海陆	9.86	-20.03	-2.47	--	9.86	62426	6403万	116 ↓	-0.10%	-18.31%
7	300920	润阳科技	12.38	-20.03	-3.10	--	12.38	38496	5012万	8 ↓	+0.00%	-17.02%
8	688038	中科通达	7.07	-20.02	-1.77	--	7.07	66486	4942万	42 ↓	+0.00%	-18.45%
9	300469	信息发展	7.71	-20.02	-1.93	--	7.71	23.10万	1.87亿	82 ↓	+0.00%	-20.52%
10	300899	上海凯鑫	19.10	-20.02	-4.78	--	19.10	89953	1.84亿	269 ↓	+0.00%	-17.88%
11	301178	天亿马	17.07	-20.01	-4.27	--	17.07	35955	6430万	228 ↓	+0.00%	-18.79%
12	688229	博睿数据	24.15	-20.01	-6.04	--	24.15	14988	3808万	34 ↓	-0.08%	-18.49%
13	688176	亚虹医药-U	5.20	-20.00	-1.30	--	5.20	36.40万	1.95亿	130 ↓	+0.00%	-15.45%
14	300689	澄天伟业	10.40	-20.00	-2.60	--	10.40	56600	6147万	169 ↓	-0.10%	-19.25%
15	300799	*ST左江	21.72	-20.00	-5.43	--	21.72	1251	271.7万	1 ↑	+0.00%	+0.00%
16	300995	奇德新材	11.40	-20.00	-2.85	--	11.40	41420	4978万	37 ↓	+0.00%	-20.61%
17	301037	保立佳	11.36	-20.00	-2.84	11.36	11.37	46663	5461万	119 ↓	-0.18%	-13.61%
18	688152	麒麟信安	35.29	-20.00	-8.82	--	35.29	34865	1.27亿	125 ↓	+0.00%	+0.00%
19	301141	中科磁业	33.25	-20.00	-8.31	--	33.25	54973	1.94亿	249 ↓	+0.00%	-17.90%
20	300710	万隆光电	13.93	-19.99	-3.48	--	13.93	60672	8960万	11 ↓	+0.00%	-20.40%
21	300536	农尚环境	13.13	-19.99	-3.28	--	13.13	19.11万	2.69亿	894 ↓	+0.00%	-18.45%
22	688260	昀冢科技	12.97	-19.99	-3.24	--	12.97	50578	6947万	59 ↓	+0.00%	-18.48%
23	300786	国林科技	9.21	-19.98	-2.30	--	9.21	11.76万	1.16亿	201 ↓	+0.00%	-18.13%
24	300069	金利华电	8.53	-19.98	-2.13	8.53	8.56	50600	4594万	807 ↓	-0.23%	-19.30%
25	688004	博汇科技	15.06	-19.98	-3.76	15.06	15.07	36075	5754万	73 ↓	+0.00%	-18.20%
26	300205	ST天喻	4.49	-19.96	-1.12	--	4.49	18.58万	8921万	85 ↑	+0.00%	-18.36%
27	300472	新元科技	4.49	-19.96	-1.12	4.49	4.50	18.47万	8851万	643 ↓	-1.97%	-19.10%
28	301027	华蓝集团	7.30	-19.96	-1.82	--	7.30	10.35万	7783万	544 ↓	+0.00%	-18.62%
29	301098	金埔园林	6.82	-19.95	-1.70	6.82	6.84	85949	6279万	1015 ↓	-1.16%	-19.39%
30	300125	聆达股份	6.42	-19.95	-1.60	--	6.42	27.63万	1.87亿	132 ↓	+0.00%	-19.35%
31	300106	西部牧业	6.34	-19.95	-1.58	--	6.34	17.80万	1.22亿	1483 ↓	+0.00%	-15.47%
32	300923	研奥股份	13.77	-19.94	-3.43	13.76	13.77	32892	4660万	109 ↓	+0.07%	-15.05%
33	301067	显盈科技	24.66	-19.94	-6.14	24.64	24.66	45691	1.20亿	525 ↓	-0.16%	-18.13%
34	300550	和仁科技	8.12	-19.92	-2.02	8.11	8.12	57413	4972万	191 ↓	+0.12%	-19.20%
35	301273	瑞晨环保	14.70	-19.89	-3.65	14.69	14.70	20750	3230万	64 ↓	+0.00%	-19.28%
36	301125	腾亚精工	10.15	-19.89	-2.52	10.15	10.17	54405	5759万	393 ↓	+0.10%	-18.34%

图 8-3　沪深两市跌幅榜（2024.2.5）

涨幅排名 DDE排名 资金流向 主力增仓 财务数据 涨停排名 上市至今排名 陆股通排名

	代码	名称	现价	涨幅%	涨跌	现均差%	换手	委比%	总市值	流通市值	流通比例	内
1	301502	C华阳智	47.51	-20.78	-12.46	-6.72	57.01%	+87.66	27.12亿	6.43亿	23.71%	46020
2	603082	C北自	29.11	-25.51	-9.97	-10.96	49.59%	+20.81	47.22亿	9.26亿	19.60%	93090
3	603375	盛景微	44.73	+6.02	+2.54	+1.95	44.84%	-29.52	45.03亿	8.82亿	19.60%	54463
4	000017	深中华A	11.50	+10.05	+1.05	+1.85	43.81%	+100.00	79.26亿	34.84亿	43.96%	84.18万
5	301469	恒达新材	26.10	-9.38	-2.70	-9.94	43.29%	-38.18	23.35亿	5.42亿	23.21%	51792
6	301315	威士顿	56.88	+4.56	+2.48	+1.08	37.65%	-3.15	50.05亿	12.51亿	25.00%	41308
7	003042	中农联合	17.60	-9.51	-1.85	-9.20	36.05%	-19.68	25.08亿	11.99亿	47.80%	13.25万
8	301577	美信科技	44.75	-11.75	-5.96	-4.48	35.61%	-89.33	19.81亿	4.97亿	25.07%	22083
9	301516	中远通	18.21	-17.82	-3.95	-6.16	35.20%	+49.89	51.12亿	11.27亿	22.04%	12.59万
10	301508	中机认检	30.80	-16.78	-6.21	-6.89	33.24%	-83.57	69.63亿	13.23亿	19.00%	88388
11	300374	中铁装配	16.98	+6.13	+0.98	+1.35	31.87%	+95.97	41.76亿	32.14亿	76.96%	30.85万
12	301509	金凯生科	56.07	+5.81	+3.08	+1.66	29.15%	+21.22	48.24亿	12.06亿	25.00%	31603
13	301567	贝隆精密	32.40	-17.77	-7.00	-5.66	28.36%	-76.12	23.33亿	5.83亿	25.00%	31266
14	301141	中科磁业	33.25	-20.00	-8.31	-4.99	25.66%	-100.00	29.46亿	7.12亿	24.18%	34387
15	688648	中邮科技	20.65	-14.42	-3.48	-4.08	24.37%	-76.61	28.08亿	5.94亿	21.15%	41956
16	603083	剑桥科技	39.70	+0.92	+0.36	-0.68	24.03%	-48.69	106.4亿	104.1亿	97.77%	31.80万
17	301337	亚华电子	27.90	-11.74	-3.71	-4.18	24.02%	-36.07	29.07亿	7.27亿	25.00%	37659
18	001379	腾达科技	15.39	-10.00	-1.71	-2.32	23.78%	-100.00	30.78亿	7.54亿	24.50%	64124
19	001226	拓山重工	31.99	-8.91	-3.13	-3.02	22.94%	-11.56	23.89亿	5.97亿	25.00%	22434
20	603312	西典新能	25.85	-9.99	-2.87	-1.64	22.76%	-100.00	41.77亿	8.81亿	21.09%	44109
21	300997	欢乐家	10.90	-18.96	-2.55	-4.28	22.71%	+15.45	48.78亿	9.54亿	19.55%	12.92万
22	301293	三博脑科	54.66	-9.25	-5.57	-2.65	22.38%	+19.42	86.61亿	19.68亿	22.72%	50240
23	601136	首创证券	18.75	-4.34	-0.85	-4.11	22.17%	-49.60	512.5亿	90.28亿	17.62%	56.43万
24	300899	上海凯鑫	19.10	-20.02	-4.78	-5.66	21.97%	-100.00	12.18亿	7.82亿	64.18%	50773
25	603767	中马传动	15.94	-9.99	-1.77	-11.86	21.17%	-100.00	49.20亿	49.20亿	100.00%	35.18万
26	001387	雪祺电气	17.33	-10.02	-1.93	-3.27	20.90%	-100.00	23.70亿	5.81亿	24.50%	40072
27	001216	华瓷股份	10.98	-7.58	-0.90	-1.68	20.41%	-25.39	27.65亿	6.91亿	25.00%	76948
28	603230	内蒙新华	13.93	-10.01	-1.55	-5.43	20.35%	-100.00	49.25亿	12.45亿	25.29%	94017
29	301566	达利凯普	14.55	-12.98	-2.17	-4.85	18.79%	-1.25	58.20亿	6.65亿	11.43%	49469
30	001314	亿道信息	35.09	-7.97	-3.04	-5.18	18.53%	-59.44	49.83亿	12.32亿	24.73%	37839
31	603373	安邦护卫	25.48	-10.00	-2.83	-2.13	18.20%	-100.00	27.40亿	6.71亿	24.50%	22652
32	301578	辰奕智能	40.90	-10.54	-4.82	-2.98	18.07%	+27.42	19.63亿	4.65亿	23.71%	11826
33	600318	新力金融	6.83	-10.01	-0.76	-4.57	17.89%	-100.00	35.02亿	35.02亿	100.00%	48.77万
34	301285	鸿日达	17.27	+2.07	+0.35	+3.82	17.63%	+87.24	35.69亿	13.33亿	37.36%	76401
35	601096	宏盛华源	4.74	-10.06	-0.53	-3.07	17.56%	-100.00	126.8亿	30.75亿	24.25%	65.74万
36	301526	国际复材	3.98	-14.22	-0.66	-4.34	17.26%	+5.89	150.1亿	21.73亿	14.48%	55.38万

图 8-4 沪深两市换手率榜（2024.2.5）

资金大规模介入的可能。从当日的换手率排行榜来看，除了新股外，高换手率股票多数为跌停股和冲高回落股，这都是需要特别警惕的。

三、大盘、题材和龙头三维复盘

对整个市场的复盘过程中，需要梳理大盘、题材和龙头等三方面的要素。

1. 大盘

判断大盘走势以及当前的位置，是整个复盘的第一步。对大盘的判断包括如下几项。

首先，大盘处于上升趋势还是下行趋势。

其次，大盘当前处于上升或下降趋势的某种阶段，初期还是末期。

如图 8-5 所示为上证指数在 2023 年下半年到 2024 年 1 月的指数走势情况图。

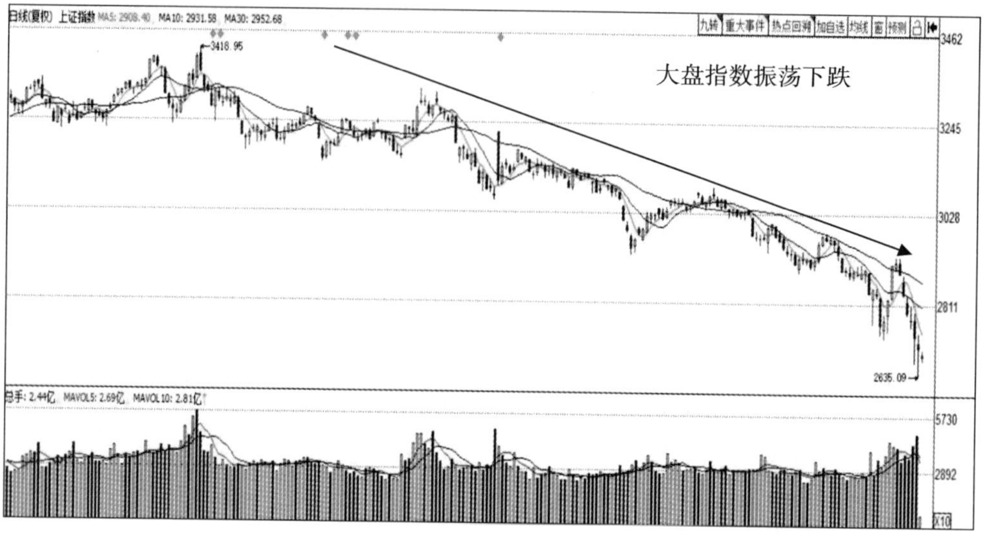

图 8-5 上证指数日 K 线走势图

从图 8-5 中可以看出，大盘指数在此阶段几乎呈现出了单边下跌的态势，且在 2024 年 1 月有加速下跌态势。

从具体指数来看，在 2024 年 2 月 5 日，大盘指数一度触及 2635.09 点。该点位属于最近几年来的最低点，很多大盘权重股的股价都来到了最近几年的低点，超跌迹象明显，这也就是说，从趋势上来看，此时的大盘很可能属于下跌趋势的末尾。

在每日的复盘中，要重点关注市场的领涨板块、涨停个股。通常来说，若市场处于下行趋势，市场就会缺乏明显的领涨板块，导致整个市场的热点非常分散，比如 2024 年 2 月 5 日所列的涨幅榜上，整个市场就没有明显的领涨板块。个股的涨停情况，如表 8-1 所示。

从表 8-1 中可以看出，2024 年 2 月 5 日的市场上涨停个股数量较少，连板股更少，很多触及涨停个股都出现了大幅下跌走势。最高连板股中基健康仅有 4 个板。相对而言，新质生产力概念，属于市场较为热门板块。

2. 题材

复盘的核心在于关注当前热门股票上涨的原因，判断题材上升幅度的大小等。通常来说，越是能够主导整个市场的题材，越是产生带动整个市场情

表 8-1　股市涨停情况表

大盘综述							
收盘	2702.19	涨幅	-1.02%	前收	2730.15	今开	2716.08
A 股三大指数今日涨跌不一，截至收盘，沪指跌 1.02%，深成指跌 1.13%，创业板指涨 0.79%，北证 50 指数跌 3.83%，沪深两市成交额 8774 亿元。两市超 4800 只个股下跌，超 1300 只个股跌停，北向资金净买入 12.11 亿元。板块题材上，两市概念板块仅同花顺漂亮 100、银行板块飘红，高股息、创业板权重股午后拉升护盘，数据要素、空间计算、新型城镇化等板块全天大跌。							
领涨板块		新质生产力		中字头		机器人	脑机接口
首板股	赛摩智能（新型工业化）克劳斯（新质生产力）洪涛股份（光伏建筑一体化） 深中华 A（自行车）中重科技（新型工业化）金正天自（新质生产力） 法拉电子（超级电容）学大教育（AI 教育）长江通信（智能交通） 一拖股份（拖拉机龙头）海天精工（新质生产力）艾迪精密（新质生产力） 天洋新材（华为）						
二板股	德新科技（机器人）						
三板股	克来机电（新质生产力）哈森股份（新零售 + 重组概念）						
四板股	中基健康（番茄 + 国资）						

绪的大龙头股概念，越容易走得更远。通常来说这类题材中，除了大龙头股还会有些二线龙头股，还有一些只能产生一个到两个涨停板的强势股。总之整个市场的情绪都会聚焦在这个概念上，这个概念也就容易走得更远。

3. *龙头*

重点在于研究市场消息与股市的关联。当天市场的领涨板块，上涨的原因是什么？领涨股产生的内在原因有哪些？拉板的股票有哪些？为何是这些股票？这些股票此前在板块中的位置如何？

如此循环长期坚持下来，对股市的理解肯定会再上一个新台阶。

炒股是一件需要长期付出的事，也是一件十分困难的事。只有肯下功夫的人，才能赢得最终的胜利。对于炒短线的投资者来说，不要怕错过机会，市场上的机会每天都有很多，关键是看投资者能不能仔细甄别，然后抵御一些诱惑。

在一个板块里，强势股第二天能够继续保持强势的一般不超过 2～3 个。

也就是大家通常所说的，三板见分化。所谓的大龙头股都是在第三个涨停板与板块内其他股票出现分化的。

同时还要关注板块内的梯度情况，大龙头股目前是几个板，二线龙头股是几个板，其他个股有所上板情况等。

第二节　复盘的核心步骤

复盘的目的在于为下一步的操盘提供基础性支持规划，包括仓位安排、板块选择以及备选股票的圈定等。

一、大局定仓位

从以往的经验来看，无论大盘走势如何，每年都会有几次至少一次的大型情绪投机期。这个情绪投机期与大盘走势有一定关系，但又不等同于大盘的涨跌。通常来说，大盘普涨的格局，并不利于投机操作。这个时候，反而是很多投机资金退潮的时刻，很多高位股、连板股恰恰在这个时候开始炸板出货。这也是市场热点比较分散，很难将市场情绪集中在个别股票身上的原因，同时也是股票开始跳水的原因。

在市场投机情绪周期的不同阶段，投资者参与的程度，即持仓仓位也会有所不同。如图 8-6 所示。

从图 8-6 中可以看出，在市场情绪周期不同阶段，投资者的持仓仓位也要有所不同。在情绪初期，投资者可以控仓参与，总仓位控制在 30%～50%；情绪发酵期，是盈利的最佳期，仓位可以敞开增加，总仓位达到 80% 左右，几乎是满仓运行；在情绪高潮期，也是最后的盈利期，投资者需要收缩仓位，总仓位控制在 50%～80%；在情绪退潮期，以不参与为佳，若参与其中，也以低仓位为佳，总仓位为 0～30% 左右即可。

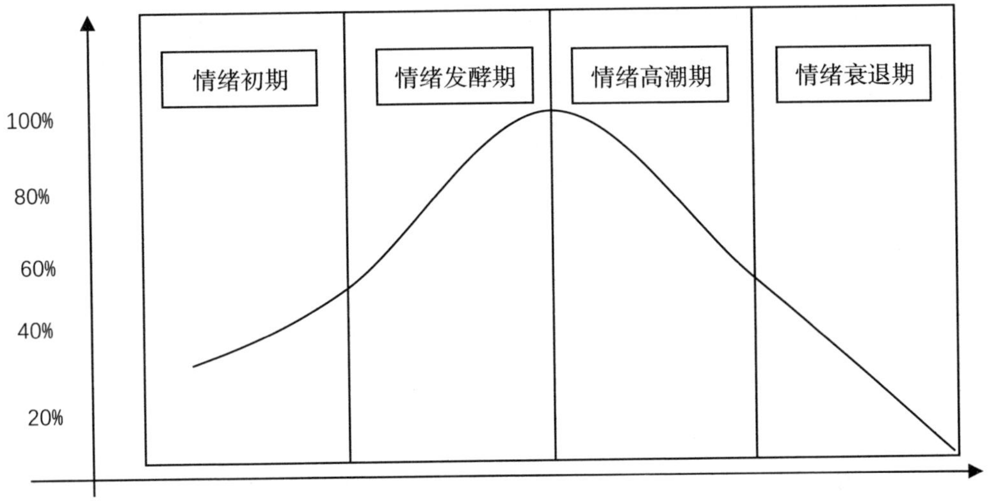

图 8-6　市场情绪投机周期与持仓仓位

二、热点级别定板块

市场上在每个时间段内可能会有不同的热点题材，每日的盘面上也会呈现各类热点纷呈的局面。但在诸多热点题材中，有些属于市场的主流热点题材，有些则属于次级热点。热点级别不同，投资者的参与程度也应该有所不同。在操盘过程中，需要遵循以下三个步骤，如图 8-7 所示。

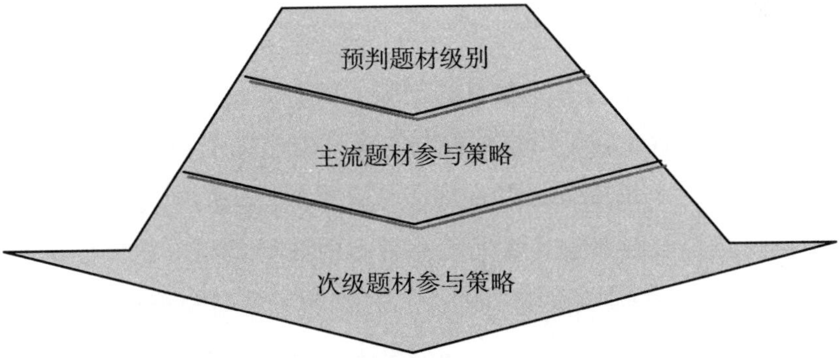

图 8-7　热点级别定板块

1. 预判题材级别

从每日盘面上出现的各类热点题材来看，各类题材的热度所持续的时间却完全不同。有的可能持续几个交易日、有的则只能持续十几分钟甚至几分钟；有些题材属于旧题材再炒作；有些题材则完全是新兴题材；有些题材可能属于概念发酵期；有些题材则已经进入了炒作的尾声等。

投资者需要对整个市场的热点题材进行分类整理、思考并划分，具体操作请参考以下几点。

第一，对当前热点题材进行分类，找到主流炒作题材、次级炒作题材。投资者可从板块涨幅、板块内涨停个股数量、连板股情况等综合情况来研判当前的主流热点题材。

第二，在大多数时间内，市场可能并没有短期炒作主线，但可能存在一个中期的炒作主线。比如在最近几年，光伏、新能源汽车、华为等概念就反复成为炒作的热点。在市场短期炒作主线不明的情况下，参与一些中期炒作热点也是不错的策略。

第三，即使同属于市场主线炒作题材，后期的涨幅、炒作的深度也可能完全不同。有些主流概念的龙头品种可能有4～5个涨停板，有些概念中的大龙头股会有超过10个涨停板，这就是差别。投资者在参与时，也需要对这些题材后期的涨幅有个大致的了解。不同涨幅空间的概念，参与程度也会有所不同。

2. 主流题材参与策略

在整个复盘体系中，主流题材的判断、核心题材的判断是非常关键的一环。确认主流题材后，就可以根据预判的题材涨幅采取相对应的交易策略。

针对主流题材，投资者可以直接交易概念板块中的大龙头品种或者中军品种。前面反复提及过多遍，大龙头品种看似涨得最高，风险很高，其实往往风险却是最小的。特别是那些在每个价位区域都经过充分换手的大龙头股，在回调时也会经历反复的振荡，正如游资大佬赵老哥曾经说过的，大龙头都是向善的，都是不套人的，对于每个投资者来说，都是有出逃机会的。

下面先来看一下虚拟现实概念龙头股，亚世光电的走势情况，如图8-8所示。

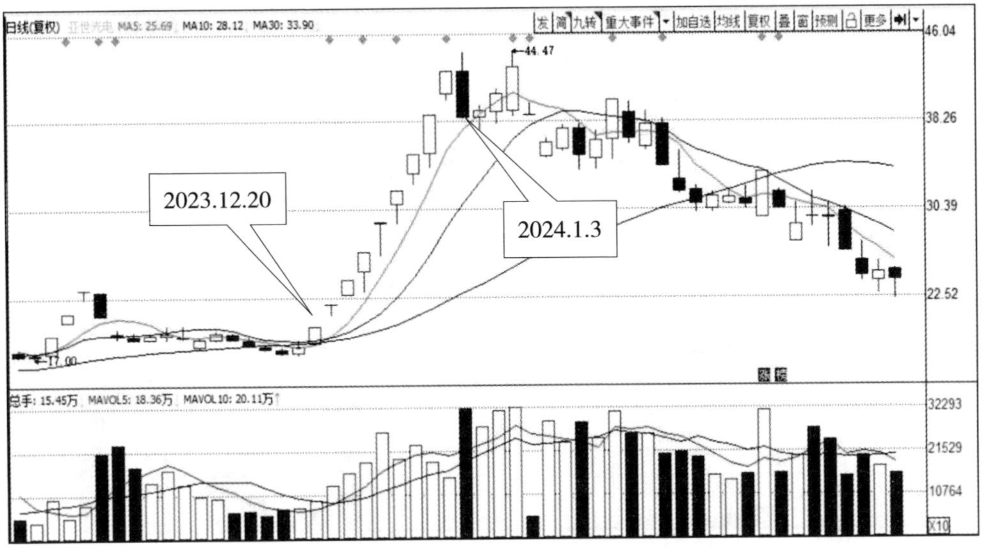

图 8-8 亚世光电（002952）日 K 线走势图

从图 8-8 中可以看出，在 2023 年 12 月中旬，虚拟现实、VR 概念炒作浪潮中，很多虚拟现实概念股票都出现了热炒浪潮。亚世光电成为那波炒作浪潮中的龙头股。该股股价自 2023 年 12 月 20 日发动上涨攻势，一气之下连续拉出 9 个涨停板，风光一时无二。

2024 年 1 月 3 日，该股股价冲击第 10 个涨停板失败，并以跌停报收。对于非龙头股来说，此时的跌停是巨大的风险，存在连续跌停的可能。可由于亚世光电属于当时的市场情绪的大龙头股，其后股价并没有直接转入下跌，而是在顶部区域振荡了一段时间。对于想要离场的投资者，有十分充分的机会，这就看投资者想不想出去了。其实这就是大龙头股的典型特征。

下面再来看另外一只重组概念股哈森股份的走势情况，如图 8-9 所示。

从图 8-9 中可以看出，受哈森股份收购消息的影响，自 2024 年 1 月 16 日起该股股价连续拉出 5 个一字板。最终该股股价收出了 7 个涨停板，这在市场上也属于典型的强势牛股了。不过这种受收购消息刺激而收出的涨停板，并不具备可复制性，也很难带动同板块股票的上升。同时该股股价上攻过程是通过一字板来完成的，这就使得股价在上攻过程中缺少换手率，没有了更多资金的参与，也就没有聚集足够的人气。后期当股价的一字板打开后，股

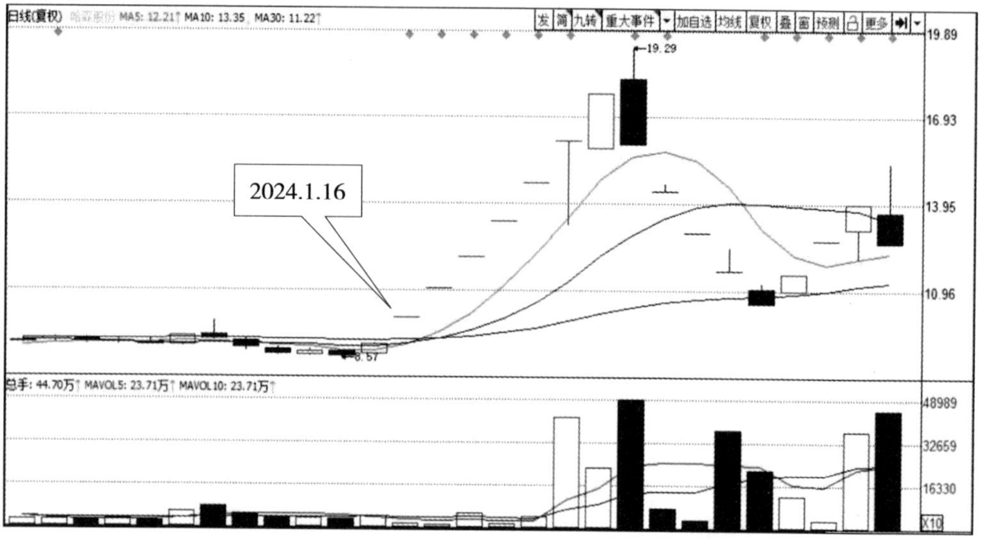

图 8-9　哈森股份（603958）日 K 线走势图

价很难再走得更远。

哈森股份和亚世光电的走势对比可以发现一些规律。那些每天都有入场离场机会的股票更容易成为超级龙头股。每天都有交易的机会，也就意味着在每个价格区域都有成交量，这样股价即使出现回落时，在各个价位也能获得足够的支撑。反之一字板的股票，因为在上攻过程中，在各个价位区域缺少换手率，没有成交量，当股价一旦开始回调时，往往会出现一泻千里的情况。

3. 次级题材参与策略

次级热点题材往往缺乏可持续性，投资者参与时，必须做到快进快出。同时在整体的操作策略方面，也应该以少参与为宜，只能作为辅助的投资策略，在没有明确的投资主线时，小范围的参与。

入场后若隔日股价不能涨停，则需考虑立即卖出。

三、复盘细化

复盘的目标，还在于确定下一步的交易计划，选择合适的交易标的。需要根据对市场热点题材的判断，选择合适的备选股票，并分析这些股票起涨的内在逻辑，以及未来的上涨的空间。

投资者每日复盘后，需要做以下几项工作。

第一，将当日股市的中热点概念、连板股票进行梳理，并记录在案，以备投资者将来使用。

第二，将选定的热门板块和龙头股票加入自选股票。

第三，锁定情绪前排股票，分析其内在的逻辑，并做好应对预案。

比如下表 8-2，为 2022 年 2 月 10 日收盘后的复盘数据情况。

表 8-2　盘后复盘数据表

热点题材	龙头股票	核心品种	相关热门品种	核心逻辑
基建题材	保利联合（7 板） 冀东装备（5 板）	重庆建工（4 板） 汇通集团（4 板） 浙江建投（4 板）	新华联（3 板） 壶化股份（2 板） 江河集团 南山控股	2 月 5 日，发改委发文，适度超前开展基础设施建设
数字经济 金融科技	恒宝股份（5 板）	金财互联（3 板）	证通电子（2 板） 御银股份（2 板） 京蓝科技（2 板） 深南股份	2 月 8 日，四部门联合引发《金融标准化十四五发展规划》
冬奥概念	元隆雅图（4 板）	华扬联众（3 板）		冰墩墩供不应求
传媒 元宇宙		万润科技（2 板） 湖北广电（2 板） 出版传媒（2 板）	省广传媒 尹力传媒 中国科传	龙头未出，继续观望；元宇宙概念有望启动
新能源		亿利洁能（2 板）	协鑫集成 银星能源	多次启动，很难形成大的行情
地下管网与污水处理		普邦股份（3 板）	顺控发展 正平股份 龙泉股份 深水规院 海峡股份 海天股份	2 月 9 日，四部门《加快推荐城镇基础设施建设的指导意见》
猪肉		金新农（2 板） 巨星农牧（2 板）	新五丰 东瑞股份 正邦科技 傲农生物	能否走远，尚待存疑

（续表）

热点题材	龙头股票	核心品种	相关热门品种	核心逻辑
旅游			凯撒旅业 天目湖 众信旅游 国旅联合 曲江文旅	旅游业复苏行情，能否值得期待？
其他概念	美吉姆（多胎） 雷电微力 鸿合科技 国新健康（业绩超预期）			

从表 8-2 中可以看出，整个市场的做多氛围尚可，整个市场涨停板将近 50 个，热点概念主要集中在基建题材、数字经济金融科技、冬奥概念等题材。基建题材拥有最高的连板达 7 板的保利联合、5 板的冀东装备等股票。同时还拥有连续 4 板的重庆建工、汇通集团、浙江建投等三只股票。这也说明了基建板块内的龙头梯队建设非常完善，市场情绪已经出现了积极的发酵，属于市场的主要炒作题材，投资者可围绕该题材进行炒作。同时数字经济金融科技题材也是值得重点关注的一个题材，而其他题材还需进一步的观望。

投资者在选股时，应该重点考虑基建题材、数字经济金融科技等领域内龙头品种和核心品种。